Badran Raddaoui

Théories logiques de l'argumentation en intelligence artificielle

Badran Raddaoui

Théories logiques de l'argumentation en intelligence artificielle

L'argumentation en IA

Presses Académiques Francophones

Impressum / Mentions légales

Bibliografische Information der Deutschen Nationalbibliothek: Die Deutsche Nationalbibliothek verzeichnet diese Publikation in der Deutschen Nationalbibliografie; detaillierte bibliografische Daten sind im Internet über http://dnb.d-nb.de abrufbar.
Alle in diesem Buch genannten Marken und Produktnamen unterliegen warenzeichen-, marken- oder patentrechtlichem Schutz bzw. sind Warenzeichen oder eingetragene Warenzeichen der jeweiligen Inhaber. Die Wiedergabe von Marken, Produktnamen, Gebrauchsnamen, Handelsnamen, Warenbezeichnungen u.s.w. in diesem Werk berechtigt auch ohne besondere Kennzeichnung nicht zu der Annahme, dass solche Namen im Sinne der Warenzeichen- und Markenschutzgesetzgebung als frei zu betrachten wären und daher von jedermann benutzt werden dürften.

Information bibliographique publiée par la Deutsche Nationalbibliothek: La Deutsche Nationalbibliothek inscrit cette publication à la Deutsche Nationalbibliografie; des données bibliographiques détaillées sont disponibles sur internet à l'adresse http://dnb.d-nb.de.
Toutes marques et noms de produits mentionnés dans ce livre demeurent sous la protection des marques, des marques déposées et des brevets, et sont des marques ou des marques déposées de leurs détenteurs respectifs. L'utilisation des marques, noms de produits, noms communs, noms commerciaux, descriptions de produits, etc, même sans qu'ils soient mentionnés de façon particulière dans ce livre ne signifie en aucune façon que ces noms peuvent être utilisés sans restriction à l'égard de la législation pour la protection des marques et des marques déposées et pourraient donc être utilisés par quiconque.

Coverbild / Photo de couverture: www.ingimage.com

Verlag / Editeur:
Presses Académiques Francophones
ist ein Imprint der / est une marque déposée de
OmniScriptum GmbH & Co. KG
Heinrich-Böcking-Str. 6-8, 66121 Saarbrücken, Deutschland / Allemagne
Email: info@presses-academiques.com

Herstellung: siehe letzte Seite /
Impression: voir la dernière page
ISBN: 978-3-8416-2917-3

A la mémoire de mon cher frère MAHER
(1997-2013)

Table des matières

Table des figures

Liste des tableaux

Liste des Algorithmes

Chapitre 1

Introduction

Un sous-domaine important de l'intelligence artificielle concerne les méthodes de formalisation et de manipulation des connaissances pour l'automatisation de raisonnements de sens commun. La logique classique avec son socle formel pour la représentation et l'inférence est un cadre privilégié en intelligence artificielle tant que les connaissances forment un tout cohérent et que le raisonnement demeure purement déductif. Néanmoins, les connaissances dont on dispose ne sont pas en réalité toujours aussi parfaites. Ainsi, l'incomplétude, l'incohérence ou éventuellement l'incertitude des connaissances caractérisant de nombreux problèmes de l'intelligence artificielle rendent la logique classique inadéquate pour traiter directement ces connaissances de sens commun, que l'intelligence humaine paraît maîtriser. En effet, la logique classique s'effondre en présence d'incohérences, dans le sens où elle permet de déduire n'importe quoi (*principe d'ex falso quodlibet sequitur*).

Notamment, l'incohérence est ubiquitaire et omniprésente dans notre vie quotidienne, mais pourtant reproduire le raisonnement en présence d'incohérences demeure un problème majeur et toujours ouvert en intelligence artificielle [Bertossi *et al.* 2005]. En outre, elle survient dans de nombreux contextes, à l'image du raisonnement avec incertitude, la révision de croyances, la fusion d'informations issues de différentes sources qui peuvent être conflictuelles, le raisonnement tolérant les exceptions, etc.

En face des limites de la logique classique, il s'avère nécessaire, en présence de nouvelles informations, de remettre en cause des inférences, c'est l'aspect *non monotone* du raisonnement. Le raisonnement non monotone étend les axiomes et les règles d'inférence classiques pour rendre possible le raisonnement à partir de telles connaissances. Les conclusions obtenues à partir de ces connaissances ne sont que plausibles et sont donc souvent révisables à la lumière de nouvelles informations. Ce raisonnement qualifié de *révisable* se base essentiellement sur deux problématiques fondamentales, à savoir le traitement de l'incohérence et la révision de croyances.

Différentes approches ont été proposées dans la littérature pour permettre de raisonner sans trivialisation en présence d'incohérences et pour formaliser le raisonnement révisable. Ces approches peuvent être scindées

en trois grandes familles. Quand nous nous trouvons en présence d'incohérences, une première classe d'approches consiste à *restaurer la cohérence*
par la génération dans un premier temps des sous-ensembles maximaux
cohérents, et à appliquer ensuite l'inférence classique à l'intérieur de ces
sous-ensembles. Ainsi, de telles approches, de par leur principe, permettent
de tirer profit de toute la machinerie développée dans le cadre de la logique
classique. Dans ce contexte, il existe plusieurs méthodes de restauration de
cohérence qui dépendent essentiellement de la manière dont on identifie
les sous-ensembles maximaux cohérents afin d'affaiblir les connaissances
elles mêmes.

Une autre famille d'approches consiste à *éviter l'incohérence* par une
suppression de connaissances de l'ensemble initial. Cela peut se faire d'une
part au fur et à mesure que les nouvelles informations arrivent, c'est ce
qu'on appelle la *révision* des croyances. En particulier, lorsque l'ajout
d'une nouvelle information préserve la cohérence de l'ensemble des connaissances, le processus de révision consiste simplement à augmenter l'ensemble par celle-ci.

Récemment, une troisième classe d'approches se fonde sur la *théorie de
l'argumentation* [Bench-Capon & Dunne 2007, Besnard & Hunter 2008,
Rahwan & Simari 2009]. L'argumentation est un modèle attrayant pour
raisonner avec des connaissances imparfaites, notamment contradictoires ;
elle est essentiellement fondée sur la justification d'une conclusion plausible par des raisons en faveur de celle-ci. Notamment, l'argumentation
consiste à mettre en œuvre un raisonnement logique, dans une situation de
communication précise, avec une intention claire et admise.

Depuis quelques années, l'argumentation formelle est devenue un thème
de recherche très populaire et a un large éventail d'applications pour plusieurs domaines comme le juridique [Prakken 1993, Prakken & Sartor 1996],
le médical [Hunter & Williams 2010], la prise de décision [Bench-Capon
et al. 2012], la négociation entre agents [Amgoud & Vesic 2012, Hadidi
et al. 2012], le raisonnement non monotone [Chesñevar *et al.* 2000], etc.
Elle est aussi étudiée dans diverses disciplines comme la psychologie, la
philosophie et la linguistique. Cette théorie est également reconnue aujour-
d'hui comme un cadre adéquat pour la formalisation du raisonnement non
monotone d'où revêt le raisonnement du sens commun. Notamment, le développement considérable des théories de l'argumentation ces dernières
années s'explique par le fait qu'elles offrent une explication adéquate à la
notion de défaisabilité non pas en termes de l'interprétation d'un conditionnel défaisable (l'approche sous-jacente adoptée par de nombreux systèmes
non monotones tels que l'implication préférentielle, la logique par défaut,
etc.) mais en termes d'interaction entre les sous-ensembles conflictuels.

Un modèle argumentatif est un processus interactionnel principalement basé sur trois points : la définition des deux notions d'*argument* et de *contre-argument*, l'étude des relations entre ces différents arguments et la mise en place d'une approche permettant de déterminer le *statut* de chaque argument afin de sélectionner les arguments (les plus) *acceptables*. Cette classe d'arguments permet par conséquent de déterminer quels énoncés sont déductibles de manière cohérente ; ces énoncés pouvant par exemple correspondre à des croyances ou à des décisions à prendre. La construction d'arguments est monotone au sens où un argument reste toujours un argument même si de nouvelles connaissances sont ajoutées. En effet, c'est l'interaction entre arguments qui donne leur caractère non monotone aux approches argumentatives. Autrement dit, l'ajout de nouvelles informations peut donner lieu à de nouveaux arguments qui interagissent avec un argument donné et ainsi de suite. Par ailleurs, il existe divers types d'arguments comme l'argument d'autorité, l'argument par l'analogie, l'argument de bon sens, l'argument par l'exemple, l'argument par les valeurs, l'argument historique, l'argument économique, l'argument scientifique, etc.

Divers systèmes d'argumentation ont été développés en intelligence artificielle. Ces systèmes peuvent être classifiés en deux grandes classes. Une première classe générale qui ne s'intéresse ni à la structure interne d'un argument ni à son origine et se limite à considérer un argument comme une entité abstraite avec une relation d'attaque entre arguments. L'un des cadres formels les plus abstraits, qui fait référence dans le domaine, est celui proposé par Dung [Dung 1995]. La plupart des travaux qui ont été développés sur la base de ce modèle consistent essentiellement à définir des méthodes de sélection d'arguments préférés, à la Dung (voir entre autres [Prakken & Sartor 1997, Kakas & Toni 1999, Cayrol *et al.* 2001, Dimopoulos *et al.* 2002, Vreeswijk 2006, Dung *et al.* 2006]).

Par ailleurs, la deuxième classe de systèmes d'argumentation consiste à formaliser l'argumentation dans un cadre logique. Ces approches sont essentiellement dédiées à la construction d'arguments et de contre-arguments à partir d'une base de connaissances éventuellement incohérente et d'évaluer l'interaction entre ces différents arguments. Parmi les systèmes argumentatifs qui s'inscrivent dans ce cadre, citons [Pollock 1987, Amgoud & Cayrol 2002, Besnard & Hunter 2008, Santos & Martins 2008]. En particulier, dans ces modèles argumentatifs logiques un argument est un couple *prémisses-conclusion* tel que la conclusion est une formule inférée déductivement par les prémisses, lesquelles sont une collection de formules logiques.

Les travaux menés dans ce livre s'inscrivent dans le contexte de cette deuxième classe de systèmes d'argumentation. Nous nous intéressons aux approches argumentatives définies à partir d'un formalisme logique.

Les contributions de ce livre se résument en trois parties comme suit. Dans le cadre de la théorie logique de l'argumentation de [Besnard & Hunter 2001], nous proposons une nouvelle approche de calcul d'arguments et de contre-arguments en exploitant le concept d'ensembles minimaux incohérents. L'avantage de cette approche est de pouvoir générer, modulo une possible explosion combinatoire, tous les arguments relatifs à une formule logique quelconque, contrairement aux anciennes approches qui se limite à une classe particulière d'arguments dont la conclusion est une clause. De plus, notre technique est complète au sens où elle permet de générer tous les arguments relatifs à une conclusion donnée.

Avec des logiques extensionnelles telles que la logique propositionnelle, la logique de premier ordre, la logique des défauts, etc., l'argumentation n'apporte, au plan théorique, rien de plus que la notion d'incohérence dans ces logiques, en particulier les conclusions des arguments sont les conclusions des sous-ensembles cohérents de formules et les contre-arguments sont des sous-ensembles incohérents [Besnard *et al.* 2010].

Ainsi, plusieurs formalisations de la notion de conflit entre arguments ont émergé ces dernières années comme la relation de *rebuttal*, de *defeater* ou d'*undercut* et qui sont toutes exprimées en fonction de l'incohérence logique dans la logique considérée. Autrement dit, toute paire d'arguments conflictuels doit être contradictoire. Par conséquent, deux arguments conflictuels ne peuvent pas être obtenus à partir d'un même ensemble cohérent de formules. En revanche, en théorie les arguments conflictuels ne sont pas nécessairement contradictoires du point de vue logique mais ils peuvent exprimer d'autres formes de contrariété. Notamment, d'autres formes de conflit entre arguments peuvent être capturées afin d'améliorer la capacité de traitement des informations conflictuelles. D'où la nécessité d'aller au delà de la logique propositionnelle pour une telle application. Considérons par exemple les deux formules implicatives suivantes : "*S'il y a un match ce soir, alors Paul va aller au stade*" et "*S'il y a un match ce soir et si Paul a assez d'argent, alors Paul va aller au stade*". Dans cette formalisation, il n'y a apparemment pas de contradiction logique, cependant nous pouvons avoir une apparence de contrariété entre ces deux formules au sens où la seconde formule devrait s'appliquer et non pas la première. Nous pouvons donc définir une autre sorte de conflit qui n'est pas basée sur une contradiction logique. Pour ce faire, nous proposons donc d'utiliser les logiques intensionnelles comme les logiques conditionnelles [Chellas 1975] et les logiques modales [Chellas 1980] qui sont en revanche bien adaptées à la représentation d'autres formes de conflit. Par exemple, les logiques conditionnelles sont souvent considérées comme étant tout particulièrement adaptées à la formalisation de raisonnement de nature hypothétique. Pour ces logiques, on pourrait définir des contre-arguments qui indiquent un conflit sans qu'il y ait incohérence comme le montre l'exemple précédent. Plus précisément, le connecteur conditionnel des logiques conditionnelles est en effet souvent plus proche de l'intuition que l'on peut avoir de l'implication que ne l'est l'implication matérielle de la logique propositionnelle classique. Ceci nous permet donc de proposer un concept de contrariété conditionnelle qui couvre à la fois les situations de conflits logiques fondés sur l'incohérence et une forme particulière de conflit qui ne se traduit pas naturellement par un conflit basé sur la contradiction logique : quand un agent affirme une règle de type *Si alors*, une seconde règle qui peut en être déduite et qui impose la satisfaction de prémisses supplémentaires peut apparaître conflictuelle. Ainsi, la seconde contribution dans ce livre se rapporte à l'étude de l'argumentation à partir des logiques intensionnelles, en particulier à partir des logiques conditionnelles et des logiques modales. L'idée derrière la considération de telles logiques est le recours à des critères autres que la contradiction logique afin d'avoir une relation de conflit entre arguments plus générale. Pour ce faire, nous proposons une relation de contrariété qui couvre à la fois les situations de conflits logiques fondés sur l'incohérence et une forme particulière de conflit qui ne se traduit pas naturellement par un conflit basé sur l'incohérence. Ceci nous permet par conséquent de définir des classes d'arguments conflictuels autres que les contre-arguments standard. Dans ce cadre, nous proposons une nouvelle relation de conflit entre arguments qui capture ces nouvelles formes de conflit intensionnel. Nous étudions alors sur cette base les principaux éléments d'une théorie de l'argumentation dans la logique intensionnelle comme la logique conditionnelle et la logique modale.

Une autre contribution dans ce livre est la prise en compte dans le raisonnement argumentatif de l'éventuelle rareté des ressources. Cette étude gravite autour de la notion de ressources consommables et bornées dans le contexte de la théorie logique de l'argumentation. La logique classique est non adéquate pour la représentation et le raisonnement avec des ressources consommables et de quantité bornée. En effet, lorsque les ressources sont représentées par des formules logiques classiques, il est possible d'utiliser à souhait et donc de manière inépuisable ces formules dans un même processus déductif. Ce qui est contre-intuitif au sens de ressources. À cette fin, nous proposons d'abord un cadre logique, simple d'accès et proche le plus possible du langage et des principes de la logique propositionnelle, permettant le raisonnement à partir de ressources consommables et bornées. Notre formalisme logique est fortement lié à la logique propositionnelle, raison pour laquelle nous pouvons éviter les syntaxes compliquées utilisées par les logiques de ressources proposées dans la littérature comme la logique linéaire et ses différentes variante ou encore la logique $\mathcal{BI}$ et ses différentes variantes, etc. Ensuite, afin de prendre en compte la rareté des ressources consommables dans le raisonnement argumentatif, nous proposons une approche argumentative qui permet le traitement de l'incohérence dans le raisonnement à partir des ressources consommables et de quantité bornée.

Guide de lecture

Pour présenter nos travaux, nous avons choisi de découper ce livre en deux parties. Dans la première partie, nous exposons le contexte des travaux. Plus précisément, le chapitre 2 rappelle des aspects sémantiques puis syntaxiques de la logique propositionnelle classique, les logiques conditionnelles, les logiques modales et les logiques de ressources limitées, qui sont nécessaires pour la compréhension de la suite du livre. Le chapitre 3 est consacré aux théories de l'argumentation. Il est organisé en deux parties : la première partie constitue une présentation générale de la théorie de l'argumentation et du processus argumentatif au travers des concepts clés. Chaque concept est illustré par différentes définitions existantes dans la littérature. Quant à la deuxième partie de ce chapitre, elle est consacrée à une présentation synthétique de différents systèmes d'argumentation existants dans la littérature en commençant par le plus abstrait jusqu'aux systèmes d'argumentation fondés sur un formalisme logique (d'où le nom de *système d'argumentation logique ou déductif*).

La deuxième partie de ce livre englobe les contributions de ce livre en les décrivant à travers trois chapitres. Dans le chapitre 4, nous présentons notre approche algorithmique de génération d'arguments et de contre-arguments au sein d'un système d'argumentation logique à la Besnard et Hunter [Besnard & Hunter 2001]. Nous commençons alors par la présentation d'une méthode algorithmique de calcul d'arguments qui exploite la notion d'ensembles minimaux incohérents. Notre approche sera étendue par la suite au calcul d'undercuts canoniques, des contre-arguments identifiés comme représentant tous les contre-arguments. Nous présentons une étude algorithmique qui permet d'illustrer les deux approches proposées. Par la suite, nous fournissons une étude expérimentale appliquant notre approche de calcul d'arguments. Cette étude est menée sur plusieurs types d'instances structurées issues des dernières compétitions SAT ainsi que sur des instances générées aléatoirement.

Le chapitre 5 est consacré à la définition d'une nouvelle approche argumentative dans le contexte des logiques intensionnelles. Dans un premier temps, nous proposons dans le cadre de la logique conditionnelle $\mathcal{MP}$ un concept de contrariété qui couvre à la fois les situations de conflits logiques fondés sur l'incohérence logique et une forme particulière de conflit qui ne se traduit pas naturellement par un conflit basé sur l'incohérence : quand un agent affirme une règle de type *SI alors*, une seconde règle qui peut en être déduite et qui impose la satisfaction de prémisses supplémentaires peut apparaître conflictuelle. Nous étudions alors sur cette base les principaux éléments d'une théorie de l'argumentation dans le système conditionnel $\mathcal{MP}$. Nous terminons ce chapitre par la présentation d'une extension de notre système argumentatif conditionnel au cas modal. Pour cela, nous présentons une nouvelle notion de conflit dans le cadre de la logique modale $\mathcal{K}$, à la lumière de laquelle cette extension sera étudiée.

Dans le chapitre 6, nous migrons de la logique classique vers les logiques de ressources limitées et consommables. Ce chapitre est structuré en deux parties : la première est consacrée à la définition d'un nouveau formalisme logique permettant le raisonnement à partir de ressources consommables et limitées. Cette logique, baptisée $\mathcal{CL}$ (*Consumption Logic* en anglais), est différente de toutes les autres logiques de ressources définies dans la littérature par sa syntaxe simple et similaire à celle de la logique propositionnelle classique sans faire intervenir d'autres connecteurs additifs ou multiplicatifs, etc. Autrement dit, notre idée centrale réside dans l'utilisation du langage de la logique propositionnelle classique pour exprimer les notions de consommation et de cumul de ressources sans passer par l'utilisation d'entités syntaxiques étrangères au langage propositionnel. La seconde partie est consacrée à la présentation d'un système d'argumentation logique traitant des connaissances représentant des ressources consommables et de quantité bornée tout en mettant en évidence les concepts clés d'une théorie logique de l'argumentation, à savoir les arguments, les sous-arguments, les contre-arguments et leur différentes variantes, ainsi que les arbres argumentatifs.

Enfin, le dernier chapitre de ce livre fait l'objet d'une conclusion générale où nous synthétisons les différents résultats obtenus dans ce livre. Nous décrivons également les perspectives ouvertes et les nouvelles directions de recherche à explorer.

CHAPITRE 2

Logiques mathématiques

"La logique est la jeunesse des mathématiques et les mathématiques sont l'âge civil de la logique."

B. RUSSELL, Introduction à la philiosphie mathématique.

Sommaire

2.1 Introduction

La logique mathématique fournit une approche intéressante pour la représentation des connaissances et raisonnement pour diverses applications en informatique. Quoiqu'elle possède plusieurs lacunes, la logique classique constitue néanmoins un excellent point de départ pour la représentation des connaissances et raisonnement.

Dans ce chapitre nous présentons une brève introduction à certains formalismes logiques qui sont utilisés dans la suite de ce livre. Cette présentation ne se veut nullement exhaustive. Ainsi, le lecteur profane pourra consulter des ouvrages de références, comme [Kleene 1971, Enderton 1972, Barwise 1974, Stalnaker 1968, Chellas 1975, Chellas 1980].

Ce chapitre est structuré en quatre parties. La première d'entre elles décrit les définitions et résultats de base de la logique propositionnelle. La seconde partie introduit la logique conditionnelle. Dans la troisième partie nous présentons les concepts de base de la logique modale. Enfin, la quatrième partie constitue un rappel succinct des logiques de ressources limitées.

2.2 Logique propositionnelle

La logique propositionnelle est la composante la plus simple et la plus utilisée de la logique classique [Boole 1847]. Nous définissons cette logique de manière standard.

2.2.1 Langage du calcul propositionnel

Le langage formel de la logique propositionnelle, noté $\mathcal{L}$, est construit à partir d'un ensemble infini dénombrable de symboles $\mathcal{P} = \{a, b, c, \ldots\}$, appelés *symboles propositionnels*, ou *atomes propositionnels* ou encore *propositions*. Un atome est une variable booléenne qui représente une assertion simple, comme *il pleut*, *Alain est en vacances*, et qui ne peut prendre que deux valeurs de vérité possibles : *vrai* ou *faux* ou encore 1 ou 0, respectivement.

À l'aide d'autres symboles du langage, appelés *connecteurs logiques*, les atomes peuvent être combinés entre eux afin de représenter des énoncés plus complexes.

Définition 1 (Connecteur logique). *Un connecteur logique est un opérateur qui s'applique à un ou plusieurs symboles propositionnels pour en faire une expression complexe. Le nombre de symboles propositionnels auquel un connecteur logique peut s'appliquer définit son arité.*
Les plus usités des connecteurs logiques de la logique propositionnelle sont :
   – *Connecteur mono-adique*
     – *la négation : ¬ (non),*
   – *Connecteurs di-adiques*
     – *la conjonction : ∧ (et),*

– *la disjonction :* ∨ *(ou),*
– *l'implication matérielle :* →,
– *l'équivalence :* ↔.

Notons que ces opérateurs peuvent se définir les uns en fonction des autres. Par exemple, tous les opérateurs cités précédemment peuvent être définis à partir de la négation et de la conjonction. Ainsi, à l'aide de ces connecteurs logiques, d'autres symboles auxiliaires, les parenthèses ouvrante et fermante et des symboles de constantes booléennes $\bot$ et $\top$, des énoncés plus complexes peuvent être composés.

Définition 2 (Formules propositionnelles). *L'ensemble des formules bien formées du calcul propositionnel sur $\mathcal{P}$, appelées formules propositionnelles, est le plus petit ensemble d'expressions défini inductivement de la manière suivante :*

– $\top$ *et* $\bot$ *sont des formules propositionnelles,*
– *si* $a \in \mathcal{P}$, *alors* a *est une formule propositionnelle,*
– *si* α *et* β *sont des formules propositionnelles, alors* $(\neg\alpha)$, $(\alpha \wedge \beta)$, $(\alpha \vee \beta)$, $(\alpha \rightarrow \beta)$ *et* $(\alpha \leftrightarrow \beta)$ *sont des formules propositionnelles,*
– *toute formule propositionnelle est obtenue par application des règles précédentes un nombre fini de fois.*

Exemple 1. *Les deux suites de symboles* $((a \leftrightarrow c) \vee (a \rightarrow b))$ *et* $(((\neg a) \wedge \top) \vee ((b \rightarrow d) \vee c))$ *sont des exemples de formules propositionnelles bien formées.*

Les parenthèses présentes dans les formules de l'exemple 1 servent à indiquer dans quel ordre les règles de formation ont été utilisées pour les construire.

Pour alléger l'écriture, on omet souvent les parenthèses en considérant une priorité entre connecteurs (par ordre décroissant, $\neg, \wedge, \vee, \rightarrow, \leftrightarrow$).

Note 1. *Dans tout ce qui suit, les lettres grecques minuscules* α, β, γ, *etc. désignent des formules bien formées tandis que les ensembles de formules sont désignés par des lettres grecques majuscules* Δ, Φ, Ψ, *etc.*

On fait parfois la différence entre les atomes précédés du symbole $\neg$ et ceux qui ne le sont pas.

Définition 3 (Littéral). *Un littéral l est soit un atome a (aussi appelé littéral positif) ou sa négation $\neg a$ (aussi appelé littéral négatif).*

Définition 4 (Clause). *Une clause est une formule formée par une disjonction d'un ensemble fini de littéraux $l_1 \vee \ldots \vee l_n$.*

2.2.2 Aspect sémantique du calcul propositionnel

Nous devons à présent donner un sens aux formules afin de pouvoir les interpréter. La sémantique permet en effet d'interpréter les formules par une valeur de vérité. Classiquement, le principe général d'une sémantique est de donner un sens aux variables propositionnelles qui apparaissent dans les formules : nous associons donc à chaque variable, une valeur de vérité qui est soit la valeur 1 (*vrai*), soit la valeur 0 (*faux*). En particulier, le symbole $\top$ a pour valeur de vérité 1, et $\bot$ a pour valeur 0.

Définition 5 (Valuation). *On appelle valuation d'un ensemble de variables propositionnelles $\mathcal{V} \subseteq \mathcal{P}$, une application de $\mathcal{V}$ dans le domaine de valuation $\{0, 1\}$ (voir figure 2.1).*

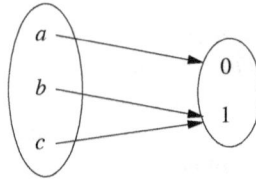

FIGURE 2.1 – Une valuation des variables propositionnelles (a = 0, b = c = 1)

Une valuation permet de connaître, pour chaque variable propositionnelle, sa valeur de vérité. Elle va permettre d'interpréter une formule. Pour pouvoir définir la sémantique d'une formule quelconque, nous associons à chaque connecteur logique, une table de vérité, qui détermine de manière univoque la valeur de vérité du connecteur en fonction de ses opérandes (cf. table 2.1).

α	β	$\neg\alpha$	$\alpha \wedge \beta$	$\alpha \vee \beta$	$\alpha \rightarrow \beta$	$\alpha \leftrightarrow \beta$
0	0	1	0	0	1	1
0	1	1	0	1	1	0
1	0	0	0	1	0	0
1	1	0	1	1	1	1

TABLE 2.1 – Sémantique des connecteurs logiques usuels

Note 2. *Par la table de vérité 2.1, il est possible d'écrire :*
- *la formule $\alpha \rightarrow \beta$ s'écrit également $\neg\alpha \vee \beta$*
- *la formule $\alpha \leftrightarrow \beta$ s'écrit également $(\alpha \rightarrow \beta) \wedge (\beta \rightarrow \alpha)$ et donc $(\neg\alpha \vee \beta) \wedge (\neg\beta \vee \alpha)$*

En connaissant les valeurs de vérité des atomes composant la formule ainsi que les fonctions de vérité des connecteurs logiques qui combinent ces atomes, nous pouvons associer une valeur de vérité à la formule elle-même.

Définition 6 (Interprétation des formules). *Une interprétation d'une formule α, notée $I(\alpha)$, est une valuation des variables propositionnelles de α. En particulier, $I(\top) = 1$ et $I(\bot) = 0$.*

Proposition 1. *Pour toutes formules propositionnelles α et β, on a :*
- $I(\neg\alpha) = 1$ *ssi* $I(\alpha) = 0$,
- $I(\neg\alpha) = 0$ *ssi* $I(\alpha) = 1$,
- $I(\alpha \wedge \beta) = 1$ *ssi* $I(\alpha) = I(\beta) = 1$,
- $I(\alpha \wedge \beta) = 0$ *ssi* $I(\alpha) = 0$ *ou* $I(\beta) = 0$,
- $I(\alpha \vee \beta) = 1$ *ssi* $I(\alpha) = 1$ *ou* $I(\beta) = 1$,
- $I(\alpha \vee \beta) = 0$ *ssi* $I(\alpha) = I(\beta) = 0$,
- $I(\alpha \rightarrow \beta) = 1$ *ssi* $I(\alpha) = 0$ *ou* $I(\beta) = 1$,
- $I(\alpha \rightarrow \beta) = 0$ *ssi* $I(\alpha) = 1$ *et* $I(\beta) = 0$,
- $I(\alpha \leftrightarrow \beta) = 1$ *ssi* $I(\alpha) = I(\beta)$,
- $I(\alpha \leftrightarrow \beta) = 0$ *ssi* $I(\alpha) \neq I(\beta)$.

Remarque 1. *Il est souvent pratique de caractériser une interprétation I par l'ensemble des atomes vrais pour l'interprétation : $I = \{a \in \mathcal{P} \setminus I(a) = 1\}$. Par exemple, pour l'interprétation $I(a) = I(b) = 1$, $I(c) = I(d) = 0$, I est notée $\{a, b\}$.*

Notons que les connecteurs propositionnels sont *vérifonctionnels*, c'est-à-dire que la valeur de vérité des formules qu'ils construisent dépend de, et seulement de, la valeur de vérité des sous-formules combinées. Par exemple pour la formule $a \rightarrow b$, si l'on suppose que a est fausse et que b est vraie, alors, en vertu de la table de vérité de $\rightarrow$, on sait automatiquement que la formule globale est vraie. La logique propositionnelle, comme d'autres logiques classiques, est dite donc *extensionelle* au sens où les connecteurs propositionnels sont vérifonctionnels, i.e. ces connecteurs sont définissables par des tables de vérité. En effet, les valeurs de vrai et de faux se prennent sur un univers donné. [1]

Définition 7 (Modèle d'une formule). *Soient α une formule de $\mathcal{L}$ et I une interprétation. I est un modèle de α si et seulement si $I(\alpha) = 1$. On dit*

---

1. En sémantique extensionnelle, une expression interprétable a une et une seule valeur sémantique relativement à un modèle donné (cf. Définition 7). Cette valeur sémantique est alors assimilée à l'extension de l'expression. Un modèle extensionnel est une spécification formelle d'un certain état de choses, c'est-à-dire une description statique du monde.

alors que I satisfait α et on note $I \models \alpha$. Inversement, si $I(\alpha) = 0$, on dit que I est un contre-modèle de α (ou I falsifie α) et on note $I \not\models \alpha$.

Définition 8 (Formule satisfiable). *Soit α une formule de $\mathcal{L}$. α est dite satisfiable (ou cohérente) s'il existe au moins une interprétation I tel que $I \models \alpha$. En d'autres termes, une formule satisfiable possède au moins un modèle.*

La notion de satisfiabilité peut être étendue à un ensemble formules. En particulier, un ensemble de formules Δ de $\mathcal{L}$ est *cohérent* si et seulement s'il existe une interprétation I telle que pour tout $\alpha \in \Delta$, $I(\alpha) = 1$. On dit alors que I est un modèle de Δ. Inversement, Δ est *incohérent* si et seulement si Δ n'a aucun modèle.

Exemple 2. *Soit $\Delta = \{\alpha \wedge \gamma, \neg\alpha \vee \neg\beta\}$. Δ possède huit interprétations comme indiqué dans le tableau 2.2 ci-dessous. L'interprétation de la sixième ligne est un modèle de Δ puisque $\alpha \wedge \gamma$ et $\neg\alpha \vee \neg\beta$ sont tous les deux vrais dans cette interprétation.*

α	β	γ	$\neg\alpha$	$\neg\beta$	$\alpha \wedge \gamma$	$\neg\alpha \vee \neg\beta$
0	0	0	1	1	0	1
0	0	1	1	1	0	1
0	1	0	1	0	0	1
0	1	1	1	0	0	1
1	0	0	0	1	0	1
1	0	1	0	1	1	1
1	1	0	0	0	0	0
1	1	1	0	0	1	0

Table 2.2 – Table de vérité de l'exemple 2

Définition 9 (Formule insatisfiable). *Soit α une formule de $\mathcal{L}$. α est dite insatisfiable (ou contradictoire) si pour toute interprétation I, $I \not\models \alpha$.*

Une formule α est contradictoire (dite aussi incohérente) si elle n'est pas satisfiable, c'est-à-dire s'il n'existe aucune interprétation I qui satisfait α (autrement dit, si toute interprétation falsifie α). Une formule contradictoire se note souvent $\bot$.

Définition 10 (Formule valide). *Une formule α est dite valide (ou tautologique) si pour toute interprétation I, $I \models \alpha$.*

Une formule valide est une formule dont toute interprétation est un modèle. Autrement dit, une tautologie est une formule α qui est toujours vraie quelles que soient les valeurs de vérité des atomes qui la composent. On la note ainsi $\top$.

Exemple 3. *Les formules $\alpha \to \alpha$, $\alpha \lor \neg\beta \lor \neg\alpha$ et $\beta \to (\alpha \to \beta)$ sont des tautologies. Cependant, $\alpha \land \neg\alpha$, $(\neg\alpha \lor \beta) \land \alpha \land \neg\beta$ et $\alpha \leftrightarrow \neg\alpha$ sont des formules contradictoires.*

Propriété 1. *Si α est une formule valide, alors $\neg\alpha$ est insatisfiable et inversement.*

Définition 11 (Conséquence logique). *Soient Δ un ensemble de formules et α une formule tels que $\Delta \subseteq \mathcal{L}$ et $\alpha \in \mathcal{L}$. α est conséquence logique de Δ, noté $\Delta \models \alpha$, si toute interprétation qui satisfait Δ satisfait aussi α. Autrement dit, $\Delta \models \alpha$ si tout modèle de Δ est un modèle de α.*

La notion de conséquence logique induit une sorte d'équivalence entre formules.

Définition 12 (Équivalence logique). *Deux formules α et β sont équivalentes, noté $\alpha \equiv \beta$, si et seulement si $\{\alpha\} \models \beta$ et $\{\beta\} \models \alpha$.*

Remarque 2. *Soient α et β deux formules propositionnelles. $\alpha \equiv \beta$ si et seulement si la formule $(\alpha \to \beta) \land (\beta \to \alpha)$ est valide.*

La notion d'équivalence permet de manipuler syntaxiquement une formule en remplaçant des sous-formules par d'autres qui leur sont équivalentes tout en préservant la sémantique. Les équivalences logiques de la table 2.3 présentent les principales règles qui permettent la réécriture de formules propositionnelles.

Théorème 1 (Théorème sémantique de la déduction). *Soient α, β et Δ deux formules et un ensemble de formules de $\mathcal{L}$ respectivement, alors $\Delta \cup \{\alpha\} \models \beta$ est équivalent à $\Delta \models \alpha \to \beta$.*

Théorème 2 (Théorème de déduction par réfutation). *Soient α, β et Δ deux formules et un ensemble de formules de $\mathcal{L}$ respectivement, alors $\Delta \models \alpha$ est équivalent à $\Delta \cup \{\neg\alpha\}$ est insatisfiable.*

2.2.3 Aspect syntaxique du calcul propositionnel

La sémantique formelle fournit la signification d'une formule en termes de la signification de ses propositions élémentaires. Autrement dit, le mode

Commutativité	$\alpha \vee \beta \equiv \beta \vee \alpha$
	$\alpha \wedge \beta \equiv \beta \wedge \alpha$
Associativité	$(\alpha \vee \beta) \vee \gamma \equiv \alpha \vee (\beta \vee \gamma)$
	$(\alpha \wedge \beta) \wedge \gamma \equiv \alpha \wedge (\beta \wedge \gamma)$
Loi de la double négation	$\neg(\neg\alpha) \equiv \alpha$
Idempotence	$\alpha \vee \alpha \equiv \alpha$
	$\alpha \wedge \alpha \equiv \alpha$
Distributivité	$\alpha \vee (\beta \wedge \gamma) \equiv (\alpha \vee \beta) \wedge (\alpha \vee \gamma)$
	$\alpha \wedge (\beta \vee \gamma) \equiv (\alpha \wedge \beta) \vee (\alpha \wedge \gamma)$
Lois de De Morgan	$\neg(\alpha \vee \beta) \equiv \neg\alpha \wedge \neg\beta$
	$\neg(\alpha \wedge \beta) \equiv \neg\alpha \vee \neg\beta$

TABLE 2.3 – Règles de réécriture de formules propositionnelles

de déduction est purement sémantique. Cependant, la théorie de la preuve se définit uniquement en termes d'application de règles syntaxiques sur les formules propositionnelles, sans s'intéresser à leur valeur de vérité. En particulier, ce mécanisme de preuve consiste en un ensemble de règles formelles : *axiomes*[2] et *règles d'inférence* permettant en un nombre fini d'étapes de dériver par réécriture un sous-ensemble de l'ensemble des formules du langage. Pour le calcul propositionnel, plusieurs systèmes de preuve ont été développés dans la littérature. Nous citons parmi eux la déduction naturelle [Gentzen 1935a], le calcul des séquents [Gentzen 1935b], le système à la Hilbert ou encore la méthode de preuve par résolution [Robinson 1965]. Nous nous limitons ici à présenter le système d'axiomes le plus connu pour le calcul propositionnel proposé par Łukasiewicz [Łukasiewicz 1964].

Définition 13 (Système de Łukasiewicz). *Soient α, β et γ des formules de $\mathcal{L}$. Les axiomes du système de Łukasiewicz pour le calcul des propositions sont au nombre de trois :*

(A1) $\alpha \rightarrow (\beta \rightarrow \alpha)$ [Conséquence de l'hypothèse]
(A2) $(\alpha \rightarrow (\beta \rightarrow \gamma)) \rightarrow ((\alpha \rightarrow \beta) \rightarrow (\alpha \rightarrow \gamma))$ [Autodistributivité ($\rightarrow$)]
(A3) $(\neg\beta \rightarrow \neg\alpha) \rightarrow (\alpha \rightarrow \beta)$ [Contraposition]

Nous devons également rappeler que α, β et γ, dans les schémas d'axiomes précédents, représentent n'importe quelle formule du langage $\mathcal{L}$. Nous pouvons donc substituer à ces éléments formels n'importe quelle formule de $\mathcal{L}$; la formule résultante sera un théorème de $\mathcal{L}$.

---

2. Les axiomes sont des propositions évidentes par elle-mêmes ne nécessitant pas de démonstrations

Nous allons maintenant nous intéresser à la partie déductive du langage.

Pour pouvoir réaliser des déductions afin de démontrer si de nouvelles formules sont des *théorèmes* (voir Définition 14 ci-dessous) pour le système, deux règles d'inférence sont définies : la règle de *substitution* et la règle de *Modus Ponens* également qualifiée de règle de détachement. La règle de substitution permet de remplacer une variable propositionnelle, partout où elle figure, par une autre variable propositionnelle ou par n'importe quelle formule bien formée. La règle de Modus Ponens (M.P.) présentée ci-dessous stipule que si α est un théorème et si $\alpha \to \beta$ est aussi un théorème alors β est un théorème. Nous utilisons le symbole $\vdash$ pour désigner la relation de déduction ou d'inférence. Notons que le symbole $\vdash$ n'est pas un nouveau symbole du langage mais appartient au métalangage.

$$\frac{\vdash \alpha \qquad \vdash \alpha \to \beta}{\vdash \beta} \text{ (M.P.)}$$

Définition 14 (Théorème). *Une formule α est un théorème, noté $\vdash \alpha$, si et seulement si α est un axiome ou α est obtenue à partir de l'application d'une règle d'inférence sur d'autres théorèmes.*

Proposition 2. *Pour toutes formules α, β et γ telles que $\alpha, \beta, \gamma \in \mathcal{L} \times \mathcal{L} \times \mathcal{L}$, toutes les formules suivantes sont des théorèmes :*

- $\vdash (\neg\alpha \to (\alpha \to \beta))$,
- $\vdash (\neg\neg\alpha \to \alpha)$,
- $\vdash (\alpha \to \neg\neg\alpha)$,
- $\vdash (\alpha \to (\neg\beta \to \neg(\alpha \to \beta)))$,
- $\vdash ((\alpha \to \beta) \to ((\beta \to \gamma) \to (\alpha \to \gamma)))$,
- $\vdash ((\alpha \to \beta) \to (\neg\beta \to \neg\alpha))$,
- $\vdash ((\beta \to \alpha) \to ((\neg\beta \to \alpha) \to \alpha))$,
- $\vdash (\alpha \to ((\alpha \to \beta) \to \beta))$.

Définition 15 (Démonstration). *Une démonstration d'un théorème α est une suite finie $(S_1, \ldots, S_n)$ où $\alpha = S_n$ et chaque S_i est soit un axiome, soit obtenu par l'application d'une règle d'inférence (substitution ou Modus Ponens) sur des théorèmes S_j et S_k précédemment produits (avec $j, k < i$).*

Le prolongement de la notion de démonstration donne lieu à la notion de *déduction* définie comme suit.

Définition 16 (Déduction). *Soient α et Δ une formule et un ensemble de formules de $\mathcal{L}$, respectivement. α se déduit de Δ, noté $\Delta \vdash \alpha$, si et seulement s'il existe une suite finie $(S_1, \ldots, S_n)$ telles que :*

- $S_n = \alpha$,
- *pour tout $i < n$, l'une des trois conditions suivantes est remplie :*
  - *soit $S_i \in \Delta$,*
  - *soit S_i est un axiome,*
  - *soit S_i a été obtenue par l'application d'une règle d'inférence (sub-stitution ou Modus Ponens) sur deux théorèmes S_j et S_k avec $j, k < i$.*

On dit que α est conséquence syntaxique, ou conséquence formelle de Δ.

Exemple 4. *Étant donné l'ensemble de formules $\Delta = \{a \to b, b \to c\}$. La formule $a \to c$ se déduit de Δ comme suit. Ainsi $\{a \to b, b \to c\} \vdash a \to c$.*

1. $\vdash a \to b$
2. $\vdash b \to c$
3. $\vdash (a \to (b \to c)) \to ((a \to b) \to (a \to c))$ Axiome (A2)
4. $\vdash (b \to c) \to (a \to (b \to c))$ Axiome (A1)
5. $\vdash a \to (b \to c)$ Modus Ponens(2,4)
6. $\vdash (a \to b) \to (a \to c)$ Modus Ponens(5,3)
7. $\vdash a \to c$ Modus Ponens(1,6)

Proposition 3. *La relation d'inférence $\vdash$ vérifie les propriétés suivantes :*

$\{\alpha\} \vdash \alpha$ [Réflexivité]

si $\Delta \vdash \alpha$, alors $\Delta \cup \{\beta\} \vdash \alpha$ [Monotonie]

si $\Delta \cup \{\alpha\} \vdash \gamma$, $\vdash \alpha \leftrightarrow \beta$, alors $\Delta \cup \{\beta\} \vdash \gamma$ [Équivalence logique gauche]

si $\Delta \vdash \alpha$ et $\vdash \alpha \to \beta$, alors $\Delta \vdash \beta$ [Affaiblissement droit]

si $\Delta \vdash \alpha$ et $\Delta \vdash \beta$, alors $\Delta \vdash \alpha \wedge \beta$ [ET]

si $\Delta \cup \{\alpha\} \vdash \gamma$ et $\Delta \cup \{\beta\} \vdash \gamma$, alors $\Delta \cup \{\alpha \vee \beta\} \vdash \gamma$ [OU]

si $\Delta \cup \{\alpha\} \vdash \beta$, alors $\Delta \vdash \alpha \to \beta$ [Conditionalisation]

si $\Delta \vdash \alpha \to \beta$, alors $\Delta \cup \{\alpha\} \vdash \beta$ [Déduction]

si $\Delta \vdash \alpha$ et $\Delta \cup \{\alpha\} \vdash \beta$, alors $\Delta \vdash \beta$ [Coupure]

Théorème 3 (Finitude). *Si $\Delta \vdash \alpha$, alors il existe un sous-ensemble fini Φ de Δ tel que $\Phi \vdash \alpha$.*

Définition 17 (Fermeture déductive). *Soit Δ un ensemble de formules pro-positionnelles. La fermeture déductive de Δ, notée $Cn(\Delta)$, est l'ensemble des formules qui sont conséquences syntaxiques de Δ : $Cn(\Delta) = \{\alpha \mid \Delta \vdash \alpha\}$.*

Proposition 4. *La fermeture déductive vérifie les propriétés suivantes :*

$\Delta \subseteq Cn(\Delta)$ [Inclusion]
$Cn(Cn(\Delta)) = Cn(\Delta)$ [Idempotence]
si $\Phi \subseteq \Delta$, alors $Cn(\Phi) \subseteq Cn(\Delta)$ [Monotonie]
si $\Phi \subseteq \Delta \subseteq Cn(\Phi)$, alors $Cn(\Phi) \subseteq Cn(\Delta)$ [Monotonie prudente]
si $\Phi \subseteq \Delta \subseteq Cn(\Phi)$, alors $Cn(\Phi) = Cn(\Delta)$ [Cumulativité]
si $\Phi \subseteq Cn(\Delta)$, alors $Cn(\Phi) \subseteq Cn(\Delta)$ [Transitivité]
si $\Phi \subseteq \Delta \subseteq Cn(\Phi)$, alors $Cn(\Delta) \subseteq Cn(\Phi)$ [Coupure]
$Cn(\Delta) = \mathcal{L}$ ssi Δ est incohérent   [Trivialisation]

2.2.4 Formes normales

Il est souvent utile, d'un point de vue algorithmique, de transformer les formules propositionnelles en formules équivalentes ayant une "forme normale". Les formes normales partent du principe que les connecteurs $\rightarrow$ et $\leftrightarrow$ peuvent s'exprimer de manière équivalente en fonction de connecteurs $\wedge$ et $\vee$ qui sont des connecteurs avantageux puisque commutatifs et associatifs. En conséquence, dans une conjonction ou une disjonction de littéraux l'ordre d'apparition des littéraux et la disposition des parenthèses n'ont pas d'importance.

Définition 18 (Forme normale disjonctive). *Une formule α est sous forme normale disjonctive (notée DNF [3]) si et seulement si α s'écrit sous la forme $\alpha = \alpha_1 \vee \ldots \vee \alpha_n$ où pour chaque i, $1 \leq i \leq n$, α_i est une conjonction de littéraux de la forme $\alpha_i = l_1 \wedge \ldots \wedge l_m$.*

Définition 19 (Forme normale conjonctive). *Une formule α est sous forme normale conjonctive (notée CNF [4]) si et seulement si α s'écrit sous la forme $\alpha = \alpha_1 \wedge \ldots \wedge \alpha_n$ où pour chaque i, $1 \leq i \leq n$, α_i est une clause.*

La transformation d'une formule sous forme normale conjonctive ou disjonctive se réalise facilement par application répétitives des règles d'associativité, distributivité, commutativité, l'élimination de la double négation et la loi de De Morgan, présentées dans la table 2.3.

Théorème 4 (Théorème de normalisation). *Toute formule propositionnelle admet une forme normale disjonctive qui lui est logiquement équivalente. Toute formule propositionnelle admet une forme normale conjonctive qui lui est logiquement équivalente.*

---

3. où DNF pour Disjunctive Normal Form.
4. où CNF pour Conjunctive Normal Form.

2.2.5 Noyaux minimalement incohérents (MUS)

Comme nous l'avons souligné précédemment, lorsqu'un ensemble de formules Δ est cohérent alors il existe un modèle pour Δ. En revanche, si Δ est insatisfiable ou incohérent, aucun certificat nous permet d'expliquer les raisons de son incohérence. Notamment, il est possible que seules quelques formules de Δ soient réellement responsables de la contradiction.

En outre, la localisation au sein de l'ensemble Δ des vraies raisons de son incohérence peut se révéler d'une grande utilité pour de nombreux domaines applicatifs [Benferhat *et al.* 2005, Hunter & Konieczny 2010, Grant & Hunter 2011, Mu *et al.* 2011, Xiao & Ma 2012]. Malheureusement, ce problème est connu parmi l'un des problèmes difficiles en termes de complexité algorithmique.

La notion de *noyau minimal incohérent* (*Minimally Unsatisfiable Set : MUS* en anglais) est définie dans le cadre clausal comme un ensemble de clauses irréductible pour l'insatisfiabilité. Plus précisément, c'est un ensemble incohérent de clauses qui devient cohérent si l'un de ses éléments est supprimé. Autrement dit, tout sous-ensemble propre d'un MUS est satisfiable.

Formellement, un sous-ensemble minimal incohérent est défini de la manière suivante :

Définition 20 (MUS). *Soit Δ un ensemble de formules clausales. Γ est un MUS de Δ si et seulement si :*

1. $\Gamma \subseteq \Delta$

2. $\Gamma \vdash \bot$

3. $\forall \Gamma' \subset \Gamma, \Gamma' \nvdash \bot$.

Exemple 5. *Étant donné un ensemble de formules Δ composé de sept clauses construites sur 4 variables tel que $\Delta = \{a, \neg a, a \vee b, \neg b, \neg a \vee c, b \vee \neg c\}$. Notons que Δ est incohérent. En effet, Δ possède trois MUS :*
 – $\Gamma_1 = \{a, \neg a\}$,
 – $\Gamma_2 = \{\neg a, a \vee b, \neg b\}$,
 – $\Gamma_3 = \{a, \neg b, \neg a \vee c, b \vee \neg c\}$.
Notons que $\Gamma_1 \cap \Gamma_2 = \{\neg a\}$, $\Gamma_1 \cap \Gamma_3 = \{a\}$ et $\Gamma_2 \cap \Gamma_3 = \{\neg b\}$.

Le concept dual à la notion de MUS est celui de *sous-ensemble maximal et satisfiable* de formules (*Maximal satisfiable Subset : MSS* en anglais), définie de la manière suivante.

Définition 21 (MSS). *Soit Δ un ensemble de formules clausales. Γ est un MSS de Δ si et seulement si :*

1. $\Gamma \subseteq \Delta$

2. $\Gamma \nvdash \bot$

3. $\forall \alpha \in \Delta \setminus \Gamma, \Gamma \cup \{\alpha\} \vdash \bot$.

L'ensemble complémentaire d'un MSS par rapport à Δ est appelé *CoMSS*. Formellement, le CoMSS d'un MSS Γ de Δ est donné par $\Delta \setminus \Gamma$.

Notons qu'un ensemble de formules peut contenir plusieurs sous-ensembles minimaux incohérents comme le montre l'exemple 5. En fait, un tel ensemble peut exhiber un nombre exponentiel de MUS par rapport à la taille de l'ensemble de formules considéré. En effet, un ensemble de n clauses peut contenir jusqu'à $C_n^{\frac{n}{2}}$ MUS dans le pire des cas. Ce nombre potentiellement élevé de MUS au sein d'une même base de connaissances rend les problèmes qui y sont corrélés d'une complexité algorithmique très élevée. Par exemple, l'énumération de tous les MUS d'une base de connaissances n'est pas réalisable en pratique. En plus, le problème qui consiste à tester si une formule fait partie de l'ensemble des MUS d'une base de connaissances clausale a été prouvé Σ_2^P-difficile [Eiter & Gottlob 2002]. Par ailleurs, le simple fait de tester si un ensemble de clauses est un MUS est un problème Δ_2^P-complet [Papadimitriou & Wolfe 1988].

Bien que le problème de calcul des MUS soit d'une complexité algorithmique élevée, plusieurs voies pratiques ont été explorées dans la littérature avec succès. Parmi les méthodes complètes récentes, une approche exhaustive proposée par [Liffiton & Sakallah 2008] . Une deuxième approche hybride et complète proposée plus récemment par [Grégoire *et al.* 2009] s'appuie sur un parcours stochastique de l'espace de recherche afin d'estimer de manière heuristique quelles clauses peuvent appartenir à un MUS (voir [Piette 2007] pour une présentation générale des techniques permettant le calcul des MUS).

Dans les deux sections suivantes, nous nous intéressons à quelques formalismes logiques dites logiques *intensionnelles*. Une logique intensionnelle se caractérise d'abord par le fait que, contrairement aux logiques extensionnelles, elle n'est pas liée à un univers donné. Elle permet de formaliser des raisonnements traitant des propositions qui ne sont pas vérifonctionnelles : la valeur de vérité d'une formule n'est pas toujours fonction des valeurs de vérité de ses sous-formules. Ceci peut être caractérisé par exemple par une logique des mondes possibles. Nous pouvons donc admettre qu'une logique intensionnelle peut se projeter sur une logique des mondes possibles. On pourrait dire que la logique des mondes possibles est une manière d'exprimer dans un langage de logique extensionnelle des résultats d'un calcul de logique intensionnelle. L'autre différence consiste dans le fait que la logique intensionnelle n'opère pas sur des valeurs de vérité. Les valeurs de vrai et de faux se prenant sur un univers donné, il va de soi qu'elles n'ont pas de pertinence pour une logique qui ne prend pas en compte tel ou tel univers particulier.

2.3 Logiques conditionelles

Les logiques conditionnelles sont des formalismes qui permettent de représenter des connaissances tout en autorisant des exceptions. Ces logiques ont été introduites dans les années soixante et soixante-dix par [Stalnaker 1968], [Lewis 1973] et [Chellas 1975] et bénéficient d'un intérêt particulier en intelligence artificielle [Crocco *et al.* 1995] dans de nombreux domaines comme la révision des croyances [Giordano *et al.* 2002], les bases de données et la mise à jour des connaissances [Grahne 1998], les sémantiques en langage naturel pour la manipulation des raisonnements hypothétiques et contrefactuels [Nute 1980], les raisonnements non monotones et prototypiques [Delgrande 1988, Kraus *et al.* 1990], l'inférence causale [Giordano & Schwind 2004] et la programmation logique [Gabbay *et al.* 2000].

Les logiques conditionnelles permettent de formaliser des raisonnements hypothétiques de la forme : « Si α était vrai alors β le serait aussi ». Ce raisonnement est appelé *contrefactuel* ou *irréel* car l'hypothèse considérée peut être en contradiction avec ce qui est su par ailleurs. Prenons l'exemple suivant : « S'il avait fait beau alors je serais allé à la plage ». Cette phrase est clairement en contradiction avec le fait « Il pleut ». Clairement, ceci diverge de l'implication matérielle en logique classique, puisque cette dernière ne peut rendre en compte de telle notion ; en particulier la formule $\alpha \rightarrow \beta$ qui est équivalente à $\neg\alpha \vee \beta$ est satisfaite quand α est fausse.

Étant donné un énoncé de type "Si α, alors β", plusieurs lectures des conditionnels ont été proposées dans la littérature [Delgrande 1987, Delgrande 1988, Gärdenfors 1988]. Par exemple, selon [Stalnaker 1968] pour savoir si la formule β est conséquence de la formule α, il faut considérer les mondes *imaginées* en tenant en compte de cette hypothèse comme vraie. En particulier, Stalnaker a élaboré un test pour évaluer ce type de conditionnel. Ce test appelé *test de Ramsey* (*Ramsey Rule* ou *Ramsey test* en anglais) [5] qui signifie qu'on doit ajouter α à ses croyances et ajuster ses croyances de manière à les rendre cohérentes et vérifier enfin si β est le

---

5. "First, add the antecedent (hypothetically) to your stock of beliefs; second, make whatever adjustments are required to maintain consistency (without modifying the hypothetical belief in the antecedent); finally, consider whether or not the consequent is then true".

cas ou non. Par contre, il est difficilement concevable d'étudier les conséquences d'une formule en ne considérant que les mondes où elle est niée ;
comme le cas de l'implication matérielle. Stalnaker fait intervenir la notion
de monde possible *"a possible world is the ontological analogue of a stock
of hypothetical beliefs"*.

Une autre lecture de ces conditionnels a été aussi proposée par Delgrande [Delgrande 1987, Delgrande 1988]. Le principe général reste toujours l'imagination de monde(s) tel(s) qu'il(s) serait(ent) si l'hypothèse
du conditionnel était vraie. Ces mondes sont construits en considérant les
cas les plus normaux relativement à cette hypothèse. Le conditionnel se
lit donc « Normalement, si α alors β ». En gros, l'assertion « Si α, alors
β » est valide lorsque β est vraie dans les mondes possibles où α est vraie.
Cette lecture se différentie notoirement de la logique de la vraisemblance
« Vraisemblablement, si α alors β » [Halpern & Rabin 1987] ou encore de
l'approche probabiliste « Probablement, si α alors β ». En effet, ces deux
derniers adverbes ont une connotation numérique certaine que n'a pas nécessairement "Normalement". De plus, par la mesure de vraisemblance ou
de probabilité qu'ils donnent, les adverbes "Probablement" et "Vraisemblablement" font référence au monde réel. "Normalement" est lui beaucoup
plus indépendant de ce monde.

Afin de capturer ce raisonnement, un nouvel opérateur conditionnel est
mis en œuvre pour analyser des conditions de vérité des énoncés de type
« Si α, alors β ».

Dans la suite, nous allons présenter la sémantique et la syntaxe des
logiques conditionnelles.

2.3.1   Langage

Le premier problème est de représenter de telles notions dans le langage. La base est toujours fournie par le langage de la logique classique auquel un nouvel opérateur binaire est ajouté. Cet opérateur, appelé *connecteur conditionnel*, sera noté $\Rightarrow$. Le langage résultant est ainsi appelé langage conditionnel qu'on note $\mathcal{L}_{MP}$.

Comme pour les logiques classiques, les formules sont construites de
façon habituelle à partir de variables propositionnelles par le biais des
connecteurs propositionnels $\neg$, $\wedge$, $\vee$, $\rightarrow$ et $\leftrightarrow$, ainsi que le connecteur
conditionnel $\Rightarrow$.

Notons que comme dans le cas classique, $\top$ et $\perp$ désignent la vérité et
la fausseté logique, respectivement.

Définition 22 (Formules conditionnelles). *En logique conditionnelle, les*

formules sont formées de la manière suivante :
- *les constantes* ⊤ *et* ⊥ *sont des formules,*
- *si α est un atome propositionnel, alors α est une formule,*
- *si α et β sont des formules, alors* ¬α, α ∧ β, α ∨ β, α → β *et* α ↔ β *sont des formules,*
- *si α et β sont des formules, alors* α ⇒ β *est une formule,*
- *toute formule est obtenue par application des règles précédentes un nombre fini de fois.*

En ce qui concerne l'opérateur de conditionnel, il peut être réparti en deux éléments qu'on définit de la manière suivante.

Définition 23. *Soit* α ⇒ β *une formule conditionnelle. α est appelée l'antécédent du conditionnel alors que β est appelée la conclusion du conditionnel.*

2.3.2 Aspect sémantique

Contrairement aux logiques classiques, les logiques conditionnelles admettent des sémantiques qui sont essentiellement définies en termes de structures de *mondes possibles*. En fait, il n'existe pas une mais plusieurs sémantiques pour les logiques conditionnelles. Les deux plus connues et plus populaires sont celles faisant intervenir les notions de *fonction de sélection* [Nute 1980] et la *sémantique des sphères* [Lewis 1973, Lewis 1984]. Seules ces deux sémantiques seront présentées ici ; elles sont assez intuitives et faciles à utiliser. Bien que ces deux sémantiques soient basées sur les notions de mondes possibles, elles diffèrent par quelques notions algébriques. Rappelons brièvement les modèles pour les logiques conditionnelles qui sont basés sur des fonctions de sélection et de système de sphères.

2.3.2.1 Sémantique de fonction de sélection

Une sémantique de fonction de sélection est exprimée en termes de modèles. Ainsi, ce modèle peut être introduit de la façon suivante.

Définition 24 (Modèle d'une formule). *Un modèle M basé sur les fonctions de sélection est un triplet* $\langle \mathcal{W}, f, v \rangle$ *tel que :*
- $\mathcal{W}$ *est un ensemble non-vide de mondes possibles,*
- *f est une fonction dite de sélection qui à un monde possible et un sous-ensemble de* $\mathcal{W}$ *associe un autre sous-ensemble de mondes de* $\mathcal{W}$ ($f : \mathcal{W} \times P(\mathcal{W}) \to P(\mathcal{W})$) *où* $P(\mathcal{W})$ *est l'ensemble des parties de* $\mathcal{W}$,

– *v est une fonction qui associe une valeur de vérité aux variables propositionnelles pour chaque monde.*

Notons que la fonction f permet de sélectionner à partir de l'ensemble de tous les mondes possibles $\mathcal{W}$ les mondes « imaginés » en fonction de la formule qu'on souhaite satisfaire et du monde réel.

Après avoir défini la notion de modèle basé sur une fonction de sélection, nous introduisons maintenant la relation de satisfiabilité de la manière suivante.

Définition 25 (Relation de satisfiabilité). *Soient α et β deux formules de $\mathcal{L}_{MP}$.*
Soit $M = \langle \mathcal{W}, f, v \rangle$ un modèle de fonction de sélection et w un monde de ce modèle, i.e. $w \in \mathcal{W}$.
La relation de satisfiabilité est définie d'une manière classique pour les connecteurs propositionnels ($\neg$, $\wedge$, $\vee$, $\rightarrow$, $\leftrightarrow$) (cf Définition 7) et de la façon suivante pour le connecteur conditionnel : $M, w \models_{MP} \alpha \Rightarrow \beta$ si et seulement si $f(w, |\alpha|^M) \subseteq |\beta|^M$ où $|\gamma|^M$ représente l'ensemble de mondes qui satisfont la formule γ (ou γ-mondes), i.e. $\{w, w \in \mathcal{W} \text{ et } M, w \models_{MP} \gamma\}$.

Les logiques conditionnelles dont la sémantique est exprimée en termes de fonctions de sélection sont appelées *logiques conditionnelles normales*.

2.3.2.2 Sémantique des sphères

D'autres familles de logiques conditionnelles admettent une sémantique qui n'est pas basée sur des fonctions de sélection mais plutôt sur des *systèmes de sphères*. Cette représentation sphérique rend cette sémantique plus facile à représenter graphiquement que celle basée sur une fonction de sélection.

Dans cette sémantique, un modèle est basé sur des systèmes de sphères et est défini de la manière suivante :

Définition 26 (Modèle d'une formule). *Un modèle M basé sur un système de sphères est un triplet $\langle \mathcal{W}, f, v \rangle$ tel que :*
– *$\mathcal{W}$ est un ensemble non-vide de mondes possibles,*
– *S est une fonction avec $S : \mathcal{W} \rightarrow P(P(\mathcal{W}))$ telle que $S(w)$ est un système de sphères associé à un monde possible w de $\mathcal{W}$ qui satisfait les propriétés suivantes :*
   – *Si s_1 et s_2 sont des éléments de $S(w)$, alors $s_1 \subseteq s_2$ ou $s_2 \subseteq s_1$,*
   – *$S(w)$ est un ensemble clos par l'union,*
   – *$S(w)$ est un ensemble clos par l'intersection,*

– *v est une fonction qui associe une valeur de vérité aux variables pro-positionnelles pour chaque monde.*

Notons que comme la sémantique des fonctions de sélection, $\mathcal{W}$ représente l'ensemble des mondes possibles. À partir d'un monde donné, un système de sphères représente les mondes « imaginables », ces mondes sont ensuite regroupés dans des sphères. Selon l'interprétation faite du conditionnel, les sphères sont organisées à différents niveaux de normalité, de typicalité ou de ressemblance avec le monde réel. Intuitivement, une sphère est d'autant plus petite que les mondes qu'elle contient sont considérés comme normaux ou ressemblant au monde actuel.

Ensuite, la relation de satisfiabilité est définie en termes de modèles de sphères comme suit.

Définition 27 (Relation de satisfiabilité). *Soient α et β deux formules conditionnelles.*
Soit $M = \langle \mathcal{W}, S, v \rangle$ un modèle des sphères et w un monde de ce modèle, i.e. $w \in \mathcal{W}$.
La relation de satisfiabilité est définie d'une manière classique pour les connecteurs propositionnels ($\neg$, $\wedge$, $\vee$, $\rightarrow$, $\leftrightarrow$) (cf Définition 7) et de la façon suivante pour le connecteur conditionnel :
$M, w \models_{MP} \alpha \Rightarrow \beta$ si et seulement si :
– il n'existe aucune sphère de $S(w)$ contenant un monde qui satisfait α,
– tous les mondes de la plus petite sphère, contenant au moins un monde qui satisfait α, satisfont $\alpha \rightarrow \beta$.

À partir de la définition des modèles basés sur un système de sphères, il est possible de construire un système avec des chaînes infinies de sphères incluses les unes dans les autres. Ainsi, pour toute sphère s il existe une autre sphère s' strictement incluse dans s. Et vu que la définition de satisfiabilité suppose l'existence d'une plus petite sphère qui n'existe pas ici, il est nécessaire d'imposer une condition supplémentaire aux systèmes de sphères : l'impossibilité de contenir une chaîne infinie décroissante de sphères ; ou pour toute formule α s'il existe un monde dans le système de sphères la satisfant alors il existe une plus petite sphère qui contient au moins un monde satisfant α.

La sémantique des sphères a été généralisée ensuite par [Katsuno & Satoh 1991]. Cette généralisation consiste à associer à chaque monde un ensemble de mondes possibles structurés par une relation d'accessibilité au lieu de l'associer à un système de sphères. Cette structure varie par conséquent en termes de propriétés accordées aux relations d'accessibilité. Le lecteur profane pourra consulter [Lamarre 1992].

Les sémantiques que nous venons de présenter ne sont pas les seules qui puissent être associées aux logiques conditionnelles. En particulier, d'autres sémantiques ont été proposées dans la littérature, par exemple la sémantique des mondes possibles, les modèles relationnels, les modèles utilisant des fonctions de sélection de classe de mondes, les modèles extensionnels, les modèles de voisinage, etc. Toutes ces possibilités ne sont pas présentées ici. Pour plus de détail, le lecteur peut se reporter à [Nute 1980, Burgess 1981, Arló-Costa & Shapiro 1992].

2.3.3 Aspect syntaxique

Comme mentionné précédemment, les logiques conditionnelles augmentent la logique classique propositionnelle par l'opérateur conditionnel. En conséquence, tous les théorèmes et les règles d'inférence de la logique propositionnelle restent valables pour les logiques conditionnelles. Nous présentons donc dans cette section juste les règles d'inférence et les axiomes qui correspondent aux propriétés de l'opérateur conditionnel $\Rightarrow$. En fait, ces axiomes peuvent être classés en plusieurs catégories. En particulier, certains axiomes ne font pas intervenir des imbrications de l'opérateur conditionnel dans le champ d'une occurrence de cet opérateur. Nous qualifions ces axiomes de *plats*. Par exemple, $(a \wedge b) \Rightarrow c$ est une formule plate, ce qui n'est pas le cas de $a \Rightarrow b \Rightarrow c$. D'autres axiomes font intervenir des imbrications de l'opérateur conditionnel. Ces axiomes sont appelés des axiomes *imbriqués*. La formule $a \Rightarrow b \Rightarrow c$ précédente est par exemple une formule conditionnelle où l'opérateur conditionnel est imbriqué. En outre, nous trouvons les axiomes *équilibrés* qui sont des combinaisons booléennes d'expressions conditionnelles[6]. Cette catégorie fait référence aux liens entre les mondes « imaginables » pour un monde donné.

Enfin, à partir des trois catégories axiomatiques précédentes il est possible d'en définir d'autres comme par exemple les axiomes *non équilibrés* qui formalisent les liens entre les mondes « imaginables » et le monde réel ; et les *formules plates équilibrées* qui jouent un rôle crucial dans l'étude des connections entre les logiques conditionnelles et les classes de relations de déduction non-monotones [Lamarre 1992] ainsi que les détails des propriétés caractérisant ces classes.

Beaucoup de logiques conditionnelles ont été présentées dans la littérature. La logique la plus connue et la plus étudiée est la logique normale baptisée $\mathcal{MP}$. Cette logique est considérée comme la base de toutes les autres logiques conditionnelles au sens où les autres ont été intro-

---

6. Une expression conditionnelle est une formule avec comme connecteur principal (i.e. le connecteur le plus extérieur) un opérateur conditionnel.

duites principalement comme des extensions de la logique $\mathcal{MP}$. En effet, la logique normale $\mathcal{MP}$ comporte dans son axiomatique uniquement des axiomes plats. Dans la suite, nous présentons en détail le système axiomatique de la logique conditionnelle $\mathcal{MP}$.

La logique $\mathcal{MP}$, certainement la plus connue de toutes les logiques conditionnelles, utilise le moins d'axiomes. Cette logique est une logique conditionnelle normale basée sur une sémantique de fonctions de sélection.

2.3.4 Système conditionnel $\mathcal{MP}$

Le système $\mathcal{MP}$ est le système conditionnel normal qui admet une sémantique basée sur les fonctions de sélection. Comme signalé précédemment, cette logique est la base commune aux principaux systèmes conditionnels [Lamarre 1992]. Par ailleurs, la logique $\mathcal{MP}$ enrichit les axiomes et règles d'inférence de la logique classique propositionnelle par d'autres nouveaux axiomes qui correspondent essentiellement à des propriétés de l'opérateur conditionnel [Chellas 1975]. Ces schémas axiomatiques permettent d'aboutir à une nouvelle relation d'inférence qu'on note $\vdash_{MP}$ et qui sera utilisée dans toute la suite. Nous écrivons $\Phi \vdash_{MP} \alpha$ pour α conséquence logique de Φ.

Définition 28 (Système conditionnel $\mathcal{MP}$). *Le système $\mathcal{MP}$ est la plus petite logique close par les règles suivantes :*

– **RCEA.** $\dfrac{\vdash_{MP} \alpha \leftrightarrow \beta}{\vdash_{MP} (\alpha \Rightarrow \gamma) \leftrightarrow (\beta \Rightarrow \gamma)}$

– **RCEC.** $\dfrac{\vdash_{MP} \alpha \leftrightarrow \beta}{\vdash_{MP} (\gamma \Rightarrow \alpha) \leftrightarrow (\gamma \Rightarrow \beta)}$

– **CC.** $\vdash_{MP} ((\alpha \Rightarrow \beta) \wedge (\alpha \Rightarrow \gamma)) \rightarrow (\alpha \Rightarrow (\beta \wedge \gamma))$

– **CM.** $\vdash_{MP} (\alpha \Rightarrow (\beta \wedge \gamma)) \rightarrow ((\alpha \Rightarrow \beta) \wedge (\alpha \Rightarrow \gamma))$

– **CN.** $\vdash_{MP} (\alpha \Rightarrow \top)$

– **M.P.** $\vdash_{MP} (\alpha \Rightarrow \beta) \rightarrow (\alpha \rightarrow \beta)$

Ces axiomes sont des propriétés de base de toutes les logiques conditionnelles dont nous avons besoin effectivement par la suite pour établir des résultats spécifiques.

Notons qu'en plus de l'axiomatique usuelle présentée dans la définition 28, un certain nombre d'axiomatiques équivalentes du système $\mathcal{MP}$ peuvent être considérées. Plus précisément, les systèmes $RCK^7 + RCEA + M.P$ et $RCEA + RCEC + CC + CM + CN + M.P$ sont des axiomatiques équivalentes du système $\mathcal{MP}$. Notons au passage que tout modèle basé sur une fonction de sélection (cf. Définition 24) est un modèle de $\mathcal{MP}$.

Plusieurs logiques conditionnelles ont été proposées dans la littérature par le fait de modifier simplement le système $\mathcal{MP}$ en lui rajoutant des règles d'inférence, ou des schémas axiomatiques regroupant des axiomes plats, équilibrés, etc. Parmi ces logiques, nous pouvons citer le système $M.P + ID$, le système $M.P + ID + CA$, le système $M.P + ID + CSO$, le système CO, le système CO_e, le système C, le système WC, le système WC_e, le système NR, le système DR, le système V, le système VC, le système VN, le système VS, le système VNS, le système VW, le système P, le système NP, le système NP^+, le système NP^{++}, le système $C4$, le système $C4.3$, le système $C5$, etc.

Nous étendons maintenant le concept de littéral en logique propositionnelle au cadre de la logique conditionnelle $\mathcal{MP}$ où on le nomme *littéral étendu*, comme suit.

Définition 29 (Littéral étendu). *Un littéral étendu (extended literal en anglais) est de la forme α ou $\neg\alpha$ tel que α est soit un atome ou une expression conditionnelle.*

Dans la définition précédente, un littéral étendu comprend à la fois les littéraux classiques ainsi que les formules de la forme $\alpha \Rightarrow \beta$ où α et β sont des formules propositionnelles.

Exemple 6. *Les formules a, $\neg b$, $a \Rightarrow \neg b$ et $((a \wedge c) \Rightarrow (\neg b \vee d))$ sont des littéraux étendus.*

La notion de littéral étendu permet, comme pour le cadre de la logique propositionnelle, de définir le concept de *formule normale disjonctive* dans le contexte de la logique conditionnelle $\mathcal{MP}$ [Besnard *et al.* 2013a]. Plus formellement,

Définition 30 (Forme disjonctive). *La forme disjonctive d'une formule α de $\mathcal{MP}$, notée $DF(\alpha)$, est la première (selon l'ordre lexicographique) formule de la forme $\alpha_1 \vee \ldots \vee \alpha_n$ qui est logiquement équivalente à α conformément à $\vdash_{\mathcal{MP}}$ et telle que chaque α_i est une conjonction de littéraux étendus.*

---

7. **RCK.** $\dfrac{\vdash_{MP} \beta_1 \wedge \ldots \wedge \beta_n \to \beta}{\vdash_{MP} ((\alpha \Rightarrow \beta_1) \wedge \ldots \wedge (\alpha \Rightarrow \beta_n)) \to (\alpha \Rightarrow \beta)}$ $(n \geqslant 0)$

Exemple 7. *Soit la formule* $\alpha = (\neg f \rightarrow b) \wedge ((a \wedge c) \Rightarrow \neg d)$. *La forme disjonctive de* α *est* $DF(\alpha) = (f \wedge ((a \wedge c) \Rightarrow \neg d)) \vee (b \wedge ((a \wedge c) \Rightarrow \neg d))$.

Dans toute la suite, une expression de la forme $\alpha \equiv \beta$ dans le système $\mathcal{MP}$ représente l'abréviation de $\alpha \vdash_{MP} \beta$ et $\beta \vdash_{MP} \alpha$.

2.4 Logiques modales

La logique classique, propositionnelle ou de prédicats, décrivent des raisonnements sur des formules en décidant si elles sont vraies ou fausses mais c'est tout ce qu'elle peut en dire : dans un modèle, on a soit α, soit $\neg\alpha$.

Un grand nombre de nouvelles logiques ont vu le jour pour étendre les fonctionnalités de la logique classique. La logique modale par exemple permet de formaliser des raisonnements traitant des propositions qui ne sont pas vérifonctionnelles : la valeur de vérité d'une formule n'est pas toujours fonction des valeurs de vérité de ses sous-formules. Ainsi, la vérité *Je crois qu'il pleut* n'est pas fonction de la vérité ou de la fausseté de l'assertion *Il pleut*.

Les logiques modales, tout comme les logiques conditionnelles, étendent la logique propositionnelle par d'autres opérateurs comme par exemple l'opérateur conditionnel dans le cas de système $\mathcal{MP}$. Généralement, ces formalismes visent à la formalisation de raisonnements humains [Hughes & Cresswell 1968, Hughes & Cresswell 1984, Chellas 1980] et non de l'élimination de paradoxes de la logique classique. Ces logiques forment des énoncés en modes non-factuels (incertitude ou variabilité). En effet, les logiques modales forment un cadre privilégié pour l'étude et l'analyse de certains verbes tels que "vouloir", "savoir", "agir", "croire", "devoir", "pouvoir", etc. Elles permettent également d'étudier certains adverbes qui modélisent les verbes dans le langage courant. Par conséquent, les logiques modales conçoivent des formalismes puissants pour, par exemple, l'analyse des croyances ou des connaissances et le traitement de propositions temporelles.

C'est donc dans cette optique que l'on a défini diverses logiques, surensembles de la logique classique par adjonction de nouveaux opérateurs comme le cas des logiques conditionnelles.

2.4.1 Langage

Le langage de la logique modale, noté $\mathcal{L}_K$, étend celui de la logique classique propositionnelle par ajout de deux concepts duaux au moyen des opérateurs unaires dits *modaux* qui permettent d'énoncer des « jugements » modaux sur des propositions ou plus généralement sur des formules. *Il est nécessaire que Jean vienne à la réunion* est par exemple la proposition *Jean vient à la réunion* modifiée par le concept de nécessité.

Généralement, ces opérateurs sont au nombre de deux : l'*opérateur modal universel* ou *nécessaire* qu'on note □, et l'*opérateur modal existentiel* ou *possible* noté ◊. En effet, par définition, ces deux opérateurs sont étroitement liés par la contrainte de dualité :

$$\Diamond \alpha =_{def} \neg \Box \neg \alpha$$

Partant du même vocabulaire et les mêmes règles de formation de formules bien fondées de la logique propositionnelle, on fait porter les opérateurs sur les formules de la façon suivante :

Définition 31 (Formules modales). *En logique modale, les formules sont formées de la manière suivante :*
- *les constantes ⊤ et ⊥ sont des formules,*
- *si α est un atome propositionnel, alors α est une formule,*
- *si α et β sont des formules, alors $\neg\alpha$, $\alpha \wedge \beta$, $\alpha \vee \beta$, $\alpha \rightarrow \beta$ et $\alpha \leftrightarrow \beta$ sont des formules,*
- *si α et β sont des formules, alors $\Box\alpha$ et $\Diamond\alpha$ sont des formules,*
- *toute formule est obtenue par application des règles précédentes un nombre fini de fois.*

Notons que plusieurs significations sémantiques ont été associées aux opérateurs modaux □ et ◊. En particulier, □ peut signifier "toujours vrai", "connu", "obligatoire", "voulu", "cru", etc, alors que l'opérateur ◊ peut signifier "parfois vrai", "concevable", "permis", "acceptable", "envisageable", etc. Ces interprétations associées à ces deux opérateurs diffèrent selon la logique modale considérée. Le tableau 2.4 ci-dessous présente différentes lectures employées dans la littérature pour les opérateurs modaux.

$\Box\alpha$	$\Diamond\alpha$
Il est nécessaire que α	Il est possible que α
Il sera toujours vrai que α	Il sera parfois vrai que α
Il est connu que α	L'inverse de α n'est pas connu
Il est obligatoire que α	Il est permis que α
α était toujours vrai dans le passé	α était parfois vrai dans le passé
Toute exécution du programme produit le résultat α	Il y a une exécution du programme qui produit le résultat α

TABLE 2.4 – Différentes lectures des opérateurs modaux □ et ◊

Dans le cadre de cette étude, nous nous intéressons à la logique modale dite *classique* (appelée encore logique *aristotélicienne*, ou *aléthique*), qui est la plus commune. En conséquent, la formule $\Box\alpha$ sera interprétée par « il est nécessaire que α », et la formule $\Diamond\alpha$ par « il est possible que α ».

Intuitivement, ces deux opérateurs le plus souvent duaux permettent de regrouper les formules en différentes catégories, comme les formules nécessaires qui sont toujours vraies ($\Box\alpha$) ; les formules impossibles qui sont toujours fausses ($\neg\Diamond\alpha$) ; les formules contingentes qui sont ni nécessaires ni impossibles (potentiellement vraies ou fausses) ($\neg\Box\alpha$) et les formules possibles qui ne sont pas nécessairement vraies ($\Diamond\alpha$). D'où, si une proposition n'est pas impossible, elle est dite possible. Pour plus de détail sur l'interprétation intuitive de ces opérateurs modaux, le lecteur pourra consulter [Hughes & Cresswell 1968, Hughes & Cresswell 1984].

2.4.2 Sémantique

Comme pour les logiques conditionnelles, il existe plusieurs sémantiques pour les logiques modales. Parmi ces sémantiques, deux sont connues, populaires, assez intuitives et s'appliquent à la plupart des logiques modales. Les premières font intervenir les modèles *minimaux* [Chellas 1980], alors que les deuxièmes sont basées sur une sémantique dite *sémantique de Kripke* [Kripke 1963, Hughes & Cresswell 1968, Chellas 1980, Hughes & Cresswell 1984].

Nous présentons dans la suite les notions de base de la sémantique de Kripke qui est considérée comme la sémantique la plus usitée pour les logiques modales. Cette sémantique repose sur l'idée qu'à partir d'une situation donnée (un mode possible, un état de fait), d'autres situations sont envisageables, et à partir de ces dernières d'autres sont concevables, etc. Un modèle de Kripke est fondé sur un univers de mondes possibles [8] entre lesquels il existe une relation. Notons que dans certains ouvrages, ces mondes possibles sont appelés *points*.

Les formules modales peuvent être interprétées dans des modèles de Kripke qui sont définis de la manière suivante.

Définition 32 (Modèle). *Un modèle de Kripke est un triplet $M = \langle W, R, v \rangle$ tel que*

— W *est un ensemble non-vide de mondes possibles appelé univers,*
— R *est une relation binaire entre les éléments de W : $R \subseteq W \times W$,*

---

8. les mondes possibles constituent un ensemble de mondes et ils interprètent les propositions atomiques par stipulation aux mondes possibles où elles sont vraies et, par omission, à ceux où elles sont fausses.

- v est une fonction de valuation associant une valeur de vérité aux variables propositionnelles pour chaque monde.

L'ensemble $\mathcal{W}$ représente les « situations potentielles » du domaine de discours. Notons aussi que la relation R est souvent appelée *relation d'accessibilité*. D'une manière intuitive, cette relation associe à un monde donné tous les mondes considérés comme possibles à partir de lui. En particulier étant donné deux mondes w et w', $(w, w') \in R$ signifie « w' est accessible à partir de w », ou d'une manière plus imagée « w' est visible depuis w (alternative à w) ».

A l'instar des modèles de Kripke, la relation de satisfiabilité en logique modale est définie de la manière suivante :

Définition 33 (Relation de satisfiabilité). *Soient α et β deux formules de $\mathcal{L}_K$ et a une variable propositionnelle. Soit $M = \langle \mathcal{W}, R, v \rangle$ un modèle de Kripke et w est un monde de ce modèle, i.e. $w \in \mathcal{W}$.*
Soit M, w une interprétation modale.
La relation de satisfiabilité est définie par les règles de la logique propositionnelle (cf. Définition 7) plus les deux règles suivantes :
- *$M, w \models_K \Box\alpha$ si et seulement si pour tout monde $w' \in W$ tel que wRw' et $M, w' \models \alpha$,*
- *$M, w \models_K \Diamond\alpha$ si et seulement s'il existe un monde $w' \in W$ tel que wRw' et $M, w' \models \alpha$.*

Pour conclure, il est possible de considérer des contraintes supplémentaires sur la relation R. C'est le choix de ces contraintes qui déterminera les propriétés des opérateurs modaux et ainsi le système modal adopté.

2.4.3 Système modal normal $\mathcal{K}$

Malgré les différentes interprétations données au opérateurs modaux, les logiques modales sont définies à partir des mêmes jeux de règles d'inférence et des schémas d'axiomes. Ainsi, plusieurs système axiomatiques ont été défini dans la littérature.

En particulier, nous nous intéressons au système axiomatique modal normal $\mathcal{K}$, qui présente la logique modale la plus simple, sans aucune restriction du point de vue sémantique (pour l'approche à la Kripke). En fait ce système axiomatique constitue la base de tous les autres systèmes qui peuvent être construits en lui ajoutant de nouveaux schémas d'axiomes et d'ailleurs c'est la justification principale de notre choix de système $\mathcal{K}$.

Le système modal $\mathcal{K}$ contient tous les théorèmes de la logique propositionnelle, ainsi que toutes les instances de l'*axiome de distribution*, noté

$\mathcal{K}$, et close par les règles d'inférence du Modus Ponens et la *règle de nécessité*, noté *NEC*, afin d'aboutir à une relation d'inférence qu'on note $\vdash_K$.

$$- \textit{M.P.} \quad \frac{\vdash_K \alpha \qquad \vdash_K \alpha \to \beta}{\vdash_K \beta}$$

$$- \textit{K.} \quad \Box(\alpha \to \beta) \to (\Box\alpha \to \Box\beta)$$

$$- \textit{NEC.} \quad \frac{\vdash_K \alpha}{\vdash_K \Box\alpha}$$

Nous écrivons $\Phi \vdash_K \alpha$ pour α conséquence logique de Φ.

Par ailleurs, le système normal $\mathcal{K}$ peut être enrichit par l'ajout d'autres schémas d'axiomes. Ces axiomes correspondent exactement à des propriétés supplémentaires ajoutées à la relation d'accessibilité R comme la réflexivité, la transitivité, être faiblement connectée, l'euclidiennité. Nous obtenons en conséquence d'autres systèmes modaux plus riches comme le système KT ou simplement T, le système $KT4$ noté classiquement $S4$, le système $KT5$ noté classiquement $S5$, le système $S4.3$, etc. Le lecteur pourra trouver des détails correspondant à ces systèmes par exemple dans [Hughes & Cresswell 1968, Hughes & Cresswell 1984, Chellas 1980]. Notons aussi que des correspondances entre logiques modales et conditionnelles ont été proposées sous réserve que l'opérateur conditionnel puisse être traduit dans le langage modal et réciproquement. En outre, cette traduction exige que la relation d'accessibilité R doit être réflexive et transitive [Lamarre 1992].
Très souvent, il se révélera pratique pour nous de travailler avec des formules ayant une certaine forme syntaxique. En particulier, la mise sous forme normale disjonctive en logique classique a été étendue pour les logiques modales. Notamment, toute formule de système $\mathcal{K}$ possède une formule normale disjonctive, noté *DNF*, équivalente. Par contre, il est important de noter que plusieurs techniques ont été proposées pour transformer une formule modale sous forme normale disjonctive [Enjalbert & del Cerro 1989, D'Agostino & Lenzi 2006, Bienvenu 2007, Bienvenu 2009b]. Le lecteur profane pourra donc consulter [Bienvenu 2009a] pour les différentes transformations sous forme normale disjonctive développées.
Dans la suite du manuscrit, nous considérons la forme disjonctive normale proposée par [Bienvenu 2009b] qui s'inspire de la notion d'atomes [Giunchiglia & Sebastiani 1996]. Ainsi, une formule est dite sous forme *DNF* si et seulement si elle est sous la forme d'une disjonction de termes $T_1 \vee \ldots \vee T_n$ où $T ::= L | T \wedge T, L ::= a | \neg a | \Box C | \Diamond T$ et $C ::= L | C \vee C$.

2.5 Logiques de ressources

En logique propositionnelle un même processus d'inférence peut faire intervenir un nombre quelconque (fini) de fois la même formule afin de dériver une conclusion. Ceci peut être illustré par le fonctionnement de l'opérateur de l'implication matérielle lequel ne correspond que d'une façon approximative à l'expression « si..., alors... » dans le contexte de ressources consommables : lorsque l'on écrit $\alpha \rightarrow \beta$, cela signifie que si l'on a α, alors on aura β mais α reste toujours vraie. Cela est préjudiciable pour représenter la notion de ressource. Si l'on essaye de raisonner sur des ressources avec la logique classique, on aboutit à des absurdités.

Plusieurs exemples tirés de la vie quotidienne et des domaines scientifiques comme la physique quantique, la chimie et l'informatique révèlent clairement les griefs imputables aux déductions classiques quand elles s'appliquent aux ressources. On s'aperçoit donc que la logique classique n'est pas adaptée pour raisonner dans le contexte de ressources consommables. Cela s'explique essentiellement par le fait que si les formules de l'ensemble de connaissances représentent des ressources consommables, alors l'inférence d'une telle conclusion dépend nécessairement de la disponibilité d'un nombre suffisant d'instances des formules intervenant dans la dérivation de cette conclusion.

Pour combler cette limitation, plusieurs formalismes logiques ont été proposés dans la littérature. Les *logiques de ressources* [Roorda 1991] sont aussi conçues comme des outils pour spécifier et vérifier des propriétés de systèmes complexes. En particulier, beaucoup d'intérêt s'est porté sur ces logiques de ressources ces dernières années car elles permettent de remédier à la limitation de la logique classique d'une part et elles ouvrent de nouvelles perspectives pour exprimer, et analyser de manière intrinsèque les phénomènes liés à la gestion des ressources d'autre part. Parmi ces phénomènes, nous pouvons citer entre autres les processus de conservation-distribution, production-consommation, localisation-mobilité, ou encore séparation-partage des ressources. Les logiques de ressources connues ainsi que leurs différentes variantes peuvent être classées en deux catégories comme suit.

2.5.1 Les logiques de production-consommation

La plus connue des logiques de ressources est certainement la *logique linéaire* $\mathcal{LL}$ inventée par Jean-Yves Girard [Girard 1987, Girard 1995]. Son héritage, issu de la logique classique et intuitionniste, est la mise en évidence du rôle essentiel des règles structurelles d'affaiblissement et de contraction dont l'absence conduit à une décomposition de chaque connecteur de la logique classique en deux versions distinctes, l'une additive et l'autre multiplicative [Dosen & Schroder-Heister 1993]. Par conséquent, la logique linéaire ne peut introduire des hypothèses superflues dans les preuves, ni dupliquer implicitement une hypothèse. Cette logique permet donc de formaliser naturellement des problèmes liés à des aspects de production-consommation de ressources et de cumul de ressources, comme par exemple les jetons dans les modèles de réseaux de Petri [Girault 1997]. Notamment, le sens concret des termes *production* et *consommation* repose sur le fameux principe de Lavoisier « *Rien ne se perd, rien ne se crée, tout se transforme* ».

Différents fragments de la logique linéaire ont été également développés dans la littérature comme la logique linéaire intuitionniste [Hyland & de Paiva 1993], la logique linéaire non commutative [Abrusci 1991, Abrusci & Ruet 1999], la logique multiplicative MLL [Roorda 1991], la logique linéaire light [Girard 1998] et ses différentes variantes comme BLL [Girard *et al.* 1992], LLL [Girard 1998], SLL [Lafont 2004], ELL [Girard 1998] et la logique linéaire distributive [Leneutre 1998], etc.

2.5.2 Les logiques de partage-séparation

Née plus récemment, la logique de ressources $\mathcal{BI}$ (*The Logic of Bunched Implications* en anglais) [O'Hearn & Pym 1999, Pym 1999] est une logique de ressources qui combine les connecteurs de la logique intuitionniste avec ceux du fragment multiplicatif de la logique linéaire intuitionniste. En effet, à la différence de la logique linéaire, cette logique interprète les formules comme des ressources devant être soit partagées, soit séparées. Elle inclut en particulier un opérateur de composition s'interprétant en termes de partage et de séparation de ressources. Elle permet donc d'aborder formellement des problèmes liés à des aspects de partage-séparation de ressources. La logique $\mathcal{BI}$ se décline en une version intuitionniste et une version classique qui se distinguent par les propriétés de leurs opérateurs additifs.

De la même manière que le cadre linéaire, plusieurs variantes de la logique $\mathcal{BI}$ ont été définies et étudiées. Parmi lesquelles, nous citons les logiques spatiales [Caires & Lozes 2006, Calcagno *et al.* 2005] et les logiques de séparation [Ishtiaq & O'Hearn 2001] qui sont construites autour de la version classique de la logique $\mathcal{BI}$.

Pour rendre compte des divers aspects de l'interaction et la consommation des ressources bornées, les logiques de ressources que nous venons de présenter, que ce soient les logiques $\mathcal{LL}$ ou les logiques $\mathcal{BI}$ « mélangent » généralement plusieurs types de connecteurs logiques, à savoir les versions additive, multiplicative et exponentielle. Plus précisément, ces connecteurs peuvent être additifs ou multiplicatifs, intuitionnistes ou linéaires, commutatifs ou non commutatifs, etc. En plus, le type d'interactions entres les ressources exprimé par la logique se traduit par un type particulier d'interaction entre les différents connecteurs considérés (idempotence, distributivité, etc.).

Note 3. *Dans toute la suite du manuscrit, pour les inférences à prémisse unique, i.e. $\{\alpha\} \vdash \beta$, les accolades seront omises pour une meilleure lisibilité ($\alpha \vdash \beta$), quelque soit la logique considérée.*

2.6 Conclusion

Dans ce chapitre, nous nous sommes attachés à présenter les bases des logiques mathématiques nécessaires à l'édification de ce livre : la logique propositionnelle, la logique conditionnelle, la logique modale et les logiques de ressources. Nous avons d'abord mis en évidence les aspects du langage de chaque logique en définissant les formules qui constituent son langage. Nous avons ensuite indiqué comment munir une formule d'une signification. Finalement, nous nous sommes naturellement intéressés aux méthodes de preuve qui nous ont conduits à nous intéresser à une relation particulière : la déduction logique.

CHAPITRE 3

Théories de l'argumentation

"Argumentation is a verbal and social activity of reason aimed at increasing (or decreasing) the acceptability of a controversial standpoint for the listener or reader, by putting forward a constellation of propositions intended to justify (or refute) the standpoint before a rational judge"

van Eemeren

Sommaire

3.1 Introduction

Les approches de l'argumentation développées dans la recherche en intelligence artificielle sont des formalismes prometteurs pour raisonner avec des connaissances imparfaites, incertaines et notamment contradictoires. Elles sont essentiellement basées sur la justification d'une conclusion plausible par des raisons en faveur de cette conclusion.

Par ailleurs, l'argumentation est un domaine relativement jeune mais assez mature pour fournir des solutions pour d'autres domaines. Depuis quelques années l'argumentation formelle est devenue ainsi un thème de recherche très populaire pour le raisonnement non monotone [Prakken & Vreeswijk 2000, Chesñevar *et al.* 2000], le domaine médical [Das *et al.* 1996, Gorogiannis *et al.* 2009a, Gorogiannis *et al.* 2009b, Hunter & Williams 2010] et le domaine juridique [Prakken 1993, Prakken & Sartor 1996]. Elle concerne la négociation entre agents [Parsons *et al.* 1998, Amgoud & Prade 2004, Amgoud & Vesic 2012, Hadidi *et al.* 2012], ainsi la prise de décision [Ferguson *et al.* 1996, Bonet & Geffner 1996, Amgoud & Prade 2009, Bench-Capon *et al.* 2012] et l'alignement d'ontologies [Laera *et al.* 2007], etc.

Un modèle argumentatif est principalement basé sur la construction d'arguments et de contre-arguments, la définition d'une relation d'attaque entre arguments, la comparaison d'arguments, la sélection d'arguments jugés acceptables, etc. Dans ce contexte, plusieurs théories de l'argumentation ont émergé (voir entres autre [Lin & Shoham 1989, Vreeswijk 1991, Pollock 1992, Pinkas & Loui 1992, Simari & Loui 1992, Pollock 1994, Benferhat *et al.* 1993, Elvang-Gøransson *et al.* 1993, Cayrol 1995b, Elvang-Gøransson & Hunter 1995, Dung 1995, Prakken & Sartor 1995, Krause *et al.* 1995, Prakken & Sartor 1996, Amgoud & Cayrol 1998, Parsons *et al.* 2003, Baroni *et al.* 2005, Oren & Norman 2008, Haenni 2009, Dunne *et al.* 2011, Atkinson *et al.* 2012, Hunter 2012]). Ces nombreux modèles argumentatifs diffèrent par leurs niveaux d'abstraction et aussi par le langage logique sur lesquels ils sont construits.

Dans ce chapitre nous introduisons les concepts de base de la théorie de l'argumentation puis nous expliquons les différentes étapes d'un processus argumentatif. Ensuite, nous aborderons successivement une sélection de systèmes argumentatifs développés dans la littérature que nous allons classer selon leur niveau d'abstraction, en quatre catégories à savoir l'argumentation abstraite (section 3.3.1), l'argumentation hypothétique (section 3.3.2), l'argumentation défaisable (section 3.3.3) et l'argumentation logique (section 3.3.4). Nous présentons plus en détail le système d'argumentation logique de Besnard et Hunter qui sera utilisé dans le reste de ce manuscrit. Dans le contexte de l'argumentation logique, nous présentons aussi des techniques de génération d'arguments relatifs à une conclusion donnée de manière automatique. Nous présentons enfin la complexité de quelques problèmes liés à cette théorie logique de l'argumentation.

3.2   Approche de l'argumentation

Chacun de nous s'est déjà retrouvé dans la situation de devoir convaincre et donc de faire admettre à un auditoire la validité d'une opinion donnée, de son point de vue, et d'obtenir de lui par conséquent qu'il partage cette opinion en lui présentant des éléments de preuve de la thèse défendue par exemple lors d'un entretien d'embauche ou de la présentation d'un projet, etc. Dans une telle situation, nous avançons des raisons expliquant notre point de vue et renforçons notre opinion. Et l'important n'est pas tant la véracité des motivations que le fait que nous justifions notre opinion pour lui accorder plus de poids et plus de valeur. L'ensemble de nos explications et nos justifications avancées constituent ce que l'on appelle des *arguments* vraisemblables propres à rendre la cause convaincante. L'auditoire, étant rarement acquis à notre cause, il est fréquent qu'il oppose des éléments de preuve destinés à nier l'opinion ou à tenter de la réfuter, ces éléments sont appelés des *contre-arguments*. Les contre-arguments peuvent ainsi venir défier notre thèse ou une des raisons avancées pour la soutenir. Dans le cas où ces contre-arguments contrarient notre opinion, il nous faudra éventuellement réviser notre jugement et défendre notre thèse en avançant de nouveaux arguments.

Le fait qu'un raisonnement puisse être remis en question a donné lieu à la création d'un *processus argumentatif*. Un processus argumentatif consiste à développer un processus de confrontation de points de vue et de délibération pouvant aboutir à une décision.

Nous allons détailler par la suite les différentes étapes formalisant le processus argumentatif.

3.2.1   Processus argumentatif

Dans sa globalité, l'argumentation peut être considérée comme le processus d'extraction d'une position rationnellement justifiable à partir de points de départ incompatibles. Elle peut être vue ainsi comme un processus de raisonnement en diverses étapes primordiales qui peuvent se répéter par l'ajout de nouvelles connaissances. Généralement, un processus argumentatif peut être considéré comme une séquence d'étapes qui débute avec une base de connaissances contenant des conflits logiques, et donc incohérente. Ce processus dialectique comprend :

- *L'orateur* : l'argumentation implique la personne qui argumente, on le nomme *orateur*.
- *L'argument* : c'est l'opinion défendue par l'orateur et mise en forme pour convaincre, persuader, ou délibérer.
- *L'auditoire* : toute argumentation s'organise autour d'un *auditoire* [Tutescu 1998]. L'auditoire est l'ensemble de ceux que l'orateur veut influencer par son argumentation afin de les convaincre d'adhérer à l'opinion qu'il leur propose et de l'adopter.

La figure 3.1 est une architecture générale représentant le processus argumentatif qui se compose en fait de quatre étapes à savoir la construction d'arguments, l'identification des différents conflits entre arguments, l'évaluation de l'acceptabilité de différents arguments et finalement la sélection des conclusions justifiées.

1. Base de connaissances : elle regroupe des connaissances spécifiques à un domaine particulier, à un agent, etc. Une base de connaissances contient des faits ainsi qu'un ensemble de raisons qui peuvent être de nature *prima facie*.

2. Arguments : c'est la notion clef de la théorie d'argumentation. Ce terme est au cœur du processus argumentatif. Cette notion fait référence en général aux concepts d'explication, de preuve, de justification. Le but d'un argument est ainsi d'appuyer, de soutenir une thèse (une proposition, un point de vue, une opinion) en citant des raisons en sa faveur afin de convaincre un adversaire, soit pour modifier son opinion ou son jugement, soit pour l'inciter à agir. Le but principal de cette étape est la forme et/ou la structure d'un tel argument. Un argument peut avoir diverses formes à savoir une partie d'un discours ou d'un texte informel en langage naturel donné dans un dialogue ou bien une preuve formelle donnée dans un langage logique bien formalisé. À partir de la base de connaissances, un ensemble, éventuellement infini, d'arguments peut être construit. De manière plus concrète, un argument peut être vu comme une preuve (déductive, analogique, inductive, abductive). Nous pouvons distinguer trois formes différentes de cette preuve :
   - *un arbre d'inférences* : elle consiste à enchaîner un ensemble de prémisses afin de déduire une conclusion. Parmi les travaux qui ont

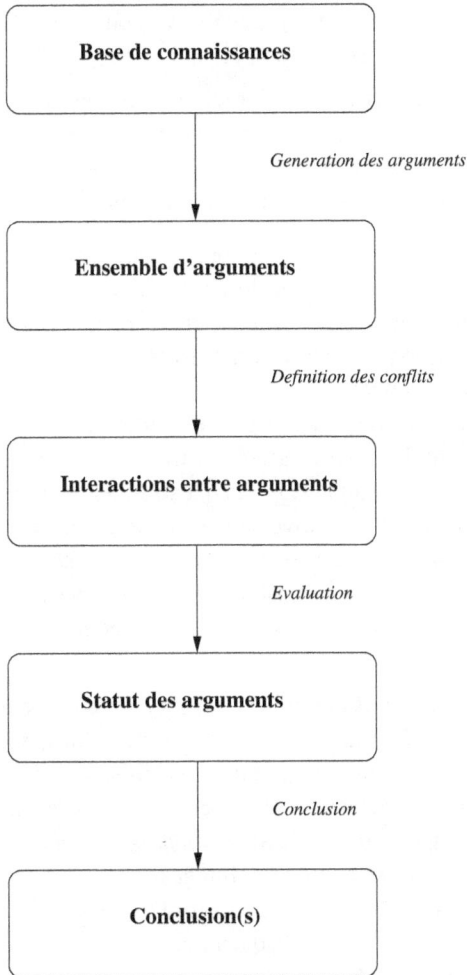

```
┌─────────────────────────────────┐
│                                 │
│     Base de connaissances       │
│                                 │
└─────────────────────────────────┘
                │
                │  Generation des arguments
                ▼
┌─────────────────────────────────┐
│                                 │
│     Ensemble d'arguments        │
│                                 │
└─────────────────────────────────┘
                │
                │  Definition des conflits
                ▼
┌─────────────────────────────────┐
│                                 │
│   Interactions entre arguments  │
│                                 │
└─────────────────────────────────┘
                │
                │  Evaluation
                ▼
┌─────────────────────────────────┐
│                                 │
│     Statut des arguments        │
│                                 │
└─────────────────────────────────┘
                │
                │  Conclusion
                ▼
┌─────────────────────────────────┐
│                                 │
│       Conclusion(s)             │
│                                 │
└─────────────────────────────────┘
```

FIGURE 3.1 – Différentes étapes d'un processus argumentatif

utilisé cette définition, citons par exemple [Lin & Shoham 1989, Vreeswijk 1992, Vreeswijk 1997, Wyner *et al.* 2011].

– *une séquence d'inférences* : où un argument est considéré comme un ensemble de règles liées entre elles. Cette définition est essentiellement proposée par [Pollock 1987] et est adaptée ensuite par [Prakken & Sartor 1996, Prakken & Sartor 1997].

– une paire *prémisses-conclusion* où les prémisses sont considérées comme une preuve pour la conclusion. Cette définition est la base de plusieurs travaux comme par exemple [Elvang-Gøransson *et al.* 1993,

Krause *et al.* 1995, Cayrol 1995b, Amgoud 1999, Besnard & Hunter 2001, Parsons *et al.* 2003, Hunter 2013].

Notons que la construction d'arguments est un processus monotone. En d'autres termes, de nouvelles connaissances ne peuvent pas exclure un argument, mais donnent lieu à de nouveaux arguments qui pourraient interagir avec le premier argument.

3. Interaction entre arguments : quoiqu'un argument est sous la forme d'une preuve, il existe une différence majeure entre preuves et arguments. Tandis que les preuves justifient leurs conclusions, un argument peut être attaqué par d'autres arguments. Nous parlons ici de l'interaction entre arguments.

L'interaction argumentative est en effet définie comme une situation d'affrontement discursif où sont construites des réponses antagonistes à une question commune. Aussi la question serait la mise en contradiction des discours, constitutive de la dispute, qui donne naissance à une question argumentative à partir de laquelle s'organisent arguments et contre-arguments. Il peut exister plusieurs formes d'interactions entre arguments. Généralement, les plus connues et plus importantes d'entre elles sont :

   – *La réfutation* : deux arguments qui soutiennent des thèses contradictoires s'attaquent mutuellement. Autrement dit, la réfutation consiste à nier la conclusion d'un argument en présentant un deuxième argument avec la conclusion contraire, comme par exemple "*Titi est un oiseau alors Titi vole*" et "*Titi est un pingouin alors Titi ne vole pas*" sont deux arguments qui se réfutent l'un l'autre. En effet, les deux arguments supportent deux conclusions contradictoires "*Titi vole*" et "*Titi ne vole pas*". Donc, chaque argument réfute l'autre. Cette forme d'interaction est ainsi symétrique.

   Notons que cette relation d'attaque est nommée *désaccord* dans [Simari & Loui 1992], *reductio absurdum attack* dans [Dung 1995], *réfutation* par [Amgoud & Cayrol 1998, Amgoud 1999] et *rebuttal* chez [Besnard & Hunter 2008, Wyner *et al.* 2011].

   – *L'opposition* : un argument soutenant une thèse qui contredit une ou plusieurs raisons qu'un deuxième argument utilise pour soutenir une autre thèse attaque ce deuxième argument. Par exemple, tout argument qui soutient la thèse "*Titi est un pingouin*" attaque l'argument "*Titi est un oiseau et Titi n'est pas un pingouin alors Titi vole*". La relation de l'opposition existe lorsque la conclusion d'un argument contredit une partie des prémisses d'un autre argument. Cette relation est appelée différemment dans plusieurs systèmes argumentatifs. Plus précisément, cette notion d'attaque est nommée *contra-diction* chez [Simari & Loui 1992], *ground attack* dans [Dung 1993, Dung 1995], *attaque* dans [Amgoud & Cayrol 1998, Amgoud 1999] et *undercut* chez [Besnard & Hunter 2008, Wyner *et al.* 2011]. Contrairement à la réfutation, l'opposition n'est pas symétrique. D'une manière plus détaillée, si un premier argument oppose un deuxième argument, ce dernier n'oppose pas forcément à son tour le premier argument.

Ces deux relations de conflit entre arguments seront définies formellement dans la suite selon l'approche argumentative où elles sont introduites.

4. Statuts des arguments : après avoir dégagé toutes sortes d'interactions inter-arguments, il est nécessaire d'attribuer un statut d'*acceptabilité* à chaque argument présent dans la discussion. Le statut d'un argument dépend de l'ensemble de ses interactions avec les arguments en présence. La prise en compte d'interactions entre les arguments permet d'affecter un statut à une conclusion supportée par l'argument. Plusieurs critères peuvent être pris en compte pour identifier le statut de chaque argument inclus dans un processus argumentatif. Par exemple, dans [Besnard & Hunter 2008] les statuts sont définis tout en considérant les interactions entre arguments ainsi que le degré de conflit entre les arguments. Alors que dans [Amgoud 1999] des critères de poids et de préférence entre arguments sont considérés afin d'attribuer un statut à un tel argument. En outre, des critères de spécificité entre arguments [Simari & Loui 1992] sont pris en compte dans le jugement de statut des arguments. Par ailleurs, dans [Hunter 2013] l'auteur affecte une probabilité à chaque argument dans un ensemble d'arguments. Ces probabilités sont prises en compte dans le jugement de l'acceptabilité d'un argument.

5. Conclusions : à la fin de tout processus argumentatif, parmi tous les arguments bien formés, on en distinguera certains, qui seront dits *avalisés* ou *justifiés* ou encore *acceptables*. Cette distinction peut être réalisée en prenant en compte les interactions entre arguments et/ou l'évaluation de ces arguments. Informellement, les arguments justifiés sont des arguments qui n'admettent pas de défaiseurs ou parce que leurs défaiseurs sont à leurs tours des défaits. En effet, ces arguments justifiés sont ceux qui pourraient « gagner » dans un dialogue argumentatif entre agents. En conséquence, toute thèse supportée par un argument jugé acceptable pourrait être considérée comme une conclusion ou une *sortie* du processus argumentatif.

Pour finir, l'acceptabilité d'une conclusion dépend non seulement de l'existence d'un argument qui soutient cette dernière mais également de l'existence d'éventuels contre-arguments qui peuvent ensuite être eux-mêmes attaqués par d'autres contre-arguments et ainsi de suite.

3.3 Différentes théories de l'argumentation

Plusieurs formalisations de la théorie de l'argumentation ont été proposées dans la littérature [Prakken & Vreeswijk 2000, Chesñevar *et al.* 2000, Besnard & Hunter 2008]. Ces formalismes sont à degrés d'abstraction divers. Autrement dit, ces approches varient d'un niveau de représentation naïf de concept d'argument, où un argument est simplement une entité abstraite dont aucune information n'est fournie sur la structure logique interne, à un niveau plus complexe où les connaissances et les mécanismes d'inférence sont pris en compte pour la construction d'arguments.

D'une manière générale, les approches argumentatives peuvent être classées en quatre catégories partant de systèmes argumentatifs abstraits de Dung [Dung 1995] en passant par l'argumentation hypothétique [Bondarenko *et al.* 1997] et l'argumentation défaisable de Garcia et Simari [García & Simari 2004a] pour arriver aux approches argumentatives déductives comme celle de Pollock [Pollock 1987, Pollock 1992], Amgoud et Cayrol [Amgoud & Cayrol 2002] et le système argumentatif de [Besnard & Hunter 2001]. De nombreux travaux ont été développés dans la littérature qui consistent à étendre ces différentes classes de la théorie de l'argumentation.

3.3.1 L'argumentation abstraite

Certains travaux considèrent en entrée un système d'argumentation constitué d'un ensemble d'arguments et des relations entre les arguments sans faire aucune hypothèse sur la nature de ces arguments et leurs interactions. Dans une telle approche, proposée par Dung [Dung 1993, Dung 1995] l'important réside réellement dans les relations d'attaque entre arguments. Dung a montré que la plupart des approches du raisonnement non monotone en intelligence artificielle et en programmation logique sont des formes particulières de sa théorie de l'argumentation.

Dans son système abstrait, Dung définit une théorie de l'argumentation comme un couple constitué d'un ensemble d'arguments et d'une relation dite relation *d'attaque* entre ces arguments. En effet, l'auteur ignore les deux premières étapes de processus argumentatif, à savoir la génération d'arguments et l'identification de la nature de conflit entre ces derniers. Il ne s'intéresse donc ni à l'origine de l'argument ni à sa structure logique interne et il présente un argument comme une entité abstraite. Autrement dit, l'argument n'est pas défini explicitement et par conséquent il n'est pas précisé si l'attaque entre arguments porte, par exemple, sur des conclusions contradictoires ou s'il s'agit d'une autre forme d'attaque. L'auteur se focalise uniquement sur l'existence d'interaction entre les arguments.

Par ailleurs, un système argumentatif à la Dung peut être représenté par un graphe binaire orienté dans lequel les nœuds sont des arguments et les arcs correspondent à la relation d'attaque entre arguments.

Définition 34 (Système d'argumentation [Dung 1995]). *Un système argumentatif abstrait à la Dung est un couple* $\langle X, \mathcal{A} \rangle$ *constitué d'un ensemble fini* X *d'arguments et d'une relation binaire* $\mathcal{A}$ *sur* X *appelée relation d'attaque, c.-à-d.* $\mathcal{A} \subseteq X \times X$.

Chaque élément $a \in X$ est appelé un *argument* et $a\mathcal{A}b$, ou encore $(a, b) \in \mathcal{A}$, signifie que a attaque b et ainsi a est appelé *attaquant* de b.

La figure 3.2 est un exemple d'un système argumentatif abstrait représenté comme un graphe binaire direct.

Exemple 8. *Soit le système d'argumentation* $\langle X, \mathcal{A} \rangle$ *tel que* $X = \{a, b, c, d\}$ *et* $\mathcal{A} = \{(a, c), (b, a),$
$(c, b), (c, d), (d, d)\}$. *La représentation graphique de ce système est dans la figure suivante :*

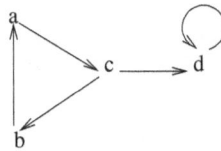

FIGURE 3.2 – Exemple de système argumentatif à la Dung

Notons que dans un système d'argumentation abstrait, la relation d'attaque $\mathcal{A}$ n'est en général ni irréflexive, ni symétrique, ni anti-symétrique. La réflexivité de $\mathcal{A}$ traduit qu'un argument peut s'attaquer lui-même, comme illustré par l'argument d de la figure 3.2.

Le but de Dung était, partant d'un ensemble d'arguments muni d'une relation d'attaque, de définir l'ensemble d'arguments les plus acceptables. De tels ensembles sont appelés *extensions d'arguments*. Différentes notions d'extension ont été définies par Dung conduisant à différentes politiques de choix des arguments à accepter collectivement. Pour ce faire,

Dung propose différentes sémantiques permettant de sélectionner les arguments jugés acceptables. En particulier, nous trouvons les ensembles sans conflit, les ensembles admissibles, les extensions naïves, les extensions stables, les extensions préférées, les extensions complètes, les extensions de base, etc. Cette notion d'acceptabilité est dite déclarative ou collective au sens où cette notion spécifie quels ensembles d'arguments sont acceptables. Des raffinements de ces extensions ont également été proposés comme la sémantique récursive [Baroni & Giacomin 2003], la sémantique prudente [Coste-Marquis *et al.* 2005a], la sémantique semi-stable [Caminada 2006], la sémantique idéale [Dung *et al.* 2007], les sémantiques CF2 [Gaggl & Woltran 2010], les sémantiques équationnelles [Gabbay 2011], etc.

De nombreux autres travaux ont été proposés dans la littérature qui raffinent et étendent le cadre argumentatif de Dung. Parmi lesquels, nous pouvons citer le système d'argumentation basé sur les préférences [Cayrol 1995a, Amgoud & Cayrol 1997, Amgoud & Cayrol 2002], le système d'argumentation symétrique [Coste-Marquis *et al.* 2005b], le système d'argumentation bipolaire [Cayrol & Lagasquie-Schiex 2005], le système d'argumentation à contraintes [Coste-Marquis *et al.* 2006], l'argumentation hiérarchique [Modgil 2006], le système d'argumentation basé sur des valeurs [Bench-Capon *et al.* 2007], le système d'argumentation étendu de Modgil [Modgil 2009], le système d'argumentation abstrait avec des arguments structurés *ASPIC* [Prakken 2009], le système $ASPIC^+$ [Prakken 2010], l'argumentation multi-triée [Rienstra *et al.* 2011], l'argumentation probabiliste [Hunter 2013], la théorie de l'argumentation abstraite basée sur les formules booléennes quantifiées [Arieli & Caminada 2012] et le système d'argumentation uniforme [Atkinson *et al.* 2012], etc. Généralement, la plupart de ces travaux développés sur la base de modèles abstraits visent essentiellement à définir des méthodes de sélection d'arguments préférés, à la Dung.

3.3.2 L'argumentation hypothétique

Bondarenko, Dung, Kowalski et Toni ont proposé dans [Bondarenko *et al.* 1997] (voir également [Dung *et al.* 2006]) un système d'argumentation basé sur les hypothèses pour le raisonnement par défaut. Ce système est apparu après le développement de bon nombre de systèmes d'argumentation qui ont tenté de capturer le raisonnement non monotone.

Leur système, nommé *BDKT*, étend le système d'argumentation abstrait de Dung par la spécification de la structure interne des arguments. Le système *BDKT* fournit par ailleurs un cadre et un vocabulaire qui permettent de capturer de manière efficace les caractéristiques générales des logiques non monotones existantes. En particulier, plusieurs cadres logiques pour le raisonnement par défaut, comme la logique des défauts, la circonscription, la logique modale non monotone, la logique auto-épistémique, etc. peuvent être exprimés comme des instances du système argumentatif *BDKT*.

Le système *BDKT* est construit à partir d'un langage formel $\mathcal{L}$ contenant un nombre dénombrable de formules et d'un ensemble noté $\mathcal{R}$ de règles d'inférence de la forme :

$$\frac{\alpha_1, \ldots, \alpha_n}{\alpha}$$

où $\alpha, \alpha_1, \ldots, \alpha_n \in \mathcal{L}$ et $n \geq 0$.

Le couple $(\mathcal{L}, \mathcal{R})$ forme un système déductif monotone à partir duquel le système d'argumentation hypothétique est construit.

La notion de base du système *BDKT* est celle de *supposition* ou *hypothèse*. Les suppositions sont utilisées pour étendre des ensembles de prémisses ordinaires à la condition que l'on ne puisse prouver le contraire de telles suppositions. Formellement, un système d'argumentation hypothétique est donné par le triplet $\langle T, S, \overline{\bullet} \rangle$ tel que $T \subseteq \mathcal{L}$ représente un ensemble de connaissances, $S \subseteq \mathcal{L}$ est un ensemble non vide de suppositions utilisées pour étendre T tel que toute supposition ne peut pas être le conséquent d'une règle de $\mathcal{R}$ et $\overline{\bullet}$ est une application de S dans $\mathcal{L}$ permettant de désigner le contraire d'une supposition, spécifiquement $\overline{\alpha}$ désigne le *contraire* de α.

D'après [Bondarenko *et al.* 1997], un argument est composé d'un ensemble de suppositions et d'une conclusion. Par ailleurs, le conflit entre arguments est formalisé en termes de suppositions qui s'attaquent les unes les autres. En d'autre termes, une supposition peut être attaquée si son contraire pourrait être prouvé. Un ensemble de suppositions $\Delta \subseteq S$ attaque un autre ensemble de suppositions $\Delta' \subseteq S$ s'il existe $\alpha \in \Delta'$ tel que $T \cup \Delta \vdash \overline{\alpha}$. Par conséquent, un argument A attaque un argument B si la conclusion de A est le contraire de l'une des suppositions supportant l'argument B.

Dans le système *BDKT*, afin de sélectionner les arguments jugés admissibles les auteurs ont adapté les notions d'acceptabilité proposées par [Dung 1995] comme la sémantique naïve, stable, admissible, complète et préférée tout en prenant en compte les attaques identifiées dans un ensemble d'arguments. Notons que ces sémantiques sont exprimées en termes de suppositions.

3.3.3   L'argumentation défaisable

D'autres systèmes d'argumentation ont été définis dans la littérature qui sont d'un niveau d'abstraction moindre que celui de Dung. Ces systèmes consistent à mettre en œuvre la plupart des étapes du processus argumentatif et à proposer ainsi une démarche de génération d'arguments. Parmi ces systèmes, nous trouvons les approches argumentatives défaisables. Dans ce type d'approche, la défaisabilité vient du fait que des nouvelles prémisses peuvent donner lieu à des contre-arguments plus puissants et qui défont l'argument original. En somme, la défaisabilité n'est pas interne à chaque argument mais plutôt relative à l'interaction entre arguments conflictuels. Dans ce contexte, de nombreux modèles argumentatifs défaisables ont émergé commençant par le système de Simari et Loui [Simari & Loui 1992], le système de Krause et al. [Fox *et al.* 1993], le système de Prakken et Sartor [Prakken & Sartor 1997, Prakken & Sartor 1999] et nous trouvons ensuite l'approche la plus générale de raisonnement révisable appelé *DeLP* (Defeasible Logic Programming) [García & Simari 2004b] qui est un formalisme de programmation logique défaisable permettant de générer des applications traitant des informations incomplètes et contradictoires dans les domaines dynamiques. De nombreux travaux ont étendu le système DeLP dans le but par exemple d'appliquer ce modèle aux systèmes multi-agents [Viglizzo *et al.* 2008], de raffiner le mécanisme d'inférence non monotone par la redéfinition des concepts de base du système DeLP comme la relation d'attaque [Viglizzo *et al.* 2009], ou encore l'intégration des présomptions ou des suppositions dans le mécanisme de raisonnement révisable [Martinez *et al.* 2012].

Dans le système DeLP, les informations peuvent être représentées de manière déclarative par deux sortes de règles : les *règles défaisables* qui représentent les informations faibles ou « tentatives » et les *règles strictes* qui représentent des informations fiables (des traits forts et non faibles). Les règles strictes spécifient donc qu'un fait est toujours la conséquence d'un autre comme par exemple *les pingouins sont des oiseaux*. Tandis que les règles défaisables signifient qu'un fait est généralement la conséquence d'un autre comme par exemple *les oiseaux volent*. En fait, les règles défaisables représentent des connaissances faibles qui peuvent être contrariées avec l'arrivée de nouvelles informations. Autrement dit, une inférence défaisable fait l'objet de disputes. Selon Nute [Nute 1994], une inférence est dite défaisable si elle peut être en quelque sorte bloquée ou rejetée.

Dans leur système, Garcia et Simari définissent un argument comme un ensemble minimal et non contradictoire de règles utilisées pour tirer une conclusion. Formellement, un argument est donc noté par un couple

$\langle A, h \rangle$ tel que A est un ensemble cohérent de règles défaisables permettant avec l'ensemble de règles strictes de dériver la conclusion h et A est minimal pour cette dérivation. En outre, les auteurs supposent que la construction d'arguments est non monotone au sens où l'ajout d'une nouvelle règle stricte r peut mettre en question l'argument original formé à partir d'un ensemble de règles en contradiction avec r.

Dans le formalisme DeLP, les arguments peuvent être en conflit. En fait, deux arguments sont en désaccord s'ils supportent deux conclusions opposées ou s'ils sont construit sur des règles contradictoires entre elles. En plus de ces relations d'attaque, d'autres critères ont été considérés dans la comparaison des arguments. D'une manière plus détaillée, d'autres critères peuvent être pris en compte lors de jugements d'arguments comme par exemple la notion de *spécificité* ou de *priorités* explicites entre les connaissances. La notion de spécificité signifie qu'un argument est considéré comme meilleur qu'un autre argument s'il est plus précis et plus concis. Le deuxième concept utilisé pour comparer deux arguments est celui de la priorité entre les règles formant ces arguments. D'ailleurs, certains formalismes définissent des priorités explicites entre les règles afin de les utiliser pour décider entre les conclusions concurrentes. Dans le système DeLP, les arguments qui soutiennent les conclusions concurrentes seront comparés afin de décider entre ces conclusions. Notons que puisque les règles strictes représentent des informations fiables, il n'y aura pas donc de priorités entre elles.

Généralement, le raisonnement défaisable capture le raisonnement humain. Notamment, la programmation logique défaisable fournit un outil pour la modélisation du raisonnement humain par la représentation des connaissances par des règles strictes et défaisables. En plus, elle spécifie les mécanismes de déduction pour la construction d'arguments ainsi que les informations exactes impliquées dans le conflit entre arguments. En conséquence, la programmation logique défaisable fournit une approche attractive pour la modélisation de l'argumentation. L'approche d'argumentation défaisable est ainsi beaucoup plus expressive que celle de l'argumentation abstraite. Cependant, la limite de l'approche argumentative défaisable réside, par rapport à la logique classique, dans l'absence de l'aspect syntaxique, sémantique ainsi que la théorie de la preuve dans la représentation des connaissances et raisonnement dans la théorie de l'argumentation.

3.3.4 L'argumentation logique

L'argumentation abstraite n'exige pas que l'origine ainsi que la structure d'un argument soient connus. Plusieurs chercheurs ont essayé cette dernière décennie de modéliser l'argumentation dans un contexte logique. Ainsi, plusieurs modèles formels de l'argumentation ont émergé ces dernières années. L'objectif principal de ces modèles est donc de trouver une représentation formelle et concrète de la notion d'argument à partir d'un langage logique et d'une relation de déduction logique. En outre, différentes logiques sous-jacentes ont été utilisées pour définir le concept d'argument et identifier les relations entre arguments comme la logique propositionnelle (voir [Besnard & Hunter 2001, Amgoud & Cayrol 2002], la logique de premier ordre (voir [Pollock 1987, Besnard & Hunter 2005]), la logique des défauts [Santos & Martins 2008] et la logique de description [Black *et al.* 2009], etc.

Généralement, ces systèmes d'argumentation logiques sont caractérisés par deux points cruciaux. D'une part, un argument est sous la forme d'un couple constitué d'un ensemble de formules logiques dites *prémisses* et d'une formule déduite à partir de ces prémisses dite *conclusion*. Les prémisses peuvent être considérées comme une preuve pour la conclusion. Des conditions supplémentaires sont parfois exigées, par quelques systèmes, dans la construction des arguments comme par exemple la cohérence de l'ensemble des prémisses ou la minimalité de l'ensemble des prémisses pour l'inférence de la conclusion, etc. D'autre part, les interactions entre arguments ont une définition à base logique. En particulier, le conflit entre arguments se base essentiellement sur la notion d'incohérence dans la logique considérée.

Dans cette section, nous présentons trois approches argumentatives logiques à savoir le système de Pollock, le système de Amgoud et Cayrol et finalement le modèle argumentatif de Besnard et Hunter qui sera beaucoup plus détaillé que les autres systèmes dans la section 3.4.

3.3.4.1 Approche argumentative de Pollock

Dans ses travaux [Pollock 1987, Pollock 1992, Pollock 1994], Pollock essaye de dépasser la longue tradition philosophique selon laquelle un bon raisonnement devait être déductivement valide. L'argument de Pollock a été le fait que de nombreux types de raisonnements familiers ne sont pas déductivement valides, mais qui confèrent clairement une justification à leurs conclusions. En conséquence, il a considéré un nouveau type de raisonnement qui s'appelle le *raisonnement défaisable* qu'il intègre dans des travaux en philosophie et ensuite en intelligence artificielle.

Le raisonnement défaisable est une forme de raisonnement non monotone où l'acceptabilité de telle ou telle conclusion peut être justifiée par des raisons. Cependant, cette conclusion peut être rétractée par l'ajout de nouvelles informations sans le retrait des conclusions intermédiaires à partir desquelles cette conclusion a été déduite.

Pollock formalise le raisonnement révisable en utilisant une approche argumentative. Son système argumentatif peut être considéré comme un point de départ de plusieurs systèmes argumentatifs logiques. Dans son approche, Pollock considère la logique classique comme langage logique sous-jacent et fait état d'arguments constitués d'une séquence de propositions chainées entre elles par des *raisons* qui permettent la dérivation d'une conclusion. Dans son système, Pollock introduit deux types de raisons : les *raisons concluantes* et les *raisons prima facie*. Les raisons concluantes sont celles qui justifient logiquement leurs conclusions, autrement dit ces raisons correspondent aux schémas valides d'inférence comme par exemple $\forall x P(x)$ est une raison concluante pour $P(a)$. Tandis que les raisons *prima facie* sont des raisons qui justifient leurs conclusions mais ces conclusions peuvent être invalidées par l'apparition d'autres raisons. Pollock distingue plusieurs types de raisons *prima facie* comme par exemple *Chauve-souris*(x) est une raison *prima facie* pour *vole*(x). De plus, il affecte aux raisons *prima facie* un degré de justification dans la mesure où certaines raisons peuvent être meilleures que d'autres.

En outre, l'auteur distingue deux types d'arguments : les *arguments linéaires* et les *arguments suppositionnels*. En fait, Pollock a commencé par définir la notion d'argument linéaire comme une séquence finie de lignes. Chaque ligne est une paire d'éléments qui consiste en une proposition et une valeur numérique indiquant son degré de justification. Pollock fait néanmoins remarquer que certains raisonnements ne sont pas linéaires. Il se propose alors d'étendre la structure d'un argument en admettant des propositions hypothétiques. D'où la naissance des arguments suppositionnels. Dans un argument suppositionnel, à partir des propositions hypothétiques nous pouvons tirer des conclusions, appelées par Pollock des conclusions *a priori*. Ensuite, nous écartons ces suppositions afin d'obtenir une conclusion qui ne dépend pas de ces dernières. En plus de la conclusion et de son degré de justification, un argument hypothétique comporte une troisième composante à savoir les hypothèses sous lesquelles la conclusion est inférée. Pollock définit deux règles importantes qui sont la *conditionalisation* et le *dilemme*. Ces règles peuvent être appliquées afin d'obtenir des conclusions intermédiaires.

Dans le système de Pollock, les informations qui peuvent imposer la révision de la conclusion d'un argument constituent un contre-argument pour cet argument. En outre, le conflit entre arguments relève seulement de l'utilisation des raisons *prima facie*, car Pollock considère que les raisons concluantes ne peuvent jamais être attaquées. On distingue donc deux types de conflit entre arguments. Le premier type de conflit aura lieu quand les arguments soutiennent des conclusions contradictoires. Cette forme d'attaque est qualifiée de *réfutation* entre arguments. Le deuxième type de conflit consiste à attaquer une ou plusieurs raisons de l'argument en fournissant une nouvelle raison qui remet en question la conclusion avancée. Formellement, la relation d'attaque selon Pollock est définie comme suit.

Définition 35 (Relations de conflit [Pollock 1992]). *Un argument* (H_1, h_1) *réfute un argument* (H_2, h_2) *si et seulement si* $h_1 \equiv \neg h_2$.
Un argument (H_1, h_1) *« undercut » un argument* (H_2, h_2) *si et seulement* $h_1 \equiv \neg \bigwedge H_2$.
Un argument A_1 *attaque un argument* A_2 *si et seulement si* A_1 *réfute* A_2 *ou* A_1 *« undercut »* A_2.

Remarquons que la relation de conflit de Pollock combine les deux relations d'attaque *réfute* et *undercut*. En revanche, cette définition est plus restrictive car elle ne prend pas en compte toutes les attaques possibles qu'un argument peut subir. Autrement dit, selon cette définition un contre-argument attaque seulement la dernière raison de l'argument, ce qui revient à attaquer seulement la dernière règle utilisée dans l'argument attaqué. En conséquence, le nombre de contre-arguments d'un argument est beaucoup plus restreint.

Selon Pollock, la relation d'attaque entre arguments est définie afin d'identifier le statut d'un argument. Cependant, cette relation n'est pas suffisante afin d'évaluer un tel argument. Autrement dit, prenons deux arguments A_1 et A_2, si A_1 attaque A_2 alors cela ne signifie pas nécessairement que A_2 est jugé non acceptable. En effet, si un troisième argument A_3 contrarie A_1, alors dans ce cas l'argument A_2 est rétabli, et ainsi de suite.

Afin de déterminer l'acceptabilité d'une thèse initiale, Pollock a proposé dans [Pollock 1987] un mécanisme qui permet, par récurrence, d'analyser un ensemble d'arguments où chaque argument de l'ensemble attaque un autre. Formellement, étant donné un ensemble d'arguments $\mathscr{A}$, ce mécanisme consiste à identifier différents niveaux pour le classement des arguments tel que :

– *Niveau 0* : aucun argument n'est considéré comme attaqué.
– *Niveau 1* : les arguments de ce niveau, qui sont attaqués par certains autres arguments de l'ensemble, sont considérés battus à titre provisoire.
– *Niveau 2* : les arguments de ce niveau, qui sont attaqués par des arguments de niveau 1, sont rétablis de nouveau, c.-à-d. ils sont considérés comme non attaqués.

Et ainsi de suite.

Ainsi, pour tout argument $A \in \mathscr{A}$ en faveur de α, la thèse α est considérée comme *justifiée* si et seulement si A est non attaqué dans $\mathscr{A}$.

Notons que l'approche argumentative de Pollock a été la pierre angulaire pour certaines théories logiques de l'argumentation. En effet, Pollock a introduit la notion d'argument sous forme d'un couple *prémisses-conclusions* tel que la conclusion est dérivée à partir des prémisses. Ce format d'argument est largement adopté par les systèmes d'argumentation basés sur la logique défaisable ou la logique classique, qui ajoutent des conditions supplémentaires sur les éléments d'un argument à savoir la cohérence des prémisses ou la minimalité de l'inférence de la conclusion, etc. Par ailleurs, le système de Pollock a intégré les deux notions d'attaque entre arguments à savoir la réfutation et l'undercut ainsi que la caractérisation récursive de jugement des arguments.

3.3.4.2 Approche argumentative d'Amgoud et Cayrol

Un autre modèle argumentatif similaire à celui de Pollock a également été présenté par Amgoud et Cayrol dans [Amgoud & Cayrol 2002] ayant comme principal concept l'acceptabilité des arguments. Ce modèle argumentatif adapte la forme d'un argument proposée par Pollock, c.-à-d. un argument est une paire (H, h) tel que H est un ensemble de raisons et h est une conclusion. Néanmoins les auteurs ont exigé quelques restrictions supplémentaires à savoir (H, h) est un argument déductif (c.-à-d. $H \vdash h$), H est un ensemble cohérent et est minimal pour la déduction de h.

Dans ce système argumentatif, un argument A_1 défait un autre argument A_2 s'il le défait par la réfutation (*rebutting*) ou par le dégagement (*undercuting*). Ces notions de défaite sont exprimées formellement de la manière suivante.

Définition 36 (Relations de conflit [Amgoud & Cayrol 2002]). *Un argument (H_1, h_1) réfute un argument (H_2, h_2) si et seulement si $h_1 \equiv \neg h_2$.*
Un argument (H_1, h_1) « undercut » un argument (H_2, h_2) si et seulement s'il existe $h \in H_2$ tel que $h \equiv \neg h_1$.

Notons que cette définition est similaire à celle proposée par Pollock, (voir Définition 35). Sauf que dans le système d'Amgoud et Cayrol la relation d'undercut consiste en la négation d'un élément particulier du support de l'argument attaqué, ce qui entraîne la restriction du nombre d'undercuts. En particulier, nous pouvons constater que selon cette relation d'attaque, plusieurs attaques possibles qui peuvent être capturées par exemple par la notion d'undercut de Pollock ne sont pas prises en compte comme le montre l'exemple ci-après.

Exemple 9. *Considérons les arguments* $A_1 = (\{a, a \rightarrow b\}, a \wedge b)$, $A_2 = (\{\neg a\}, \neg a \vee \neg b)$ *et* $A_3 = (\{\neg a\}, \neg a)$. *Selon la définition 35, A_2 est un undercut de A_1 mais A_3 ne l'est pas. Alors que selon la définition 36, A_3 est un undercut de A_1 mais A_2 ne l'est pas.*

Selon la définition 36, un undercut nie donc une prémisse bien particulière de l'argument attaqué ce qui entraîne l'oubli de certains arguments qui peuvent intuitivement représenter des contre-arguments pertinents pour un argument donné.

En outre, le système d'argumentation de Amgoud et Cayrol est basé non seulement sur la relation d'attaque, comme c'est le cas dans le système de Pollock, mais également sur une relation de *préférence*, qui est une relation de pré-ordre entre arguments. En particulier, les deux auteurs ont combiné les relations d'attaque et de préférence entre arguments afin de mieux juger l'acceptabilité des arguments. D'une manière plus détaillée, soit $\mathscr{A}$ un ensemble d'arguments et *Pref* une relation de pré-ordre (total ou partiel) sur $\mathscr{A} \times \mathscr{A}$. Soit $\gg_{pref}$ un symbole qui désigne un ordre strict associé à la relation *Pref*. Supposons que $\mathscr{R}$ dénote la relation d'attaque telle que $\mathscr{R} \subseteq \mathscr{A} \times \mathscr{A}$, alors pour tout $A, B \in \mathscr{A}$, A attaque B si et seulement si $A\mathscr{R}B$ et $B \not\gg_{pref} A$. En outre, un argument $A \in \mathscr{A}$ se défend si et seulement si pour tout $B \in \mathscr{A}$, si $B\mathscr{R}A$, alors $A \gg_{pref} B$. En conséquence, tout argument non attaqué se défend. Par ailleurs, un ensemble d'arguments $S \subseteq \mathscr{A}$ défend un argument $A \in \mathscr{A}$ si et seulement pour tout $B \in \mathscr{A}$, si $B\mathscr{R}A$ et $A \not\gg_{pref} B$, alors il existe un argument $C \in S$ tel que $C\mathscr{R}B$ et $B \not\gg_{pref} C$.

La combinaison des relations d'attaque et de préférence entre arguments permettra de définir les classes d'arguments jugés acceptables. Intuitivement, les arguments acceptables sont ceux qui se défendent contre leurs attaquants ainsi que les arguments qui sont défendus par des arguments qui se défendent.

Étant donné un ensemble d'arguments $\mathscr{A}$ muni d'une relation de préférence entre arguments et d'une relation d'attaque $\mathscr{R}$, il est possible de décider si un argument $A \in \mathscr{A}$ est acceptable. Pour ce faire, Amgoud et Cayrol ont proposé la construction d'arbre « dialogique » T. Chaque nœud de T représente un argument. A est la racine de T. Chaque branche de T représente un dialogue. Ainsi, les arcs sont définis en fonction de la relation d'attaque tel que chaque nœud attaque son nœud parent dans l'arbre.

Les deux auteurs ont adopté le principe de Pollock pour marquer les nœuds de l'arbre. Commençons d'abord par les feuilles de T qui sont toutes marquées U (*Undefeated* en anglais) puisqu'elles ne sont pas attaquées. Ensuite, de façon récursive tout nœud qui possède au moins un nœud fils marqué U sera marqué D (*Defeated* en anglais) et ainsi de suite. Finalement, l'argument A est jugé acceptable si le nœud racine est marqué U.

Ce système d'argumentation formelle a été étendu par la suite par Amgoud et Prade [Amgoud & Prade 2005] pour exprimer les concepts de récompense et de confiance durant le processus argumentatif.

Les approches formelles de Pollock, Amgoud et Cayrol forment un cadre intéressant pour la représentation de l'argumentation formelle. En effet, ces systèmes se focalisent sur la première étape de processus argumentatif en fournissant une représentation compacte du concept d'argument. Par conséquent, un argument n'est plus une entité abstraite mais il est plutôt formé d'une paire prémisses-conclusion. Cette nouvelle structure d'argument, largement adoptée par d'autres systèmes argumentatifs, a permis de bien identifier les relations d'attaque possibles entre arguments afin de mieux juger une thèse particulière.

En revanche, la faiblesse majeure de ces deux systèmes dérive en partie des notions d'attaque proposées. Spécifiquement, dans les deux approches la relation d'undercut ne permet pas de capturer toutes les attaques possibles d'un argument comme le montre l'exemple 9. Ainsi, certains contre-arguments d'un argument A qui sont indispensables pour le jugement de A peuvent ne pas être pris en compte par les relations d'attaque proposées. Ce qui entraîne par la suite que le résultat de jugement de la thèse considérée ne peut pas être complètement satisfaisant.

Pour répondre aux problèmes de ces systèmes argumentatifs et afin de pallier cette lacune, Besnard et Hunter ont introduit un nouveau système d'argumentation basé sur la logique classique. Ce système argumentatif sera beaucoup plus détaillé que les autres systèmes dans la section 3.4.

3.4   Système argumentatif logique de Besnard et Hunter

Besnard et Hunter définissent une théorie de l'argumentation fondée essentiellement sur la logique classique (propositionnelle et de premier ordre), tout en essayant d'illustrer de façon complète le processus argumentatif commençant par la génération d'arguments et de contre-arguments, passant par l'identification de conflits entre argument pour arriver au jugement des conclusions.

Dans leur approche, les deux auteurs conçoivent leurs arguments sous forme d'une paire prémisses-conclusion où les prémisses impliquent classiquement la conclusion. Pour ce faire, Besnard et Hunter disposent d'une base de connaissances Δ, éventuellement incohérente, formée d'un ensemble fini de formules représentant les connaissances. Les deux auteurs supposent aussi que tout sous-ensemble de formules Δ possède une énumération pour ses éléments $\langle \alpha_1, \ldots, \alpha_n \rangle$, qu'on l'appelle *énumération canonique*. Cette énumération canonique n'est pas une contrainte indispensable, elle sert uniquement à donner un ordre pour les formules composant chaque sous-ensemble de la base de connaissances.

Le modèle argumentatif de Besnard et Hunter [Besnard & Hunter 2001] a pour objectif la construction d'arguments et de contre-arguments en utilisant une logique classique comme la logique propositionnelle ou la logique de premier ordre. Ce système d'argumentation formelle s'articule principalement autour de trois éléments suivants : la notion d'*argument*, le *conflit* entre arguments et les *arbres argumentatifs*. Dans la suite, nous présentons avec détail ces trois concepts. L'ensemble des résultats cités est tiré de [Besnard & Hunter 2008].

3.4.1 Arguments

Un argument consiste en un ensemble de formules associées qui permettent de prouver classiquement une conclusion.

Définition 37 (Argument). *Un argument A est un couple $\langle \Phi, \alpha \rangle$ tel que :*

1. $\Phi \subseteq \Delta$

2. $\Phi \not\vdash \bot$

3. $\Phi \vdash \alpha$

4. $\forall \Phi' \subset \Phi, \Phi' \not\vdash \alpha$.

*On dit que A est un argument en faveur de α. L'ensemble Φ et la formule α sont appelés respectivement le **support** et la **conclusion** de l'argument A.*

Exemple 10. *Soit la base de connaissances $\Delta = \{a, b, \neg a \vee b, b \rightarrow c, \neg a \vee \neg c\}$. À partir de Δ, on peut notamment construire les arguments suivants :*

$$\langle \{a\}, a \rangle$$
$$\langle \{a, \neg a \vee b, b \rightarrow c\}, c \rangle$$
$$\langle \{a, \neg a \vee b\}, a \wedge b \rangle$$
$$\langle \{a, b, \neg a \vee \neg c\}, b \wedge \neg c \rangle$$
$$\langle \{\neg a \vee b\}, \neg(a \wedge \neg b) \rangle$$

$$\langle\{a, \neg a \vee b, \neg a \vee \neg c\}, \neg(\neg a \vee \neg b \vee c)\rangle$$
$$\langle\{\neg a \vee \neg c\}, \neg d \rightarrow \neg a \vee \neg c\rangle$$
$$\langle\{b, b \rightarrow c\}, \neg c \rightarrow d\rangle$$

Commençons maintenant par détailler l'utilité de chacune des conditions de la définition d'un argument (Définition 37).

La deuxième condition de cette définition est introduite afin d'éviter un inconvénient majeur de la logique classique : à partir de l'incohérence tout peut être déduit. En conséquence, cette condition nous permet de garantir que le support d'un argument est cohérent et que la conclusion ne peut jamais être dérivée à partir d'un ensemble incohérent d'hypothèses.

Exemple 11. *Considérons la base de connaissances* $\Delta \nvdash = \{a, \neg a, b\}$ *telle que les atomes a et b signifient :*

a : Les pingouins sont des oiseaux.

b : Bill a pris un jour de congé.

Par la logique classique, nous avons $\{a, \neg a\} \vdash b$. *Or,* $\{a, \neg a\}$ *ne peut pas être un support d'un argument en faveur de b. En conséquence, si nous autorisons comme support d'un argument A un ensemble incohérent de formules, alors nous aurons un grand nombre d'arguments inutiles car la conclusion de A peut être n'importe quelle formule du langage* $\mathcal{L}$.

La troisième condition de la définition 37 a pour objectif de garantir que le support contient explicitement un ensemble suffisant de prémisses permettant d'inférer la conclusion. L'exemple ci-dessous, adapté de [Besnard & Hunter 2009] permet d'illustrer cette condition.

Exemple 12. *Considérons l'argument informel suivant :*

« x est un nombre pair, nous pouvons donc déduire que x n'est pas un nombre impair ».

Supposons maintenant les atomes suivants :

p : x est un nombre pair.

i : x est un nombre impair.

Ici, les prémisses de l'argument informel peuvent être représentées par l'ensemble $\{p\}$. *Cependant, par la logique classique* $\{p\} \nvdash \neg i$ *et par conséquent la paire* $\langle\{p\}, \neg i\rangle$ *n'est pas un argument. Si, nous voulons transformer cet argument informel en un argument il est nécessaire de considérer explicitement toutes les prémisses qui sont ensemble nécessaires pour permettre de déduire la conclusion* $\neg i$. *Par conséquent, l'argument informel précédent peut être représenté par l'expression formelle* $\langle\{p, p \rightarrow \neg i\}, \neg i\rangle$.

La dernière condition de la définition 37 exige la minimalité du support de l'argument pour l'inférence de la conclusion. Autrement dit, cette condition garantit que seulement les informations pertinentes sont utilisées comme hypothèses de construction de support de l'argument.

L'exemple suivant permet de montrer l'utilité de cette condition.

Exemple 13. *Soient les trois formules suivantes :*

a : Il pleut.

a → b : S'il pleut, alors le sol est mouillé.

c : Les loutres sont des mammifères.

Il est possible de prétendre que "le sol est mouillé parce qu'il pleut" qui peut ainsi être capturé formellement par l'argument $\langle\{a, a \to b\}, b\rangle$.

En revanche, il est contre-intuitif d'affirmer que "le sol est mouillé parce qu'il pleut et que les loutres sont des mammifères" ; ceci peut être représenté par l'argument formel $\langle\{a, c, a \to b\}, b\rangle$.

Or $\langle\{a, c, a \to b\}, b\rangle$ n'est pas un argument puisque la condition 3 de la définition 37 n'est pas satisfaite car le support comprend des informations non pertinentes et ainsi il inclut des formules non indispensables dans la preuve de la conclusion.

Pour conclure, les deux dernières conditions de la définition 37 exigent que le support d'un argument contienne exactement les hypothèses nécessaires pour l'inférence de la conclusion de l'argument.

En se basant sur la notion d'incohérence logique, la notion d'argument peut être exprimée de la façon suivante.

Proposition 5. $\langle\Phi, \alpha\rangle$ *est un argument si et seulement si $\Phi \cup \{\neg\alpha\}$ est un ensemble minimal incohérent de Δ tel que $\Phi \subseteq \Delta$.*

Étant donné un argument, il est possible de construire un nouvel argument à partir de ce premier. La proposition suivante illustre un cas où l'argument obtenu diffère de l'argument d'origine seulement par sa conclusion.

Proposition 6. *Soit $\langle\Phi, \alpha\rangle$ un argument. Si $\Phi \vdash \alpha \to \beta$ et $\beta \to \alpha$ est une formule valide, alors $\langle\Phi, \beta\rangle$ est aussi un argument.*

Notons que toutes les conditions de la proposition 6 sont indispensables en l'état. En particulier, considérons par exemple l'argument $\langle\Phi, a\rangle$ tel que $\Phi = \{a \leftrightarrow b, b\}$. Ici, nous remarquons que $\Phi \vdash a \to b$ et $\Phi \vdash b \to a$, cependant $\langle\Phi, b\rangle$ ne peut pas être un argument.

Une deuxième possibilité de construire un nouvel argument à partir d'un argument donné est décrite par le résultat suivant.

Proposition 7. *Soient deux ensembles de formules Φ et Ψ tels qu'il existe une bijection f de Ψ vers une partition $\{\phi_1, \ldots, \phi_n\}$ de Φ avec $Cn(\{\psi\}) =$*

$Cn(f(\{\psi\}))$ *pour tout* $\psi \in \Psi$. *Si* $\langle \Phi, \alpha \rangle$ *est un argument, alors* $\langle \Psi, \alpha \rangle$ *est aussi un argument.*

Notons que la réciproque de la proposition 7 n'est pas vraie. Un contre-exemple consiste en $\Phi = \{a, a \rightarrow b\}$, $\Psi = \{a \wedge b\}$ et $\alpha = a$. Nous remarquons ici que $\langle \Psi, \alpha \rangle$ est un argument mais $\langle \Phi, \alpha \rangle$ n'est pas un argument car la condition 4 de la définition 37 n'est pas satisfaite.

Par ailleurs, cette proposition ne peut pas être étendue au cas où $Cn(\{\psi\}) \subseteq Cn(f(\{\psi\}))$. En fait, si $\Phi = \{a\}$, $\Psi = \{a \vee b\}$ et $\alpha = a$, alors $\langle \Phi, \alpha \rangle$ est un argument cependant $\langle \Psi, \alpha \rangle$ n'est pas un argument car $\Psi \nvdash \alpha$.

En outre, la proposition 7 ne peut pas non plus être étendue au cas où $Cn(f(\{\psi\})) \subseteq Cn(\{\psi\})$ puisque si on considère le cas où $\Phi = \{(b \wedge \neg c) \rightarrow a, b \wedge \neg c\}$, $\Psi = \{a \wedge d, a \wedge b \wedge \neg c\}$ et $\alpha = a$, alors nous constatons que $\langle \Phi, \alpha \rangle$ est un argument mais $\langle \Psi, \alpha \rangle$ n'est pas un argument puisque l'ensemble Ψ n'est pas minimal pour l'inférence de α.

Corollaire 1. *Soient deux ensembles* Φ *et* Ψ *tels que* $\Phi = \{\phi_1, \ldots, \phi_n\} \subseteq \Delta$, $\Psi = \{\psi_1, \ldots, \psi_n\} \subseteq \Delta$ *et pour tout* $i \in \{1, \ldots, n\}$, $\phi_i \leftrightarrow \psi_i$ *est tautologique. Soient deux formules* α *et* β *tel que* $\alpha \leftrightarrow \beta$ *est une formule valide.* $\langle \Phi, \alpha \rangle$ *un argument si et seulement si* $\langle \Psi, \beta \rangle$ *est un argument.*

3.4.2 Comparaison des arguments

Dans certaines approches de l'argumentation, des critères de comparaison d'arguments ont été pris en compte comme la priorité et la spécificité [García & Simari 2004b], ou les préférences [Amgoud & Cayrol 2002].

Dans leur modèle, Besnard et Hunter ont introduit une relation de comparaison singulière entre arguments dans le sens où un argument est plus *général* qu'un autre argument. Autrement dit, un argument peut en subsumer un autre. Ceci traduit l'idée que les arguments ne sont pas forcément indépendants les uns des autres au sens où un argument peut en contenir implicitement un autre, et ceci peut induire une certaine forme d'équivalence. La définition suivante introduit cette notion de subsomption entre arguments, appelée *conservativité*.

Définition 38 (Relation de conservativité). *Un argument* $\langle \Phi, \alpha \rangle$ *est plus conservatif qu'un argument* $\langle \Psi, \beta \rangle$ *si et seulement si* $\Phi \subseteq \Psi$ *et* $\beta \vdash \alpha$.

De la notion de conservativité entre arguments découle la notion d'argument *strictement plus conservatif* définie comme suit.

Définition 39. *Un argument* $\langle \Phi, \alpha \rangle$ *est strictement plus conservatif qu'un argument* $\langle \Psi, \beta \rangle$ *si et seulement si* $\Phi \subseteq \Psi$, $\beta \vdash \alpha$ *et* $\Psi \nsubseteq \Phi$ *ou* $\alpha \nvdash \beta$.

Autrement dit, $\langle \Phi, \alpha \rangle$ est strictement plus conservatif que $\langle \Psi, \beta \rangle$ si et seulement si $\langle \Phi, \alpha \rangle$ est plus conservatif que $\langle \Psi, \beta \rangle$ mais $\langle \Psi, \beta \rangle$ n'est pas plus conservatif que $\langle \Phi, \alpha \rangle$.

Exemple 14. *Considérons les trois arguments* $\langle \{a\}, a \vee b \rangle$, $\langle \{a\}, \neg a \rightarrow b \rangle$ *et* $\langle \{a, \neg a \vee b\}, a \wedge b \rangle$.
Nous remarquons ici que l'argument $\langle \{a\}, a \vee b \rangle$ *est plus conservatif, mais pas strictement plus conservatif, que* $\langle \{a\}, \neg a \rightarrow b \rangle$.
Alors que, l'argument $\langle \{a\}, a \vee b \rangle$ *est strictement plus conservatif que* $\langle \{a, \neg a \vee b\}, a \wedge b \rangle$. *Notons dans ce deuxième cas que l'argument* $\langle \{a, \neg a \vee b\}, a \wedge b \rangle$ *peut être obtenu à partir de l'argument* $\langle \{a\}, a \vee b \rangle$ *en considérant la formule* $\neg a \vee b$ *comme une hypothèse supplémentaire dans le support de ce dernier.*

L'exemple précédent montre qu'un argument $\langle \Psi, \beta \rangle$ peut être obtenu à partir d'un autre argument $\langle \Phi, \alpha \rangle$ plus conservatif que $\langle \Psi, \beta \rangle$ en considérant le sous-ensemble $\Psi \setminus \Phi \cup \{\alpha\}$ pour la déduction de β. Cependant, ce résultat n'est pas vrai en toute généralité.

Essentiellement, la notion de conservativité peut être vue comme une relation de préférence permettant d'ordonner les arguments allant du plus général au plus spécifique. En effet, Besnard et Hunter ont défini cette relation de sélection d'arguments afin de « garder » les arguments les plus concis et donc d'aller à l'essentiel lors de la génération de processus argumentatif.

Proposition 8. *La relation de conservativité entre arguments exprime un pré-ordre sur les arguments. En tenant en compte de ce pré-ordre, les arguments minimaux existent seulement si toutes les formules de Δ sont incohérentes. Les arguments maximaux sont de la forme* $\langle \emptyset, \top \rangle$ *tel que* $\top$ *représente une formule tautologique.*

Notons que la proposition précédente montre que l'argument $\langle \emptyset, \top \rangle$ est plus conservatif que n'importe quel autre argument $\langle \Phi, \alpha \rangle$.

La notion de conservativité entre arguments entraîne une certaine relation d'*équivalence* entre arguments. La définition ci-après introduit ce concept.

Définition 40 (Arguments équivalents). *Soient* $\langle \Phi, \alpha \rangle$ *et* $\langle \Psi, \beta \rangle$ *deux arguments.* $\langle \Phi, \alpha \rangle$ *et* $\langle \Psi, \beta \rangle$ *sont dits équivalents si et seulement* $\Phi \equiv \Psi$ *et* $\alpha \equiv \beta$.

La définition 40 montre que les arguments équivalents expriment la même idée (la même conclusion). Cette relation d'équivalence montre qu'il est possible de construire plusieurs arguments avec des supports logiquement équivalents mais syntaxiquement indépendants et qui supportent la même conclusion comme le montre l'exemple suivant.

Exemple 15. *Soit $\Delta = \{\neg a \wedge b, \neg a \vee b, \neg a \leftrightarrow b\}$. Considérons deux sous-ensembles Φ et Ψ de Δ tels que $\Phi = \{\neg a \leftrightarrow b, \neg a \vee b\}$ et $\Psi = \{\neg a \wedge b\}$. Les arguments $\langle \Phi, \neg a \wedge b \rangle$ et $\langle \Psi, \neg a \wedge b \rangle$ sont équivalents cependant aucun n'est plus conservatif que l'autre. Ceci signifie qu'il existe deux sous-ensembles distincts de Δ qui supportent tous les deux la conclusion $\neg a \wedge b$.*

Proposition 9. *Deux arguments $\langle \Phi, \alpha \rangle$ et $\langle \Psi, \beta \rangle$ sont équivalents si chacun est plus conservatif que l'autre. En réciproque partielle, si deux arguments sont équivalents, alors chacun est plus conservatif que l'autre ou ni l'un ni l'autre.*

D'après la proposition 9, il peut exister deux arguments $\langle \Phi, \alpha \rangle$ et $\langle \Psi, \beta \rangle$ qui sont équivalents tel que $\langle \Phi, \alpha \rangle$ n'est pas plus conservatif que $\langle \Psi, \beta \rangle$ et inversement. Cependant, si $\langle \Phi, \alpha \rangle$ est strictement plus conservatif que $\langle \Psi, \beta \rangle$, alors $\langle \Phi, \alpha \rangle$ et $\langle \Psi, \beta \rangle$ ne sont pas équivalents.

La notion de conservativité entre arguments est utile pour la sélection des arguments les plus pertinents lors de la génération des contre-arguments durant un processus argumentatif. Ceci est détaillé dans la section 3.4.3.

3.4.3 Interactions entre arguments

D'une manière générale, un contre-argument d'un argument $\langle \Phi, \alpha \rangle$ est un argument qui est en désaccord avec $\langle \Phi, \alpha \rangle$. Nous parlons alors de la notion de *conflit* entre arguments qui est une composante essentielle de tout système argumentatif. Cette notion collecte les différentes attaques pouvant exister entre les arguments.

Il existe plusieurs variétés de conflits argumentatifs qui ont été définies dans la littérature. La forme de conflit entre arguments la plus directe est celle où deux arguments supportent des conclusions opposées. Autrement dit, cette relation de conflit consiste à nier la conclusion d'un argument en présentant un deuxième argument avec une conclusion contraire. Cette forme de conflit est la plus naturelle et est utilisée dans beaucoup de théories de l'argumentation comme par exemple [Pollock 1987, Simari & Loui 1992, Elvang-Gøransson *et al.* 1993, Prakken & Sartor 1997, Santos & Martins 2008, Amgoud & Cayrol 2002]

Formellement, cette relation d'attaque appelée *rebuttal* dans [Besnard & Hunter 2001], est définie de la manière suivante.

Définition 41 (Rebuttal). *Un rebuttal d'un argument $\langle \Phi, \alpha \rangle$ est un argument $\langle \Psi, \beta \rangle$ tel que $\beta \leftrightarrow \neg \alpha$ est une tautologie.*

Exemple 16. *Soit la base de connaissances $\Delta = \{a, b, \neg a \vee c, \neg b \vee \neg c\}$. L'argument $\langle \{a, b\}, a \wedge b \rangle$ est un rebuttal de $\langle \{\neg a \vee c, \neg b \vee \neg c\}, \neg a \vee \neg b \rangle$.*

Propriété 2. *Si $\langle \Phi, \alpha \rangle$ est un rebuttal de $\langle \Psi, \beta \rangle$, alors $\langle \Psi, \beta \rangle$ est un rebuttal de $\langle \Phi, \alpha \rangle$.*

La propriété 2 montre que la relation d'attaque *rebuttal* est symétrique et les deux arguments $\langle \Phi, \alpha \rangle$ et $\langle \Psi, \beta \rangle$ ont les mêmes contre-arguments. Notons que si Δ est incohérent et qu'au moins une formule de Δ est cohérente, alors il existe un argument qui possède au moins un rebuttal.

La deuxième idée intuitive pour contrarier un argument consiste à réfuter un élément ou une partie des prémisses de l'argument [Elvang-Gøransson *et al.* 1993, Nute 1994]. Contrairement à la notion de rebuttal, l'attaque n'affecte pas directement la conclusion de l'argument et par conséquent cette relation d'attaque n'est pas symétrique. Plusieurs définitions formelles ont été proposées dans la littérature pour capturer cette notion de conflit (voir par exemple les définitions 35 et 36).

Dans [Besnard & Hunter 2001], deux sortes de relations d'attaque ont été distinguées : la première et la plus générale dite *defeater* et la deuxième est celle *d'undercut*. Commençons alors par la relation de defeater qui est définie formellement comme suit :

Définition 42 (Defeater). *Un defeater d'un argument $\langle \Phi, \alpha \rangle$ est un argument $\langle \Psi, \beta \rangle$ tel que $\beta \vdash \neg(\gamma_1 \wedge \ldots \wedge \gamma_n)$ et $\{\gamma_1, \ldots, \gamma_n\} \subseteq \Phi$.*

Exemple 17. *Soit $\Delta = \{a, \neg b, \neg a \vee b, \neg b \vee c\}$. L'argument $\langle \{\neg b, \neg a \vee b\}, \neg a \wedge \neg b \rangle$ est un defeater de $\langle \{a, \neg a \vee b, \neg b \vee c\}, a \wedge c \rangle$.*

Les defeaters d'un argument englobent les rebuttals de ce dernier dans le sens où tout rebuttal d'un argument $\langle \Phi, \alpha \rangle$ est un defeater de $\langle \Phi, \alpha \rangle$.

Proposition 10. *Si $\langle \Phi, \alpha \rangle$ est un rebuttal d'un argument $\langle \Psi, \beta \rangle$, alors $\langle \Phi, \alpha \rangle$ est un defeater de $\langle \Psi, \beta \rangle$.*

Comme les arguments peuvent être ordonnés des plus conservatifs au moins conservatifs, nous pouvons distinguer donc les *defeaters conservatifs maximaux* ; ce sont les représentants de tous les defeaters de l'argument considéré.

Définition 43 (Defeater conservatif maximal). *$\langle \Psi, \beta \rangle$ est un defeater conservatif maximal de $\langle \Phi, \alpha \rangle$ si et seulement si pour tout defeater $\langle \Psi', \beta' \rangle$ de $\langle \Phi, \alpha \rangle$, si $\Psi' \subseteq \Psi$ et $\beta \vdash \beta'$, alors $\Psi \subseteq \Psi'$ et $\beta' \vdash \beta$.*

Afin de mieux regrouper le plus de contre-arguments d'un même argument en un seul, Besnard et Hunter ont proposé la notion d'undercut dans le sens où la conclusion d'un contre-argument est la négation d'une partie de prémisses de l'argument attaqué.

En particulier, la notion d'undercut capture les arguments qui s'opposent directement au support d'un autre argument. Plus précisément, un undercut d'un argument $\langle \Phi, \alpha \rangle$ est un argument dont la conclusion est la négation d'un sous-ensemble de Φ.

Formellement, cette relation d'attaque s'écrit comme suit.

Définition 44 (Undercut). *Un undercut d'un argument $\langle \Phi, \alpha \rangle$ est un argument $\langle \Psi, \neg(\beta_1 \wedge \ldots \wedge \beta_n) \rangle$ où $\{\beta_1, \ldots, \beta_n\} \subseteq \Phi$.*

Exemple 18. *Soit la base de connaissances $\Delta = \{a, c, \neg a \vee b, \neg c \vee \neg a\}$. Les arguments $\langle \{c, \neg c \vee \neg a\}, \neg a \rangle$ et $\langle \{c, \neg c \vee \neg a\}, \neg(a \wedge (\neg a \vee b)) \rangle$ sont des undercuts de l'argument $\langle \{a, \neg a \vee b\}, b \rangle$.*

D'après la définition d'un undercut (cf. definition 44), nous remarquons que les undercuts sont des defeaters au sens où un undercut est un cas restreint de defeater. Cependant, ce n'est pas le cas pour les rebuttals. En particulier, nous pouvons avoir des arguments qui possèdent des defeaters mais qui n'ont aucun rebuttal comme l'illustre l'exemple 19 ci-dessous.

Exemple 19. *Soit $\Delta = \{a, \neg a \wedge c\}$. L'argument $\langle \{a\}, a \vee \neg b \rangle$ a au moins un defeater $\langle \{\neg a \wedge c\}, \neg a \wedge c \rangle$. Cependant, aucun argument ne peut être un rebuttal de $\langle \{a\}, a \vee \neg b \rangle$.*

Notons que les notions de rebuttal et d'undercut sont généralement indépendantes. En d'autres termes, en dépit du fait que les rebuttals et les undercuts sont des defeaters, un undercut d'un argument $\langle \Phi, \alpha \rangle$ n'est pas nécessairement un rebuttal de cet argument. Également, un rebuttal d'un argument $\langle \Phi, \alpha \rangle$ n'est pas forcément un undercut de ce dernier. Par ailleurs, un undercut peut même être en accord avec la conclusion de l'argument qu'il attaque. L'exemple suivant permet d'illustrer ces cas.

Exemple 20. *Soit une base de connaissances Δ telle que $\Delta = \{a, \neg b, \neg a, \neg a \rightarrow b\}$. L'argument $\langle \{a\}, a \rangle$ est un undercut de $\langle \{\neg a, \neg a \rightarrow b\}, b \rangle$, cependant $\langle \{a\}, a \rangle$ n'est pas un rebuttal de cet argument. Par ailleurs, $\langle \{\neg b\}, \neg b \rangle$ est un rebuttal $\langle \{\neg a, \neg a \rightarrow b\}, b \rangle$, par contre $\langle \{\neg b\}, \neg b \rangle$ n'est pas un undercut de ce dernier.*

La propriété suivante caractérise le cas où les deux notions de rebuttal et d'undercut coïncident.

Proposition 11. *Soient $\langle \Phi, \alpha \rangle$ et $\langle \Psi, \beta \rangle$ deux arguments. $\langle \Psi, \beta \rangle$ est à la fois un rebuttal et un undercut de $\langle \Phi, \alpha \rangle$ si et seulement si Φ est logiquement équivalent à α et $\beta = \neg(\gamma_1 \wedge \ldots \wedge \gamma_n)$ tel que $\Phi = \{\gamma_1, \ldots, \gamma_n\}$.*

Nous constatons qu'un rebuttal d'un argument $\langle \Phi, \alpha \rangle$ correspond à une version moins conservative d'un undercut de $\langle \Phi, \alpha \rangle$ comme le montrent les deux résultats suivants.

Proposition 12. *Si $\langle \Phi, \alpha \rangle$ est un defeater de $\langle \Psi, \beta \rangle$, alors il existe un undercut $\langle \Theta, \gamma \rangle$ de $\langle \Psi, \beta \rangle$ tel que $\langle \Theta, \gamma \rangle$ est plus conservatif que $\langle \Phi, \alpha \rangle$.*

Corollaire 2. *Si $\langle \Phi, \alpha \rangle$ est un rebuttal de $\langle \Psi, \beta \rangle$, alors il existe un undercut $\langle \Theta, \gamma \rangle$ de $\langle \Psi, \beta \rangle$ tel que $\langle \Theta, \gamma \rangle$ est plus conservatif que $\langle \Phi, \alpha \rangle$.*

Après avoir identifié les liens entre les différentes relations de conflit entre arguments, nous voulons maintenant savoir laquelle de ces relations permet de considérer les différents types d'interaction inter-arguments et de capturer par conséquent toutes les attaques possibles d'un argument en un seul contre-argument. Le résultat suivant permet de répondre à cette question.

Proposition 13. *Si $\langle \Psi, \beta \rangle$ est un defeater conservatif maximal de $\langle \Phi, \alpha \rangle$, alors il existe $\beta' \equiv \beta$ tel que $\langle \Psi, \beta' \rangle$ est un undercut de $\langle \Phi, \alpha \rangle$.*

La proposition 13 suggère qu'il faut juste tenir compte des undercuts lors de la recherche des contre-arguments puisqu'un undercut englobe les deux concepts de rebuttal et de defeater.

Ainsi, nous pouvons omettre les relations de rebuttal et de defeater lors de la génération de contre-arguments et nous focaliser uniquement sur les undercuts. Or, les undercuts sont eux-mêmes des arguments, ils peuvent alors être comparés les uns aux autres en termes de conservativité afin de sélectionner ceux qui sont les plus généraux. Reprenons l'exemple 18, on voit bien que l'argument $\langle \{c, \neg c \vee \neg a\}, \neg(a \wedge (\neg a \vee b)) \rangle$ est un undercut de $\langle \{a, \neg a \vee b\}, b \rangle$ et qu'il est plus conservatif que $\langle \{c, \neg c \vee \neg a\}, \neg a \rangle$.

De la fusion des idées d'argument conservatif et d'undercut naît la notion *d'undercut conservatif maximal* introduit ci-dessous.

Définition 45 (Undercut conservatif maximal). *L'argument $\langle \Psi, \beta \rangle$ est un undercut conservatif maximal de l'argument $\langle \Phi, \alpha \rangle$ si et seulement si $\langle \Psi, \beta \rangle$ est un undercut de $\langle \Phi, \alpha \rangle$ tel qu'aucun autre undercut de $\langle \Phi, \alpha \rangle$ n'est strictement plus conservatif que $\langle \Psi, \beta \rangle$.*

C'est-à-dire, pour tout undercut $\langle \Psi', \beta' \rangle$ de $\langle \Phi, \alpha \rangle$ si $\Psi' \subseteq \Psi$ et $\beta \vdash \beta'$, alors $\Psi \subseteq \Psi'$ et $\beta' \vdash \beta$.

Exemple 21. *Reprenons l'exemple 18. L'argument* $\langle \{c, \neg c \vee \neg a\}, \neg (a \wedge (\neg a \vee b)) \rangle$ *est un undercut conservatif maximal de* $\langle \{a, \neg a \vee b\}, b \rangle$.

L'exemple suivant repris de [Besnard & Hunter 2008] montre que beaucoup de contre-arguments d'un même argument $\langle \Phi, \alpha \rangle$ peuvent être collectés sous la forme d'un unique undercut conservatif maximal de $\langle \Phi, \alpha \rangle$. Cela nous permet par conséquent d'éviter une certaine redondance lors de la génération des contre-arguments de $\langle \Phi, \alpha \rangle$.

Exemple 22. *Considérons les formules suivantes illustrant une discussion devant déterminer qui de Célia, Alain ou Benoit part à la fête.*

$c \rightarrow \neg a \wedge \neg b$: *Si Célia part, ni Alain ni Benoit ne partent.*

a : *Alain part.*

b : *Benoit part.*

Par conséquent, Alain et Benoit partent à la fête tous les deux : **Argument initial**.

$$\langle \{a, b\}, a \wedge b \rangle$$

Maintenant, nous supposons la nouvelle information c qui vient de s'ajouter à nos hypothèses initiales.

c : *Célia part.*

Ainsi, Alain ne part pas : **Premier contre-argument**.

$$\langle \{c, c \rightarrow \neg a \wedge \neg b\}, \neg a \rangle$$

Ainsi, Benoit ne part pas : **Second contre-argument**.

$$\langle \{c, c \rightarrow \neg a \wedge \neg b\}, \neg b \rangle$$

Maintenant, nous pouvons construire un nouvel argument qui nous permet de résumer les deux contre-arguments précédents comme suit :

$$\langle \{c, c \rightarrow \neg a \wedge \neg b\}, \neg (a \wedge b) \rangle.$$

Ce dernier est un undercut conservatif maximal de l'argument initial.

Exemple 23. *Étant donnée la base de connaissances* Δ *telle que* $\Delta = \{\neg a, \neg a \rightarrow (\neg b \vee \neg c), b, c\}$. *Considérons l'argument* $\langle \{\neg a, b, c\}, \neg a \wedge b \wedge c \rangle$. *Parmi les undercuts de* $\langle \{\neg a, b, c\}, \neg a \wedge b \wedge c \rangle$, *nous pouvons citer :*

$$\langle \{\neg a \rightarrow (\neg b \vee \neg c), \neg a\}, \neg b \vee \neg c \rangle$$
$$\langle \{\neg a \rightarrow (\neg b \vee \neg c), b\}, a \vee \neg c \rangle$$
$$\langle \{\neg a \rightarrow (\neg b \vee \neg c), c\}, a \vee \neg b \rangle$$
$$\langle \{\neg a \rightarrow (\neg b \vee \neg c), \neg a, b\}, \neg c \rangle$$
$$\langle \{\neg a \rightarrow (\neg b \vee \neg c), \neg a, c\}, b \rangle$$
$$\langle \{\neg a \rightarrow (\neg b \vee \neg c), b, c\}, a \rangle$$
$$\langle \{\neg a \rightarrow (\neg b \vee \neg c)\}, a \vee \neg b \vee \neg c \rangle$$

Tous les undercuts listés ci-dessus expriment la même information qui est l'incohérence de l'ensemble $\{\neg a, b, c\}$ *avec la formule* $\neg a \rightarrow (\neg b \vee$

$\neg c$). En revanche, cette incohérence pourrait être exprimée en considérant seulement le dernier undercut $\langle \{\neg a \rightarrow (\neg b \vee \neg c)\}, a \vee \neg b \vee \neg c \rangle$, qui est en fait plus conservatif que tous les autres undercuts. Par conséquent, $\langle \{\neg a \rightarrow (\neg b \vee \neg c)\}, a \vee \neg b \vee \neg c \rangle$ est un undercut conservatif maximal de $\langle \{\neg a, b, c\}, \neg a \wedge b \wedge c \rangle$.

Proposition 14. *Si* $\langle \Psi, \neg(\beta_1 \wedge \ldots \wedge \beta_n) \rangle$ *est un undercut conservatif maximal de l'argument* $\langle \Phi, \alpha \rangle$, *alors* $\Phi = \{\beta_1, \ldots, \beta_n\}$.

Le résultat suivant montre que les defeaters conservatifs maximaux sont implicitement capturés par les undercuts conservatifs maximaux.

Proposition 15. *Si* $\langle \Psi, \beta \rangle$ *est un undercut conservatif maximal de l'argument* $\langle \Phi, \alpha \rangle$, *alors* $\langle \Psi, \beta \rangle$ *est un defeater conservatif maximal de* $\langle \Phi, \alpha \rangle$.

La proposition suivante établit une condition suffisante pour qu'un argument soit un undercut conservatif maximal.

Proposition 16. *Si* $\langle \Psi, \beta \rangle$ *est à la fois un rebuttal et un undercut de* $\langle \Phi, \alpha \rangle$, *alors* $\langle \Psi, \beta \rangle$ *est un undercut conservatif maximal de* $\langle \Phi, \alpha \rangle$.

Lorsqu'un argument est un undercut conservatif maximal d'un autre argument, la réciproque n'est pas vraie en toute rigueur, mais c'est quasiment le cas comme le montre la proposition suivante.

Proposition 17. *Si* $\langle \Psi, \beta \rangle$ *est un undercut conservatif maximal de* $\langle \Phi, \alpha \rangle$, *alors il existe un sous-ensemble* $\Phi' \subseteq \Phi$ *et une formule* γ *tel que* $\langle \Phi', \gamma \rangle$ *est un undercut conservatif maximal de* $\langle \Psi, \beta \rangle$.

La conclusion d'un undercut conservatif maximal d'un argument $\langle \Phi, \alpha \rangle$ est exactement la négation de toutes les formules de Φ. Autrement dit, si $\langle \Psi, \neg(\beta_1 \wedge \ldots \wedge \beta_n) \rangle$ est un undercut conservatif maximal de $\langle \Phi, \alpha \rangle$, alors $\Phi = \{\beta_1, \ldots, \beta_n\}$. Par conséquent, si $\langle \Psi, \neg(\beta_1 \wedge \ldots \wedge \beta_n) \rangle$ est un undercut conservatif maximal de $\langle \Phi, \alpha \rangle$, alors $\langle \Psi, \neg(\beta_2 \wedge \ldots \wedge \beta_n \wedge \beta_1) \rangle$, $\langle \Psi, \neg(\beta_3 \wedge \ldots \wedge \beta_n \wedge \beta_1 \wedge \beta_2) \rangle$, etc. sont aussi des undercuts conservatifs maximaux de $\langle \Phi, \alpha \rangle$. Cependant, tous ces arguments sont identiques : il s'agit du même undercut représenté selon plusieurs formes.

Afin d'éviter cette redondance dans les undercuts conservatifs maximaux, Besnard et Hunter ont introduit la notion d'*undercut canonique* détaillé dans la section suivante.

3.4.4 Undercuts canoniques

Les rebuttals et les undercuts offrent des moyens différents pour défier un argument. Il est naturellement souhaitable de regrouper toutes ces sortes d'attaques possibles d'un argument dans une même structure.

Comme annoncé précédemment, tous ces types d'attaque peuvent être effectivement ramenés à un seul contre-argument, d'où les undercuts conservatifs maximaux. Ces contre-arguments sont retenus par Besnard et Hunter à cause de leur pertinence afin d'aller à l'essentiel lors de la construction d'arbres argumentatifs (Définition 47).

Nous présentons dans ce qui suit la notion d'*undercut canonique* qui consiste en un raffinement du concept d'undercut conservatif maximal par l'intégration de la notion de l'*énumération canonique*.

Définition 46 (Undercut canonique)*. Un argument $\langle \Psi, \neg(\beta_1 \wedge \ldots \wedge \beta_n) \rangle$ est un undercut canonique de $\langle \Phi, \alpha \rangle$ si et seulement si $\langle \Psi, \neg(\beta_1 \wedge \ldots \wedge \beta_n) \rangle$ est un undercut conservatif maximal de $\langle \Phi, \alpha \rangle$ et $\langle \beta_1, \ldots, \beta_n \rangle$ est l'énumération canonique de Φ.*

L'intérêt de la définition 46 réside dans le fait que seulement les undercuts canoniques sont pris en compte lors de la recherche de contre-arguments d'un argument donné. Ce qui nous permet par conséquent d'ignorer le nombre potentiellement important d'undercuts non-canoniques.

Exemple 24. *Supposons que $\langle a, \neg a \vee b \rangle$ soit l'énumération canonique du sous-ensemble $\{a, \neg a \vee b\}$ de Δ de l'exemple 18. Dans cet exemple, $\langle \{c, \neg c \vee \neg a\}, \neg(a \wedge (\neg a \vee b)) \rangle$ est un undercut canonique de $\langle \{a, \neg a \vee b\}, b \rangle$, mais pas $\langle \{c, \neg c \vee \neg a\}, \neg((\neg a \vee b) \wedge a) \rangle$ car $\langle \neg a \vee b, \neg a \rangle$ n'est pas l'énumération canonique de $\{a, \neg a \vee b\}$.*

Clairement, un argument peut avoir plusieurs undercuts canoniques. Ainsi, tous les undercuts canoniques du même argument possèdent la même conclusion mais des supports distincts et aucun n'est plus conservatif que l'autre.

Exemple 25. *Soit $\Delta = \{\neg a, a \wedge \neg b, b\}$. Les deux arguments $\langle \{\neg a\}, \neg(a \wedge \neg b) \rangle$ et $\langle \{b\}, \neg(a \wedge \neg b) \rangle$ sont des undercuts canoniques de $\langle \{a \wedge \neg b\}, b \rightarrow c \rangle$; ainsi aucun n'est plus conservatif que l'autre.*

Un undercut canonique a pour rôle de regrouper plusieurs contre-arguments d'un même argument en un seul et par conséquent il permet d'éviter toutes sortes de redondance entre contre-arguments. Un undercut canonique semble ainsi le meilleur représentant de toutes les attaques possibles d'un argument.

Proposition 18. *Un argument* $\langle \Psi, \neg(\beta_1 \wedge \ldots \wedge \beta_n) \rangle$ *est un undercut canonique de* $\langle \Phi, \alpha \rangle$ *si et seulement si* $\langle \Psi, \neg(\beta_1 \wedge \ldots \wedge \beta_n) \rangle$ *est un undercut de* $\langle \Phi, \alpha \rangle$ *et* $\langle \beta_1, \ldots, \beta_n \rangle$ *est l'énumération canonique de* Φ.

Corollaire 3. *Un couple* $\langle \Psi, \neg(\beta_1 \wedge \ldots \wedge \beta_n) \rangle$ *est un undercut canonique de* $\langle \Phi, \alpha \rangle$ *si et seulement si* $\langle \Psi, \neg(\beta_1 \wedge \ldots \wedge \beta_n) \rangle$ *est un argument et* $\langle \beta_1, \ldots, \beta_n \rangle$ *est l'énumération canonique de* Φ.

La proposition 17 peut être étendue pour les undercuts canoniques comme le montre le résultat suivant.

Proposition 19. *Si* $\langle \Psi, \beta \rangle$ *est un undercut canonique de* $\langle \Phi, \alpha \rangle$, *alors il existe un sous-ensemble* $\Phi' \subseteq \Phi$ *tel que* $\langle \Phi', \neg(\gamma_1 \wedge \ldots \wedge \gamma_n) \rangle$ *est un undercut canonique de* $\langle \Psi, \beta \rangle$ *et* $\langle \gamma_1, \ldots, \gamma_n \rangle$ *est l'énumération canonique de* Φ.

Sous certaines conditions, les deux notions de rebuttal et d'undercut canonique coïncident comme annoncé ci-dessous.

Proposition 20. *Si* $\langle \Phi, \alpha \rangle$ *est un argument tel que* Φ *est logiquement équivalent à* α, *alors tout rebuttal de* $\langle \Phi, \alpha \rangle$ *est équivalent à un undercut canonique de* $\langle \Phi, \alpha \rangle$.

3.4.5 Arbres argumentatifs

Habituellement, le processus argumentatif a lieu en mettant en avant un argument afin de soutenir une thèse initiale. Si une nouvelle information se présente comme une objection pour cet argument, alors cette information peut être sous la forme d'un contre-argument de l'argument de départ. Il se peut qu'un nouveau contre-argument vienne attaquer l'ancien contre-argument et ainsi de suite. Par ailleurs, chaque argument peut avoir plusieurs contre-arguments et ainsi chacun de ces contre-arguments peut en avoir divers contre-contre-arguments à son tour, et ainsi de suite.

En conséquence, selon la position de tous ces arguments dans la discussion, le processus argumentatif peut se dérouler différemment.

Il est donc nécessaire de prendre en compte, d'une manière rationnelle, toutes les différentes alternatives d'argumentation qui pourraient avoir lieu à partir d'un argument initial donné.

Exemple 26. *Soit la base de connaissances* $\Delta = \{a, \neg a \wedge \neg c, b \rightarrow \neg a, \neg(c \rightarrow \neg b)\}$.
Soit un argument initial $A_1 = \langle \{a, b \rightarrow \neg a\}, \neg b \wedge a \rangle$.
Par ailleurs, $A_2 = \langle \{\neg(c \rightarrow \neg b)\}, \neg(a \wedge (b \rightarrow \neg a)) \rangle$ *est un contre-argument de* A_1.

$A_3 = \langle \{\neg a \wedge \neg c\}, \neg(\neg(c \to \neg b))\rangle$ *est un contre-argument de* A_2.

De plus, $A_4 = \langle \{\neg(c \to \neg b)\}, \neg(\neg a \wedge \neg c)\rangle$ *est un contre-argument de* A_3.

$A_5 = \langle \{\neg a \wedge \neg c\}, \neg(\neg(c \to \neg b))\rangle$ *est un contre-argument de* A_4.

Dans cet exemple, nous constatons que dans un premier cas les arguments A_2 et A_4 ont le même support. De la même manière, dans un second cas A_3 et A_5 ont des supports égaux. Nous remarquons que d'une part A_2 attaque A_1 et A_2 est attaqué par A_3. Donc, cela signifie que A_3 est un argument en faveur de l'argument initial. D'autre part, A_4 est utilisé comme un contre-argument pour l'argument initial tandis que A_5, qui est un contre-argument de A_4, est utilisé en faveur l'argument initial.

L'exemple 26 met en évidence la nécessité d'exprimer tous les parcours possibles qu'un processus argumentatif peut prendre afin de bien modéliser la discussion.

Il est à noter aussi qu'un argument peut apparaître indéfiniment dans un processus argumentatif à moins qu'une condition d'arrêt est introduite. Ceci est illustré par l'exemple 27.

Exemple 27. *Retournons à l'exemple 26. Une illustration de la discussion en faveur de l'argument initial A_1 peut être représentée de la façon suivante.*

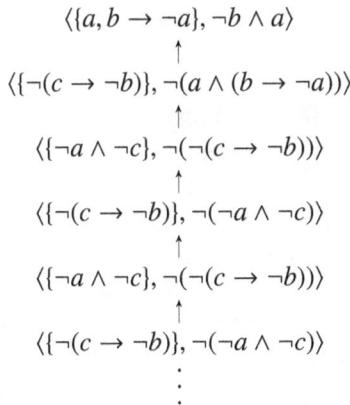

$$\langle \{a, b \to \neg a\}, \neg b \wedge a\rangle$$
$$\uparrow$$
$$\langle \{\neg(c \to \neg b)\}, \neg(a \wedge (b \to \neg a))\rangle$$
$$\uparrow$$
$$\langle \{\neg a \wedge \neg c\}, \neg(\neg(c \to \neg b))\rangle$$
$$\uparrow$$
$$\langle \{\neg(c \to \neg b)\}, \neg(\neg a \wedge \neg c)\rangle$$
$$\uparrow$$
$$\langle \{\neg a \wedge \neg c\}, \neg(\neg(c \to \neg b))\rangle$$
$$\uparrow$$
$$\langle \{\neg(c \to \neg b)\}, \neg(\neg a \wedge \neg c)\rangle$$
$$\vdots$$

Afin de prendre en compte les deux points évoqués dans les exemples 26 et 27 et pour réunir arguments et contre-arguments pour ou contre une conclusion donnée, Besnard et Hunter définissent une structure appelée *arbre argumentatif* au sein duquel se retrouvent ces arguments. Cette représentation permet donc de construire des simulations d'un débat considéré. La thèse initiale de la discussion est alors supportée par un argument qui est à la racine de l'arbre et à chaque nœud correspond un argument. Formellement :

Définition 47 (Arbre argumentatif). *Un arbre argumentatif en faveur d'une conclusion α est un arbre T dont les nœuds sont des arguments tels que :*

1. *La racine de T est un argument en faveur de α,*

2. *Pour tout argument $\langle \Psi, \beta \rangle$ ayant comme ancêtres $\langle \Psi_1, \beta_1 \rangle, \ldots, \langle \Psi_n, \beta_n \rangle$, il existe au moins une formule $\gamma \in \Psi$ telle que pour $1 \leq i \leq n$, $\gamma \notin \Psi_i$,*

3. *Les fils d'un nœud $\langle \Psi, \beta \rangle$ sont des undercuts canoniques de ce nœud qui remplissent la condition 2.*

Exemple 28. *Étant donnée une base de connaissances Δ telle que $\Delta = \{a, c, d, b \rightarrow \neg d, a \rightarrow b, c \rightarrow \neg b, \neg a \wedge \neg c, \neg d\}$.*
À partir de Δ, il est possible de construire un arbre argumentatif, représenté par la figure 3.3, portant sur la formule $a \wedge b$ avec $\beta = \neg(a \wedge (a \rightarrow b))$.

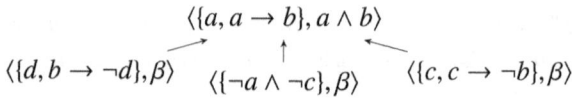

$$\langle \{a, a \rightarrow b\}, a \wedge b \rangle$$

$$\langle \{d, b \rightarrow \neg d\}, \beta \rangle \qquad \langle \{\neg a \wedge \neg c\}, \beta \rangle \qquad \langle \{c, c \rightarrow \neg b\}, \beta \rangle$$

<small>Figure</small> 3.3 – Arbre argumentatif en faveur de $a \wedge b$

Un arbre argumentatif décrit d'une manière compacte (exhaustivement -cf définition 48- mais implicitement) la façon selon laquelle les arguments peuvent s'enchaîner au fil de la discussion.

La condition 2 de la définition 47 oblige chaque contre-argument à apporter de nouveaux éléments via son support (en termes imagés, il s'agit d'empêcher la discussion de tourner en rond) afin d'éviter la duplication des informations dans les différents nœuds dans une même branche. D'une manière plus détaillée, cette condition signifie qu'on incorpore dans l'arbre argumentatif un undercut canonique si son support n'est pas un sous-ensemble des supports de ses nœuds ancêtres. L'intuition est qu'on incorpore un undercut canonique uniquement s'il prend en compte au moins une nouvelle formule ; sinon on considère que l'undercut canonique est implicitement présent et qu'on peut le calculer par subsomption.

Comme la base de connaissances Δ est formée d'un ensemble fini de formules, nous pouvons alors prouver [Besnard & Hunter 2008] qu'il existe un nombre fini d'arbres argumentatifs en faveur de α et que chaque arbre argumentatif est fini.

$$\langle\{a, \neg a \lor b\}, b\rangle$$
$$\uparrow$$
$$\langle\{\neg c, c \lor \neg a\}, \neg(a \land (\neg a \lor b))\rangle$$
$$\uparrow$$
$$\langle\{a, c \lor \neg a\}, \neg(\neg c \land (c \lor \neg a))\rangle$$

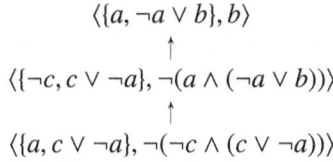

Exemple 29. *Prenons une base de connaissances* $\Delta = \{a, \neg c, \neg a \lor b, c \lor \neg a\}$. *Considérons l'arbre suivant :*

L'arbre précédent n'est pas un arbre argumentatif car la condition 2 de la définition d'un arbre argumentatif n'est pas satisfaite ($a \in \{a, \neg a \lor b\}$ *et* $c \lor \neg a \in \{\neg c, c \lor \neg a\}$). *En particulier, l'undercut de l'undercut exprime effectivement la même idée que l'undercut lui même.*

La condition 3 de la définition 47 garantit que chaque nœud de l'arbre est un undercut canonique de son nœud parent. Cela nous permet d'écarter les arguments réarrangés comme le montre l'exemple suivant.

Exemple 30. *Soit* $\Delta = \{a, b, \neg a \lor \neg b, a \to c, b \to d\}$. *Considérons l'arbre suivant.*

$$\langle\{a, b, a \to c, b \to d\}, c \land d\rangle$$

$$\langle\{a, \neg a \lor \neg b)\}, \neg b\rangle \qquad \langle\{b, \neg a \lor \neg b)\}, \neg a\rangle$$

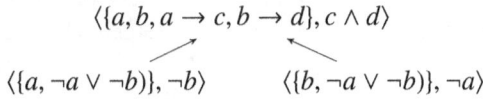

Cet arbre n'est pas un arbre argumentatif car les deux contre-arguments de l'argument $\langle\{a, b, a \to c, b \to d\}, c \land d\rangle$ *ne sont pas des undercuts conservatifs maximaux. En fait, le premier undercut est essentiellement identique au deuxième undercut sous une autre forme réarrangée (en s'appuyant sur l'incompatibilité entre les formules a et b, nous en supposons une et nous concluons que l'autre ne peut pas être déduite).*

Maintenant nous considérons, à la place de deux nœuds fils, l'undercut conservatif maximal $\langle\{\neg a \lor \neg b\}, \neg(a \land b \land (a \to c) \land (b \to d))\rangle$. *Nous obtenons par conséquent un arbre argumentatif comme le présente la figure 3.4 ci-dessous.*

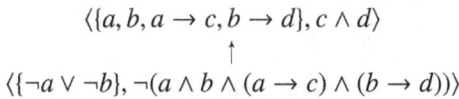

$$\langle\{a, b, a \to c, b \to d\}, c \land d\rangle$$
$$\uparrow$$
$$\langle\{\neg a \lor \neg b\}, \neg(a \land b \land (a \to c) \land (b \to d))\rangle$$

FIGURE 3.4 – Arbre argumentatif en faveur de $c \land d$

Afin d'illustrer toutes les attaques possibles pour chaque argument durant le processus argumentatif, Besnard et Hunter ont proposé de définir la notion d'*arbre argumentatif complet*.

Définition 48 (Arbre argumentatif complet). *Un arbre argumentatif complet en faveur de α est un arbre argumentatif en faveur de α tel que les fils d'un nœud A sont tous les undercuts canoniques de A satisfaisant la condition 2 (Définition 47).*

Exemple 31. *Reprenons l'exemple 28. La figure 3.5 suivante représente l'arbre argumentatif complet en faveur de $a \wedge b$, avec $\beta = \neg(a \wedge (a \rightarrow b))$.*

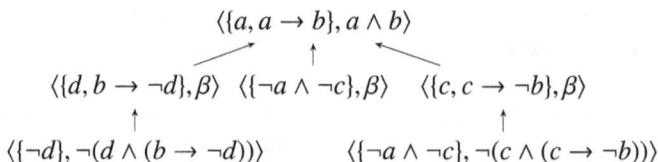

$$\langle\{a, a \rightarrow b\}, a \wedge b\rangle$$

$$\langle\{d, b \rightarrow \neg d\}, \beta\rangle \quad \langle\{\neg a \wedge \neg c\}, \beta\rangle \quad \langle\{c, c \rightarrow \neg b\}, \beta\rangle$$

$$\langle\{\neg d\}, \neg(d \wedge (b \rightarrow \neg d))\rangle \qquad \langle\{\neg a \wedge \neg c\}, \neg(c \wedge (c \rightarrow \neg b))\rangle$$

FIGURE 3.5 – Arbre argumentatif complet en faveur de $a \wedge b$

Notons que si la base de connaissances est cohérente alors tout arbre argumentatif construit à partir de cette base possède uniquement un seul nœud. La réciproque est vraie elle aussi seulement si toute formule de la base est cohérente.

3.4.6 Structure argumentative

Afin de mesurer le crédit que l'on peut accorder à une thèse, Besnard et Hunter proposent de regrouper tous les arbres argumentatifs complets en faveur et contre celle-ci au sein d'une seule structure. Le regroupement dans une même structure argumentative de tous les arbres dont la racine porte sur un fait particulier nous permet donc de rassembler tous les arguments et les contre-arguments relatifs à un problème donné.
Commençons d'abord par définir la notion de *structure argumentative*.

Définition 49 (Structure argumentative). *Une structure argumentative pour une formule α est un couple d'ensembles $\langle P, C \rangle$ tel que P est l'ensemble des arbres argumentatifs complets en faveur de α et C est l'ensemble des arbres argumentatifs complets en faveur de $\neg\alpha$.*

Notons que dans une structure argumentative $\langle P, C \rangle$, P et C sont symétriques. En d'autres termes, toute propriété satisfaite par P a une contrepartie, qui est une propriété satisfaite par C et inversement, c.-à-d. les propriétés de P et C s'échangent symétriquement.

Exemple 32. *Soit* $\Delta = \{\neg a, b, b \rightarrow a, c \vee \neg d, a \vee \neg d, d, a \leftrightarrow c\}$. *Supposons que l'opinion initiale défendue est présentée par la formule* $\alpha = b \rightarrow c$. *À partir de* Δ, *nous obtenons une structure argumentative pour* α *comprenant trois arbres argumentatifs complets, comme le montre la figure 3.6 suivante.*

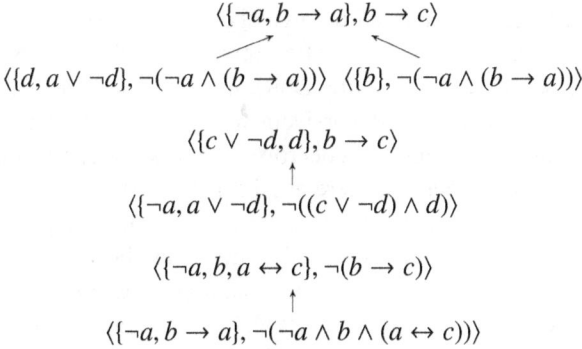

$$\langle \{\neg a, b \rightarrow a\}, b \rightarrow c \rangle$$

$$\langle \{d, a \vee \neg d\}, \neg(\neg a \wedge (b \rightarrow a))\rangle \quad \langle \{b\}, \neg(\neg a \wedge (b \rightarrow a))\rangle$$

$$\langle \{c \vee \neg d, d\}, b \rightarrow c \rangle$$
$$\uparrow$$
$$\langle \{\neg a, a \vee \neg d\}, \neg((c \vee \neg d) \wedge d)\rangle$$

$$\langle \{\neg a, b, a \leftrightarrow c\}, \neg(b \rightarrow c)\rangle$$
$$\uparrow$$
$$\langle \{\neg a, b \rightarrow a\}, \neg(\neg a \wedge b \wedge (a \leftrightarrow c))\rangle$$

FIGURE 3.6 – Structure argumentative pour $b \rightarrow c$

Soulignons le fait que si P contient un arbre argumentatif avec un seul nœud, alors C est l'ensemble vide. En particulier, si la base de connaissances est cohérente, alors tout arbre argumentatif dans P possède exactement un seul nœud et par conséquent C est vide. La réciproque n'est pas vraie même en supposant que P n'est pas vide et que chaque formule de la base est cohérente.

Après le regroupement dans une même structure argumentative de tous les arbres argumentatifs en faveur et contre la thèse défendue, Besnard et Hunter ont défini des mécanismes pour évaluer chaque arbre contenu dans cette structure.

Définition 50 (Catégoriseur). *Un catégoriseur est une application associant un nombre à chaque arbre argumentatif. Une catégorisation est alors une paire de multi-ensembles obtenue par application du même catégoriseur à chacun des arbres argumentatifs d'une structure argumentative.*

Le nombre associé par un catégoriseur tente de capturer la force relative d'un argument tout en prenant en compte les contre-arguments, les contre contre-arguments et ainsi de suite. Il s'agit donc de fournir une abstraction d'un arbre argumentatif sous forme d'un nombre unique.

Besnard et Hunter ont considéré dans leur approche [Besnard & Hunter 2001] plusieurs types de catégoriseurs comme par exemple le *h-catégoriseur* noté h. Dans un h-catégoriseur, pour chaque arbre argumentatif de racine N nous associons le nombre $h(N)$ défini récursivement de la manière suivante :

$$\frac{1}{1 + h(N_1) + \ldots + h(N_l)}$$

où $N_1, \ldots, N_l$ sont les fils du nœud N (si $l = 0$, $h(N_1) + \ldots + h(N_l) = 0$).

Intuitivement, dans le cas d'un h-catégoriseur la valeur d'un argument varie selon le nombre de ses contre-arguments : plus un argument est contrarié, plus sa valeur est petite. Donc, un argument a une valeur maximale s'il n'est pas attaqué. Récursivement, plus les undercuts de ses undercuts sont nombreux, moins la décroissance de sa valeur est importante.

Les deux auteurs ont considéré aussi d'autres catégoriseurs comme le catégoriseur *binaire*, noté *b-catégoriseur*, qui associe à chaque arbre argumentatif la valeur 1 si toutes ses feuilles défendent la racine, ou la valeur 0 sinon ; ou encore le catégoriseur de *comptage*, noté *c-catégoriseur*, qui vise à compter les arbres argumentatifs en leur attribuant à chacun la valeur 1, etc. Pour plus de détails sur les catégoriseurs, le lecteur peut consulter [Besnard & Hunter 2001].

Exemple 33. *Appliquons les différents catégoriseurs cités ci-dessus sur la structure argumentative de l'exemple 32 :*
- *Avec le h-catégoriseur, nous obtenons $\langle [1/3, 1/2], [1/2] \rangle$.*
- *Le l-catégoriseur aboutit à $\langle [0, 0], [0] \rangle$.*
- *L'application du c-catégoriseur donne $\langle [1, 1], [1] \rangle$.*

Définition 51 (Accumulateur). *Un accumulateur est une fonction qui prend comme entrée une catégorisation d'une formule α et retourne une paire de valeurs (α^+, α^-) telle que α^+ est la valeur accumulée pour α et α^- la valeur accumulée contre α. La balance des valeurs accumulées est égale à $\alpha^+ - \alpha^-$.*

Notons que si la balance des valeurs accumulées est égale à 0, les arguments en faveur de la formule α sont contre-balancés par ceux en sa défaveur. En plus, si la balance est positive (resp. négative), alors les arguments en faveur de α (resp. contre α) dominent les arguments contre α (resp. en faveur de α).

Besnard et Hunter ont considéré dans leur approche plusieurs accumulateurs. Parmi lesquels, nous pouvons lister le *l-accumulateur*, le *b-accumulateur* et le *c-accumulateur*.

En particulier, pour toute catégorisation $\langle [X_1, \ldots, X_n], [Y_1, \ldots, Y_m] \rangle$, le l-accumulateur retourne la valeur suivante :

$l_a(\langle [X_1, \ldots, X_n], [Y_1, \ldots, Y_m] \rangle) = (log(1 + X_1 + \ldots + X_n), log(1 + Y_1 + \ldots + Y_m))$.

Exemple 34. *Continuons l'exemple 33.*
Appliquons le l-accumulateur sur la h-catégorisation, nous obtenons $l_a(\langle[1/3,1/2],[1/2]\rangle) = (0.26, 0.17)$. *La balance des valeurs accumulées vaut alors 0.09. Ce qui entraîne que les arguments pour* $b \to c$ *dominent les contre-arguments de* $b \to c$. *La conclusion* $b \to c$ *est ainsi retenue selon le l-accumulateur.*
Lorsque nous appliquons le b-accumulateur sur la b-catégorisation, nous aurons $b_a(\langle[0,0],$
$[0]\rangle) = (0,0)$. *La balance des valeurs accumulées est égale donc 0 ; ce qui signifie qu'il n'existe pas d'arguments en faveur de* $b \to c$ *ou* $\neg(b \to c)$ *qui prédominent.*
Pour la c-catégorisation, l'application du c-accumulateur aboutit à $c_a(\langle[1,1],[1]\rangle) = (2,1)$. *Donc, la balance des valeurs accumulées est égale à* $(2-1) = 1$. *En conséquence, la formule* $b \to c$ *est retenue.*

3.4.7 Évaluation des arbres argumentatifs

Besnard et Hunter adoptent l'approche de [García & Simari 2004b] pour l'évaluation de leurs arbres argumentatifs afin de déterminer si la thèse défendue peut être retenue.

Pour ce faire, un processus d'étiquetage est considéré et qui à chaque nœud de l'arbre argumentatif marque soit U pour *non attaqué* (*Undefeated* en anglais) ou D pour *attaqué* (*Defeated* en anglais). Les feuilles de l'arbre sont toutes marquées U puisqu'elles ne sont attaquées par aucun autre argument. Les autres nœuds sont étiquetés par D si et seulement s'ils ont un fils de type U, ou par U si et seulement si chacun de leurs fils est de type D.

Ensuite, selon la valeur obtenue par l'argument racine, une *fonction de jugement* affecte à chaque arbre argumentatif la valeur *justifié* ou *rejeté*. Formellement :

Définition 52 (Fonction de jugement). *La fonction de jugement, notée Jug, attribue pour tout arbre argumentatif T soit Justifié ou Rejeté tel que* $Jug(T) = Justifié$ *si et seulement si* $Mark(A_r) = U$ *avec* A_r *est l'argument racine de T. Pour tout nœud* A_i *de T, s'il existe un fils* A_j *de* A_i *où* $Mark(A_j) = U$, *alors* $Mark(A_i) = D$, *sinon* $Mark(A_i) = U$.

Exemple 35. *Reprenons l'exemple 31. Les nœuds de l'arbre argumentatif sont marqués de la façon suivante (figure 3.7).*
Le résultat de l'étiquetage de l'arbre conduit à marquer la racine comme D *(Mark(A_r) = D) donc* $Jug(T) = Rejeté$. *Nous concluons alors que la conclusion* $a \wedge b$ *est rejetée.*

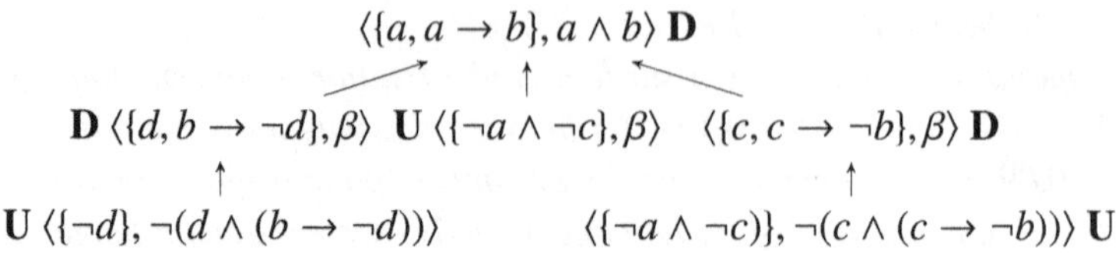

$$\langle \{a, a \rightarrow b\}, a \wedge b \rangle \, \mathbf{D}$$

$$\mathbf{D} \, \langle \{d, b \rightarrow \neg d\}, \beta \rangle \quad \mathbf{U} \, \langle \{\neg a \wedge \neg c\}, \beta \rangle \quad \langle \{c, c \rightarrow \neg b\}, \beta \rangle \, \mathbf{D}$$

$$\mathbf{U} \, \langle \{\neg d\}, \neg(d \wedge (b \rightarrow \neg d)) \rangle \qquad \langle \{\neg a \wedge \neg c)\}, \neg(c \wedge (c \rightarrow \neg b)) \rangle \, \mathbf{U}$$

FIGURE 3.7 – Évaluation des arguments

3.5 Calcul d'arguments et de contre-arguments

Dans le contexte de la théorie logique de l'argumentation, certains travaux ont été élaborés pour essayer de développer des techniques algorithmiques de génération d'arguments à partir d'un ensemble de connaissances. Récemment ont été présentées quelques techniques destinées à générer les arguments au sein de système d'argumentation déductif de Besnard et Hunter. En particulier, Efstathiou et Hunter ont introduit une première technique permettant, à partir d'une base de connaissances clausale, de construire des arguments dont la conclusion est un littéral [Efstathiou & Hunter 2008a, Efstathiou & Hunter 2008b]. Dans un deuxième temps, cette technique est étendue pour construire, à partir d'une base de connaissances clausale, des arguments dont la conclusion est une clause (voir [Efstathiou & Hunter 2011]).

3.5.1 Génération d'arguments dont la conclusion est un littéral

Une première approche de génération d'arguments au sein d'un système d'argumentation logique a été proposée récemment par Efstathiou et Hunter [Efstathiou & Hunter 2008a, Efstathiou & Hunter 2008b]. Cette approche consiste essentiellement à adapter l'idée de graphe de connexion afin de construire à partir d'une base de connaissances clausale, comportant un ensemble de formules éventuellement incohérentes, des arguments dont la conclusion est un littéral. En particulier, les auteurs ont développé des algorithmes de génération d'arguments en utilisant des structures de recherche arborescentes qui correspondent en fait aux étapes de l'application systématique de la procédure de preuve des graphes de connexion. En effet, la notion de graphe de connexion a été initialement proposée par Kowaliski [Kowaliski 1975, Kowaliski 1979] afin de réduire l'espace de recherche pour l'application de la résolution clausale dans la programmation logique. Ensuite, cette notion est étendue d'une manière plus générale pour la logique classique [Bibel 1993].

Pour ce faire, les auteurs ont considéré un langage spécifique appelé *langage de clauses*, noté C, qui est composé en fait d'un ensemble de formules clausales représentant l'ensemble de connaissances. Cette base de connaissances est utilisée afin de définir un argument sous la forme d'un couple prémisses-conclusion tel que les prémisses sont un ensemble de clauses qui peuvent être utilisées pour prouver la conclusion. Cette conclusion est représentée par un littéral d'où le nom d'*argument littéral*. Étant donné un ensemble de clauses Δ de C et α une clause de Δ telle que $\alpha = a_1 \vee \ldots \vee a_n$, nous désignons par $Disjuncts(\alpha) = \{a_1, \ldots, a_n\}$ l'ensemble de *disjuncts* de α.

En outre, le langage de clauses C a été conçu pour définir des graphes dont les nœuds sont des clauses. Les nœuds d'un tel graphe correspondent à un ensemble de clauses de C et les liens entre ces nœuds sont définis par la relation de complémentarité entre les littéraux formant les clauses. Ces graphes diffèrent les uns des autres par le nombre de littéraux complémentaires supportant les arcs ou encore en fonction de la connectivité du graphe.

Un *graphe de connexion* pour Δ est un graphe non orienté (N, A) tel que N est l'ensemble des nœuds du graphe dont chaque nœud correspond à une clause de Δ et A désigne l'ensemble des arcs qui relient les nœuds ayant des littéraux complémentaires. En effet, un graphe de connexion pour Δ se compose exactement des clauses de Δ. Nous désignons par $Noeuds(N)$ l'ensemble des clauses représentant les nœuds N du graphe. Soit $n \in N$, la clause qui représente le nœud n sera noté par $c(n)$.

Le premier type de graphe introduit par Efstathiou et Hunter afin d'étendre le graphe de Kowaliski est celui de *graphe d'attaque*. Un graphe d'attaque pour Δ est un graphe de connexion dont les nœuds N sont des clauses de Δ et A représente l'ensemble des arcs qui relient les paires de clauses qui possèdent exactement un seul littéral complémentaire entre elles. Un deuxième type de graphe a été aussi proposé à la lumière des graphes d'attaque ; il s'agit du *graphe fermé* qui est en fait le plus grand sous-graphe du graphe d'attaque tel que pour toute clause $\alpha \in Noeuds(N)$ il existe une autre clause $\beta \in Noeuds(N)$ tel que $a \in Disjuncts(\alpha)$ et $\neg a \in Disjuncts(\beta)$. Nous notons ainsi $Attack(\alpha, \beta) = a$. En particulier, la notion de graphe fermé exprime une sorte de sous-graphe de connexion du graphe d'attaque où la connectivité est exprimée en termes de la relation d'attaque entre ses nœuds. Plus précisément, étant donné un ensemble minimal incohérent de clauses Φ de C les nœuds d'un graphe fermé de Φ correspondent exactement aux éléments de Φ. Notons que pour tout graphe d'attaque il existe un graphe fermé unique correspondant. L'autre type de graphe pris en compte par Efstathiou et Hunter est celui de *graphe fo-*

cal qui est en fait un sous-graphe du graphe fermé pour Δ ; il est déterminé par une clause α de Δ et il correspond à une partie de graphe fermé contenant α. Formellement, un graphe focal pour une clause α de Δ qu'on note $Focal(\Delta, \alpha)$ est défini comme suit : s'il existe un sous-graphe X du graphe fermé (N, A) pour Δ tel que X contient α et tout nœud de X est connecté à tout autre nœud de X par un chemin, alors $Focal(\Delta, \alpha) = X$, sinon $Focal(\Delta, \alpha)$ est le graphe vide.

Exemple 36. *Soit* $\Delta = \{a \lor b, \neg b, \neg a \lor d, \neg c, \neg d, a, \neg b \lor d, \neg c \lor \neg e, \neg e, c \lor e\}$. *Nous construisons les différents graphes définis précédemment pour* Δ *(voir figures 3.8, 3.9 et 3.10).*

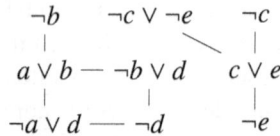

$$
\begin{array}{ccc}
\neg b & \neg c \lor \neg e & \neg c \\
| & \diagdown & | \\
a \lor b \;—\; \neg b \lor d & & c \lor e \\
| & | & | \\
\neg a \lor d \;—\; \neg d & & \neg e
\end{array}
$$

FIGURE 3.8 – Graphe de connexion pour Δ

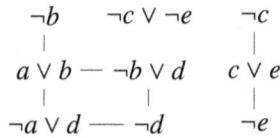

$$
\begin{array}{ccc}
\neg b & \neg c \lor \neg e & \neg c \\
| & & | \\
a \lor b \;—\; \neg b \lor d & & c \lor e \\
| & | & | \\
\neg a \lor d \;—\; \neg d & & \neg e
\end{array}
$$

FIGURE 3.9 – Graphe d'attaque pour Δ

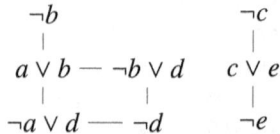

$$
\begin{array}{ccc}
\neg b & & \neg c \\
| & & | \\
a \lor b \;—\; \neg b \lor d & & c \lor e \\
| & | & | \\
\neg a \lor d \;—\; \neg d & & \neg e
\end{array}
$$

FIGURE 3.10 – Graphe fermé pour Δ

À partir du graphe fermé pour Δ, nous pouvons obtenir les graphes focaux pour $\neg b$ et pour $\neg c$ (voir figures 3.11 et 3.12).

Le graphe focal est en effet utilisé afin de réduire l'espace de recherche lors de la génération, à partir d'une base de connaissances de C, de l'ensemble des arguments en faveur d'une formule α.

Par ailleurs, dans leur approche les auteurs on introduit une dernière structure graphique appelée *graphe d'interrogation* (*query graph* en anglais)

$$\neg b$$
$$|$$
$$a \vee b \; — \; \neg b \vee d$$
$$| \qquad\quad |$$
$$\neg a \vee d \; — \; \neg d$$

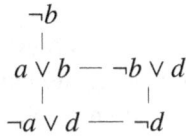

FIGURE 3.11 – Graphe focal de $\neg b$

$$\neg c$$
$$|$$
$$c \vee e$$
$$|$$
$$\neg e$$

FIGURE 3.12 – Graphe focal de $\neg c$

pour un littéral α de Δ, noté $Query(\Delta, \alpha)$, qui correspond en fait au graphe focal pour $\neg\alpha$ dans $\Delta \cup \{\neg\alpha\}$, c.-à-d. $Query(\Delta, \alpha) = Focal(\Delta \cup \{\neg\alpha\}, \neg\alpha)$.

Exemple 37. *Reprenons l'exemple 36. Considérons les deux clauses a et c. Les deux figures 3.13 et 3.14 représentent les graphes d'interrogation pour $\neg a$ et $\neg c$ dans Δ, respectivement.*

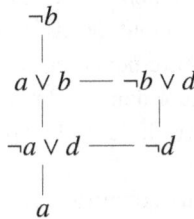

$$\neg b$$
$$|$$
$$a \vee b \; — \; \neg b \vee d$$
$$| \qquad\qquad |$$
$$\neg a \vee d \; — \; \neg d$$
$$|$$
$$a$$

FIGURE 3.13 – Graphe d'interrogation pour $\neg a$

$$\neg c \; — \; c$$
$$|$$
$$c \vee e$$
$$|$$
$$\neg e$$

FIGURE 3.14 – Graphe d'interrogation pour $\neg c$

Le graphe d'interrogation a pour but de trouver des preuves pour une formule α et par conséquent il permet de générer les arguments en faveur de cette formule. En d'autres termes, le graphe d'interrogation pour un littéral α dans une base de connaissances Δ est un graphe dont les éléments permettent la construction de tous les arguments en faveur de α. Spécifiquement, l'ensemble des nœuds d'un graphe d'interrogation pour α de Δ contient tous les sous-ensembles de Δ qui peuvent être utilisés comme supports pour des arguments pour α.

Ces ensembles doivent vérifier certaines conditions. Pour cela, les auteurs ont intégré la notion d'*arbre de support* (*support tree* en anglais) qui représente en fait l'ensemble des supports des arguments en faveur de α. En particulier, un arbre de support pour Δ et α est essentiellement construit à partir d'un sous-graphe du graphe d'interrogation pour α dans Δ. Les éléments d'un arbre de support sont représentés par une structure arborescente où $\neg\alpha$ est la racine de l'arbre, tel que tout nœud est représenté par une clause et la racine possède exactement un nœud fils unique, sinon l'arbre est vide. De plus, les liens entre les nœuds de l'arbre sont définis par les arcs de graphe d'interrogation. En particulier, le fils n_1 d'un nœud n_2 est une clause contenant un littéral l tel que $\neg l$ est un disjunct de la clause représentant n_2. Par ailleurs, toute clause de Δ peut figurer au plus une fois dans la même branche de l'arbre, ce qui empêche ainsi d'avoir des occurrences de la même clause dans la même branche. Ceci permet par conséquent d'éviter les branches infinies dans l'arbre de support. En outre, chaque nœud possède autant de fils que le nombre de ses disjuncts qui n'apparaissent pas antérieurement dans la branche, assurant que seul le nombre nécessaire de fils figure dans l'arbre à chaque niveau. Notons que pour une base de connaissances finie Δ, il ne peut y avoir que des arbres de support finis.

Ensuite, afin d'assurer les deux conditions de la cohérence et la minimalité d'inférence qui sont indispensables dans la définition d'un argument, deux autres contraintes sont exigées pour la construction d'arbre de support. La première contrainte exige que pour tous nœuds n_1, n_2, n_3 et n_4 de l'arbre de support tels que n_3 et n_4 sont respectivement les nœuds parents de n_1 et n_2, $Attack(c(n_1), c(n_3)) \neq \overline{Attack(c(n_2), c(n_4))}$. Lorsque cette contrainte est satisfaite, nous parlons donc d'*arbre de support cohérent*. La deuxième condition, qui concerne la minimalité, exige d'un côté que pour tous nœuds n_1, n_2, n_3 et n_4 de la même branche tels que n_3 et n_4 sont respectivement les parents de n_1 et n_2, $Attack(c(n_1), c(n_3)) \neq Attack(c(n_2), c(n_4))$. Ceci implique que les nœuds, dont les clauses représentatives ne sont pas nécessaires pour l'inférence de la conclusion α, doivent être omises dans l'arbre. De l'autre côté, si deux nœuds n_1 et n_2 doivent être attaqués sur le même disjunct, alors les nœuds communs serviront à attaquer ces deux nœuds en même temps. Autrement dit, si $Attack(c(n_1), c(n_3)) = Attack(c(n_2), c(n_4))$, alors $T(n_1) \subseteq T(n_4)$ ou $T(n_2) \subseteq T(n_3)$ où $T(n_i)$ désigne l'ensemble des formules représentant le sous-arbre de racine n_i de l'arbre de support. L'arbre obtenu est appelé *arbre de support minimal*.

En conclusion, afin de générer à partir de Δ l'ensemble des arguments en faveur de α, les auteurs ont considéré l'arbre de support cohérent et minimal ayant pour racine $\neg\alpha$ afin de garantir la cohérence et la minimalité pour l'inférence de α. Formellement, un couple $\langle\Phi,\alpha\rangle$ est un argument si et seulement s'il existe T un arbre de support cohérent et minimal pour Δ et α tel que $\Phi = \{c(n) \mid n \in N\}$ où N est l'ensemble des nœuds de T.

Exemple 38. *Continuons l'exemple 37. Pour $\Delta = \{a \lor b, \neg b, \neg a \lor d, \neg c, \neg d, a, \neg b \lor d, \neg c \lor \neg e, \neg e, c \lor e\}$ et $\alpha = d$, il existe deux arbres de supports cohérents et minimaux pour Δ et α (figures 3.15 et 3.16).*

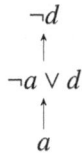

$$\neg d$$
$$\uparrow$$
$$\neg a \lor d$$
$$\uparrow$$
$$a$$

FIGURE 3.15 – Arbre de support cohérent et minimal pour Δ et α

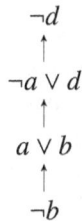

$$\neg d$$
$$\uparrow$$
$$\neg a \lor d$$
$$\uparrow$$
$$a \lor b$$
$$\uparrow$$
$$\neg b$$

FIGURE 3.16 – Arbre de support cohérent et minimal pour Δ et α

À partir des deux arbres de support précédents, deux arguments en faveur de α peuvent être générés, à savoir $\langle\{a, \neg a \lor d\}, \alpha\rangle$, $\langle\{\neg b, a \lor b, \neg a \lor d\}, \alpha\rangle$.

3.5.2 Génération d'arguments dont la conclusion est une clause

Dans une deuxième approche, Efstathiou et Hunter ont étendu leur première technique de génération d'arguments (section 3.5.1) afin de construire des arguments dont la conclusion est une clause [Efstathiou & Hunter 2011].

Pour ce faire, le langage considéré est celui du langage de clauses C défini précédemment. La conclusion d'un argument est ainsi une clause de C. Toutes les sortes de graphes considérées dans la section 3.5.1 sont réutilisées dans cette nouvelle technique de génération d'arguments.

Le principe de cette approche réside toujours dans le fait que l'ensemble des nœuds d'un graphe d'interrogation pour α dans une base de connaissances clausale Δ, défini à partir des différents autres graphes de connexion, contient toutes les clauses qui peuvent former des supports d'arguments en faveur de α.

Dans leur approche, les auteurs ont considéré d'abord une formule α de C sous forme d'une clause telle que $\alpha = a_1 \vee \ldots \vee a_n$. L'ensemble des disjuncts de α est donc $\{a_1, \ldots, a_n\}$. Nous désignons par $\bar{a}_i$ la négation d'un disjunct $a_i \in \{a_1, \ldots, a_n\}$.

Ensuite, la génération d'arguments pour α est fondée sur la notion d'arbre de support défini pour la première approche. Essentiellement, un arbre de support pour α est construit à partir d'un sous-graphe du graphe d'interrogation pour une clause α dans Δ. La racine de cet arbre est représentée par le complément d'un disjunct de α, c.-à-d. $\bar{a}_i$ où $a_i \in \{a_1, \ldots, a_n\}$ et chaque nœud autre que la racine est identifié par une clause du graphe d'interrogation. Notons que cet arbre possède les mêmes propriétés que celui défini dans l'approche précédente.

L'arbre de support ne fournit pas nécessairement une preuve pour α mais offre des éléments nécessaires d'une structure arborescente de cette preuve sous certaines conditions supplémentaires. Pour exprimer ces conditions supplémentaires, les auteurs ont introduit une catégorie spécifique d'arbre de support, appelée *arbre de support complet*, qui est en fait un arbre de support avec quelques propriétés particulières. En d'autres termes, considérons une base clausale Δ et une clause $\alpha = a_1 \vee \ldots \vee a_n$. Un arbre de support complet pour Δ, α et a_i où $a_i \in \{a_1, \ldots, a_n\}$ est un arbre de support pour Δ, α et a_i tel que pour tout nœud $n \in N$, autre que la racine, pour tout $b \in Disjuncts(c(n))$, une des trois conditions suivantes est vérifiée :

1. $b \notin Disjuncts(\alpha) \setminus \{a_i\}$,

2. il existe exactement un arc (m, x) où m est un ancêtre de n tel que $Attack(c(m), c(x)) = b$,

3. il existe exactement un fils m de n tel que $Attack(c(m), c(n)) = \bar{b}$.

Notons que selon cette définition, toute clause unitaire de Δ peut uniquement identifier la racine ou la feuille d'un arbre de support complet. En outre, si α est une clause unitaire tel que $\alpha = a$ alors un arbre de support pour Δ, α et a est un arbre de support complet si exactement une des conditions 2 ou 3 de la définition précédente est vérifiée.

Par ailleurs, un arbre de support complet possède quelques caractéristiques. En particulier, pour tout disjunct a_i de α avec $a_i \in \{a_1, \ldots, a_n\}$, $\bar{a}_i$ n'appartient à aucun nœud autre que la racine de l'arbre complet. De plus, deux littéraux complémentaires ne peuvent pas étiqueter les arcs de la même branche d'un arbre de support complet.

Notons que l'ensemble des clauses représentant les nœuds, autre que la racine, d'un arbre de support complet de Δ, α et a_i fournit une preuve pour α. Par contre, afin de construire une preuve minimale et cohérente pour α, les auteurs ont introduit des conditions supplémentaires sur la notion d'arbre de support complet tout en distinguant deux nouvelles notions d'arbre, de façon similaire à la première approche (voir section 3.5.1). Plus précisément, une première contrainte exige que pour tous les nœuds n_1 et n_2 de l'arbre de support complet tels que n_3 et n_4 sont respectivement les nœuds parents de n_1 et n_2, $Attack(c(n_1), c(n_3)) \neq \overline{Attack(c(n_2), c(n_4))}$ Dans ce cas, l'arbre de support complet est dit *cohérent*. En outre, un arbre de support complet T pour Δ, α et a_i est *minimal* si et seulement s'il n'existe aucun autre arbre de support complet T' pour Δ, α et a_i tel que $\{c(m) \mid m \in M\} \subset \{c(n) \mid n \in N\}$ où N et M sont l'ensemble de nœuds de T et T', respectivement.

En conséquence, un arbre de support complet minimal et cohérent pour Δ, α et a_i contient exactement l'ensemble des formules servant à générer des supports d'arguments en faveur de α. Formellement, un couple $\langle \Phi, \alpha \rangle$ de Δ est un argument en faveur de la clause α si et seulement s'il existe un arbre de support complet minimal et cohérent pour Δ, α et a_i, où $a_i \in \{a_1, \ldots, a_n\}$, tel que $\Phi = \{c(n) \mid n \in N\} \setminus \{\bar{a}_i\}$.

Exemple 39. *Soit la base de connaissances* $\Delta = \{a \vee b \vee \neg c, \neg e, \neg b \vee d \vee e, f \vee d, c, \neg a \vee \neg f, \neg d\}$ *et* $\alpha = d \vee g$.
La figure 3.17 représente un arbre de support complet minimal et cohérent pour Δ, α *et* d.
À partir de l'arbre précédent, nous pouvons obtenir l'ensemble $\Phi = \{\neg b \vee d \vee e, a \vee b \vee \neg c, \neg e, \neg a \vee \neg f, f \vee d, c\}$ *qui correspond à un support d'un argument en faveur de* α, *c.-à-d.* $\langle \Phi, \alpha \rangle$ *est un argument.*

3.6 Aspects calculatoires

Plusieurs résultats calculatoires ont été obtenus ces dernières années permettant d'identifier des fragments traitables dans certains systèmes d'argumentation.

En particulier, des résultats de complexité ont été établis pour différentes classes de la théorie de l'argumentation comme dans le cadre abs-

$$\neg d$$
$$\uparrow$$
$$\neg b \lor d \lor e$$

$$a \lor b \lor \neg c \qquad \neg e$$

$$\neg a \lor \neg f \qquad c$$
$$\uparrow$$
$$f \lor d$$

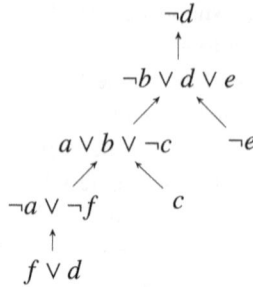

FIGURE 3.17 – Arbre de support complet minimal et cohérent pour Δ, α et d

trait [Dunne & Bench-Capon 2002, Dunne & Wooldridge 2009, Dvorák & Woltran 2010], l'argumentation hypothétique [Dimopoulos *et al.* 2002], l'argumentation défaisable [Cecchi *et al.* 2006] et dans la théorie de l'argumentation déductive [Parsons *et al.* 2003, Creignou *et al.* 2011, Hirsch & Gorogiannis 2010].

Vu que nous nous intéressons davantage au système d'argumentation déductif de Besnard et Hunter introduit précédemment, nous présentons à présent quelques résultats de complexité obtenus pour des problèmes liés à cette approche.

Le premier problème traité dans ce cadre est celui de la génération d'arguments. Comme la définition 37 le mentionne, la génération d'un tel argument nécessite certaines contraintes comme la cohérence du support, la déduction de la conclusion à partir du support, la minimalité de l'inférence de la conclusion. Ainsi, dans [Hirsch & Gorogiannis 2010] les auteurs ont prouvé que la complexité du problème de vérifier si un couple $\langle \Phi, \alpha \rangle$ est un argument est P^{NP}.

Un autre problème lié aussi à la notion d'argument consiste à, étant donné un ensemble de connaissances, de vérifier l'existence d'un support pour une conclusion α quelconque. Il est prouvé que ce problème appartient au second niveau de la hiérarchie polynomiale ; plus précisément ce problème est Σ_2^P-*Complet* [Hirsch & Gorogiannis 2010].

Par ailleurs, d'autres travaux ont traité les questions liées à la génération d'arguments afin de mieux comprendre les sources de complexité et d'identifier par conséquent des fragments traitables. Dans ce contexte, Creignou et al. ont proposé dans [Creignou *et al.* 2010] de considérer des formules dans lesquelles les connecteurs sont choisis au sein de certains ensembles de fonctions booléennes. En particulier, les auteurs ont fourni une classification de complexité pour chacun des quatre problèmes de décision suivants : l'existence d'un support, la vérification de la validité d'un argument, la pertinence des arguments et la « substituabilité » des arguments. Les auteurs ont montré également que la complexité de chacun de ces problèmes dépend de la classe de fonctions booléennes utilisées comme connecteurs pour la construction des arguments.

En outre, une étape primordiale du processus argumentatif réside dans le jugement de l'acceptabilité des formules. En effet, à la fin de chaque processus argumentatif toute thèse défendue est jugée soit justifiée ou rejetée. Ce problème de décision a été aussi traité dans la littérature. En particulier, Hirsch et Gorogiannis ont examiné dans [Hirsch & Gorogiannis 2010] la complexité calculatoire pour répondre à la question de vérification de statut d'une formule quelconque à savoir justifiée ou rejetée. Les auteurs ont prouvé que ce problème est de complexité élevée ; ce problème est $P-SPACE\text{-}Complet$.

Dans une autre approche de l'argumentation déductive, Wooldrige et al. ont montré dans [Wooldridge *et al.* 2006] qu'un ensemble d'arguments à la Besnard et Hunter peut être traité comme un système d'argumentation abstrait où la relation d'attaque porte sur une paire d'arguments A et B lorsque A est un undercut de B. Cela nous permet par conséquent l'évaluation de ce système abstrait en utilisant les sémantiques d'acceptabilité définies par Dung [Dung 1995]. Pour ce faire, les auteurs ont considéré deux types d'ensemble d'arguments particuliers appelés ensemble *maximal* et ensemble *distinct*. Un ensemble d'arguments est maximal s'il ne contient pas d'arguments équivalents. Alors qu'un ensemble d'arguments est dit distinct s'il ne contient pas d'arguments dupliqués. Du point de vue calculatoire, les auteurs ont montré que le problème de décision de la maximalité d'un ensemble d'arguments est *CoNP-Complet* et que décider si un ensemble d'arguments est distinct est *NP-Complet*. Dans ce même contexte, la complexité de décider si deux ensembles d'arguments sont équivalents est *CoNP-Complet*.

3.7 Conclusion

Dans ce chapitre, nous avons introduit les concepts de base de la théorie de l'argumentation puis une vue d'ensemble sur les différentes approches argumentatives logiques proposées dans la littérature. Dans la première partie de ce chapitre, nous avons étudié en détail le processus d'argumentation et ses différentes étapes. Ensuite, nous avons présenté les systèmes argumentatifs développés tout en les classant en quatre catégories. Dans la seconde partie de ce chapitre, nous nous sommes intéressés à un système particulier : le système d'argumentation de Besnard et Hunter où un argument est entendu comme un couple prémisses-conclusion tel que la conclusion soit une formule qui puisse être déduite des prémisses. Nous avons montré ainsi comment collecter dans une même structure arborescente les arguments et les contre-arguments afin d'évaluer la thèse défendue. Nous avons présenté aussi une approche formelle permettant de générer d'une manière automatique une classe particulière d'arguments : des arguments dont la conclusion est une clause. Nous avons fini ce chapitre par présenter la complexité des problèmes de décision portant sur certaines étapes du processus d'argumentation logique.

Chapitre 4

Méthode algorithmique de calcul d'arguments

Sommaire

4.1 Introduction

Comme nous venons de le voir dans le chapitre 3, plusieurs approches ont été proposées pour formaliser l'argumentation en logique. Ces modèles argumentatifs définissent un argument comme étant un couple prémisses-conclusion tel que les prémisses impliquent classiquement la conclusion. Cette étape est primordiale dans tout processus argumentatif logique car elle constitue la base de tout système argumentatif.

Différentes procédures de preuve et algorithmes ont émergé ces dernières années pour la sélection des arguments préférés à la Dung ainsi que des arguments préférés en utilisant la logique défaisable [Vreeswijk 2006, Bryant *et al.* 2006, Prakken & Sartor 1997, Cayrol *et al.* 2001]. En revanche, toutes ces techniques n'offrent aucune possibilité d'améliorer l'aspect calculatoire lors de la recherche d'arguments et de contre-arguments dans un système d'argumentation logique. Par conséquent, dans ce contexte la génération d'arguments et de contre-arguments au sein d'un système d'argumentation logique demeure une question fondamentale. En particulier, la difficulté essentielle de la question traitée peut être expliquée de la manière suivante : supposons que nous disposons d'un prouveur automatique de théorèmes (PAT) ou d'un assistant de preuve. Chercher, à partir d'un ensemble de connaissances Δ, des arguments en faveur d'une thèse initiale α revient essentiellement à interroger le PAT en posant des requêtes pour vérifier si un sous-ensemble particulier de prémisses de Δ est cohérent, si α peut être déduite à partir de ce sous-ensemble et si ce sous-ensemble est minimal pour l'inférence de α. Par conséquent, trouver à partir de Δ l'ensemble des arguments en faveur de α consiste à considérer les sous-ensembles Φ de Δ et à tester avec le PAT pour chaque sous-ensemble Φ si $\Phi \vdash \alpha$, $\Phi \nvdash \bot$ et si pour tout $\Psi \subset \Phi$, $\Psi \nvdash \alpha$. À titre d'exemple, lorsque nous voulons savoir si un couple $\langle \Phi, \alpha \rangle$ est un argument ou non, nous devrons interroger le PAT par une série de requêtes à savoir $\Phi \overset{?}{\vdash} \alpha$, $\Phi \overset{?}{\vdash} \bot$, $\Phi \setminus \{\phi_1\} \overset{?}{\vdash} \alpha, \ldots, \Phi \setminus \{\phi_n\} \overset{?}{\vdash} \alpha$, quand $\Phi = \{\phi_1, \ldots, \phi_n\}$. Cela soulève alors le problème de savoir quel sous-ensemble de Δ considérer lorsque nous cherchons un argument pour α. Par ailleurs, si nous voulons trouver à partir de Δ tous les arguments en faveur de α, nous devons dans ce cas considérer dans le pire des cas tous les sous-ensembles de Δ : si Δ contient n formules, alors il est nécessaire d'interroger le PAT par 2^{n+1} séries de requêtes. Ce qui signifie que même pour une base de connaissances restreinte, le coût de recherche peut devenir intraitable.

Peu d'approches ont été proposées dans la littérature qui s'intéressent à la question de génération d'arguments et de contre-arguments dans un système d'argumentation logique. Récemment, des travaux ont été élaborés dans ce contexte pour essayer de développer des techniques algorithmiques de génération d'arguments à partir d'un ensemble de connaissances (voir chapitre 3). Principalement, dans [Efstathiou & Hunter 2008a] les deux auteurs se sont particulièrement intéressés à ce problème en proposant une approche de construction d'arguments à partir d'une base de connaissances clausale. Cette approche se restreint au cas où la conclusion de l'argument généré est un littéral. En outre, Efstathiou et Hunter ont étendu leur première approche (voir [Efstathiou & Hunter 2011]) dans l'optique de générer des arguments dont la conclusion n'est plus un littéral mais plutôt une clause.

Ce chapitre est organisé de la manière suivante. Dans la première section, une nouvelle technique algorithmique de génération d'arguments est proposée. Cette nouvelle technique est étendue dans la sous-section 4.2.2 pour la construction des contre-arguments d'un argument donné. Nous présentons dans la section 4.3 une étude algorithmique permettant d'illustrer les deux approches proposées. En particulier, un premier algorithme a pour but de générer tous les arguments en faveur d'une conclusion α quelconque. Le deuxième algorithme proposé génère l'arbre argumentatif complet induit par un argument donné. Dans la dernière section, une étude expérimentale est présentée pour montrer les résultats prometteurs de génération d'arguments obtenus sur plusieurs classes d'instances.

Les travaux présentés dans ce chapitre ont fait l'objet de plusieurs publications [Besnard *et al.* 2010], [Besnard *et al.* 2011], [Besnard *et al.* 2012a]. Cette contribution a été aussi primée à la conférence *RJCIA'11* (prix du meilleur papier).

4.2 Calcul d'arguments et de contre-arguments basé sur les MUS

Dans cette section des nouvelles techniques algorithmiques de construction d'arguments et de contre-arguments sont présentées dans le contexte de la logique propositionnelle. Ces nouvelles approches tirent leur originalité de l'utilisation du concept d'ensembles minimaux incohérents (MUS) pour la génération de tous les arguments en faveur d'une conclusion particulière ainsi que tous les contre-arguments de chaque argument. Notre approche diffère des autres approches présentées précédemment (cf. section 3.5 - chapitre 3) par le fait qu'elle est plus générale dans le sens où cette technique ne se limite pas à une classe bien particulière de formules considérées comme conclusions d'arguments mais plutôt elle permet de générer des arguments dont la conclusion est une formule quelconque. De plus, notre approche est complète au sens où elle garantit la génération de tous les arguments en faveur d'une conclusion donnée.

L'idée repose essentiellement sur le fait que le raisonnement par l'absurde est valide en logique propositionnelle, plus précisément $\langle \Phi, \alpha \rangle$ est un argument construit à partir d'une base de connaissances Δ si et seulement si $\Phi \cup \{\neg\alpha\}$ est minimal incohérent (pour Φ inclus dans Δ). En fait, si $\Phi \cup \{\neg\alpha\}$ est un MUS de $\Delta \cup \{\neg\alpha\}$ qui contient au moins une clause de la forme clausale de $\neg\alpha$ alors $\langle \Phi, \alpha \rangle$ est un argument de Δ.

La notion de MUS a été largement utilisée dans la littérature dans divers problèmes afin de localiser les sources minimales de l'incohérence dans les formules. Elle peut s'avérer d'une grande utilité pour de nombreuses applications pratiques, en particulier dans le domaine du model-checking [McMillan 2005], la vérification de processeurs [Andraus *et al.* 2006], le diagnostic d'erreurs et le déboggage de programmes Haskell [Bailey & Stuckey 2005], le diagnostic de pannes [Walter Hamscher 1992], etc. En effet, ces sous-ensembles minimaux insatisfiables constituent les explications les plus fines en terme de nombre de clauses concises.

Dans les deux sous-sections qui suivent nous allons montrer en premier lieu comment la notion de MUS permet la génération de tous les arguments en faveur d'une formule quelconque, plus précisément à partir d'un MUS nous pouvons extraire un sous-ensemble minimal qui sera le support d'un argument en faveur de la formule considérée. En second lieu, le concept de MUS sera aussi exploité pour la génération des contre-arguments qui sont indispensables à la construction d'un arbre argumentatif au sein d'un système d'argumentation logique. En particulier, à partir d'un MUS nous pouvons extraire un sous-ensemble minimal qui contredit le support de l'argument ciblé et qui est en fait le support d'un undercut canonique de cet argument.

4.2.1   Génération d'arguments

En général, durant le processus d'argumentation plusieurs arguments et contre-arguments peuvent être construits pour ou contre une conclusion donnée. La génération d'un argument en faveur de cette conclusion nécessite l'extraction d'un sous-ensemble minimal cohérent qui infère cette conclusion.

Étant donnée une base de connaissances Δ, construire un argument pour α consiste à extraire un sous-ensemble Φ de Δ et tester si $\Phi \nvdash \perp$ et $\Phi \vdash \alpha$; si ces deux conditions sont vérifiées il faut ensuite vérifier si $\Phi \setminus \{\varphi_1\} \nvdash \alpha$, ..., $\Phi \setminus \{\varphi_n\} \nvdash \alpha$ où $\Phi = \{\varphi_1, \ldots, \varphi_n\}$. Cette dernière série de tests permet d'assurer effectivement qu'il n'existe aucun sous-ensemble propre Φ' de Φ tel que $\Phi' \vdash \alpha$.

D'une manière plus générale, générer tous les arguments en faveur de α consiste à considérer tout sous-ensemble Φ de Δ satisfaisant tous les tests $\Phi \nvdash \perp$, $\Phi \vdash \alpha$, $\Phi \setminus \{\varphi_1\} \nvdash \alpha$, ..., $\Phi \setminus \{\varphi_n\} \nvdash \alpha$. Cette série de tests est donc indispensable pour générer un argument en faveur de α. Par ailleurs, si nous voulons construire tous les arguments pour α, il est nécessaire de considérer, dans le pire des cas, tous les sous-ensembles de Δ.

Dans notre approche, nous allons adopter la notion de MUS pour définir une méthode algorithmique de calcul d'arguments en faveur d'une conclusion particulière α.

L'idée est la suivante : si le couple $\langle \Phi, \alpha \rangle$ est un argument alors $\Phi \cup \{\neg\alpha\}$ est minimal incohérent et $\Phi \cup \{\neg\alpha\}$ est un MUS de $\Delta \cup \{\neg\alpha\}$. Comme la réciproque est vraie elle aussi, construire un argument en faveur de α revient à extraire un MUS de $\Delta \cup \{\neg\alpha\}$ qui contient $\neg\alpha$.

Comme indiqué dans la proposition 4 du chapitre 3 (voir page 50), étant donnée une base de connaissances Δ, un couple $\langle \Phi, \alpha \rangle$ est un argument en faveur de α si et seulement si $\Phi \cup \{\neg\alpha\}$ est un MUS de $\Delta \cup \{\neg\alpha\}$.

Exemple 40. *Étant donnée la base de connaissances suivante* $\Delta = \{a, \neg c, b,$ $\neg b \vee \neg a, \neg b \vee c\}$.

$\langle \{b, \neg b \vee \neg a\}, \neg a \rangle$ *est un argument et* $\{b, \neg b \vee \neg a, \neg \neg a\}$ *est un MUS de* $\Delta \cup \{\neg \neg a\}$.

$\langle \{b, \neg b \vee c\}, c \rangle$ *est un argument et* $\{b, \neg b \vee c, \neg c\}$ *est un MUS de* $\Delta \cup \{\neg c\}$.

$\langle \{b\}, b \rangle$ *est un argument et* $\{b, \neg b\}$ *est un MUS de* $\Delta \cup \{\neg b\}$.

La proposition 4 du chapitre 3 (voir page 50) suggère que le calcul d'arguments est équivalent au calcul de MUS, ainsi les algorithmes qui s'avèrent souvent efficaces pour le calcul de MUS peuvent être aussi utiles pour la génération d'arguments. Notons que ces algorithmes traitent des problèmes de vérification de la satisfiabilité dans le contexte proposition-nel général. En conséquence, à moins que P = NP, ils sont exponentiels dans le pire des cas. En outre, le nombre de MUS peut être lui-même ex-ponentiel. Ces algorithmes ne fonctionnent pas avec des formules logiques arbitraires mais plutôt avec des clauses (pour certains algorithmes, d'autres restrictions syntaxiques sont exigées).

Malheureusement, la proposition 4 du chapitre 3 (voir page 50) ne s'é-tend pas aux clauses car elle utilise la notion non-clausale de MUS et donc elle ne garantit pas la minimalité de support de l'argument construit. Autre-ment dit, le support obtenu peut contenir un sous-ensemble propre permet-tant d'inférer la conclusion. Pour cela, nous proposons le théorème 5 qui permet de pallier ce problème et garantir la minimalité de l'inférence lors de la construction du support d'un argument. Essentiellement, ce théorème signifie que la génération de tous les arguments en faveur de α est équi-valente au calcul de tous les MUS de $\Delta \cup \{\neg \alpha\}$ contenant au moins une clause de $\neg \alpha$ vérifiant une condition spécifique (détaillée après l'énoncé du théorème 5).

Dans l'exemple suivant, nous illustrons pourquoi la proposition 4 du chapitre 3 (voir page 50) ne fonctionne pas lorsque $\neg \alpha$ est mis sous forme clausale d'où l'intérêt du théorème 5.

Exemple 41. *Soit* $\Delta = \{a, \neg a \vee b\}$. *Soit la formule* $a \vee b$. *Pour générer les arguments en faveur de* $a \vee b$, *nous commençons par calculer les MUS de* $\Delta \cup \{\neg a, \neg b\}$. *Il en existe deux, ce sont* $\Gamma_1 = \{a, \neg a\}$ *et* $\Gamma_2 = \{a, \neg b, \neg a \vee b\}$. *Remarquons que* $\Gamma_1 \cap \{\neg a, \neg b\} \neq \emptyset$ *et* $\Gamma_2 \cap \{\neg a, \neg b\} \neq \emptyset$. *Par contre,* $\langle \Gamma_1 \setminus \{\neg a, \neg b\}, a \vee b \rangle = \langle \{a\}, a \vee b \rangle$ *est un argument mais* $\langle \Gamma_2 \setminus \{\neg a, \neg b\}, a \vee b \rangle = \langle \{a, \neg a \vee b\}, a \vee b \rangle$ *n'est pas un argument car* $\Gamma_1 \setminus \{\neg a, \neg b\} \subset \Gamma_2 \setminus \{\neg a, \neg b\}$ *et donc* $\Gamma_2 \setminus \{\neg a, \neg b\}$ *n'est pas minimal pour l'inférence de* $a \vee b$.

Notation 1. $\bar{\alpha}$ *dénote un ensemble de clauses logiquement équivalent à* $\neg \alpha$.

Théorème 5. *Soit Δ une base de connaissances clausale. Soit α une formule. Le couple $\langle \Phi, \alpha \rangle$ est un argument si et seulement si $\Phi = \Gamma \setminus \bar{\alpha}$ où Γ est un MUS de $\Delta \cup \bar{\alpha}$ tel que :*

1. *$\Gamma \cap \bar{\alpha} \neq \emptyset$,*
2. *$\nexists \, \Gamma' \subseteq \Delta \cup \bar{\alpha}$ tel que Γ' est un MUS et $\Gamma' \cup \bar{\alpha} \subset \Gamma \cup \bar{\alpha}$.*

Preuve 1. ($\longrightarrow$) *Soit $\langle \Phi, \alpha \rangle$ un argument. Par définition $\Phi \vdash \alpha$, donc $\Phi \cup \bar{\alpha}$ est incohérent. Supposons maintenant qu'il existe $\Phi' \subset \Phi$ et $\Theta \subseteq \bar{\alpha}$ tel que $\Phi' \cup \Theta$ est minimal incohérent. Alors, $\Phi' \cup \bar{\alpha}$ est incohérent et par conséquent $\Phi' \vdash \alpha$, donc $\langle \Phi', \alpha \rangle$ est un argument, ce qui contredit l'hypothèse que $\langle \Phi, \alpha \rangle$ est un argument (Φ n'est pas minimal). Donc pour que $\Phi' \cup \Theta$ soit minimal incohérent il faut que $\Phi' = \Phi$. Pourtant, l'ensemble $\Phi \cup \bar{\alpha}$ est incohérent et donc il doit avoir un sous-ensemble minimal incohérent : autrement dit, Φ' et Θ doivent exister. Puisque Φ est cohérent, $\Phi' = \Phi$ implique que Θ est non vide. Se référant à l'existence d'un MUS comme énoncé dans le théorème, posons $\Gamma = \Phi \cup \Theta$ donc $\Gamma \cap \Theta \neq \emptyset$; or $\Theta \subseteq \bar{\alpha}$ d'où $\Gamma \cap \bar{\alpha} \neq \emptyset$. Maintenant, soit Γ' un MUS de $\Delta \cup \bar{\alpha}$. Soit $\Phi' = \Gamma' \setminus \bar{\alpha}$; on a donc $\Phi' \not\subset \Phi$ (autrement Φ n'est pas minimal pour l'inférence de α). Par conséquent, $\Gamma' \cup \bar{\alpha} \not\subset \Gamma \cup \bar{\alpha}$.*

($\longleftarrow$) *Soit Γ un MUS de $\Delta \cup \bar{\alpha}$ comme énoncé dans le théorème. Comme Γ est un MUS, Γ est incohérent. $\Phi \cup \bar{\alpha}$ est aussi incohérent et par conséquent $\Phi \vdash \alpha$. Soit $\Phi' \subset \Phi$ tel que $\Phi' \vdash \alpha$, alors $\Phi' \cup \bar{\alpha}$ est incohérent. Il existe donc un MUS Γ' de $\Phi' \cup \bar{\alpha}$. Par définition d'un MUS, $\Gamma' \subseteq \Phi' \cup \bar{\alpha}$ donc $\Gamma' \setminus \bar{\alpha} \subseteq \Phi'$. En conséquence, $\Gamma' \setminus \bar{\alpha} \subseteq \Phi' \subset \Phi = \Gamma \setminus \bar{\alpha}$. Alors, il existe un MUS Γ' de $\Delta \cup \bar{\alpha}$ satisfaisant $\Gamma' \cup \bar{\alpha} \subset \Gamma \cup \bar{\alpha}$, ce qui est en contradiction avec la condition 2 de l'énoncé. Donc, Φ est minimal pour l'inférence de α. Et pour finir, $\Phi = \Gamma \setminus \bar{\alpha}$ de sorte que $\Phi \subseteq \Delta$ (car $\Gamma \subseteq \Delta \cup \bar{\alpha}$) et $\Phi \nvdash \perp$ (car Γ est un MUS et $\Gamma \cap \bar{\alpha} \neq \emptyset$).*

La deuxième condition du théorème 5 exprime que pour qu'un MUS Γ de $\Delta \cup \bar{\alpha}$ soit retenu, il faut qu'il n'existe aucun autre MUS Γ' de $\Delta \cup \bar{\alpha}$ tel que Γ' vérifie $\Gamma' \cup \bar{\alpha} \subset \Gamma \cup \bar{\alpha}$. Ceci assure qu'il n'existe aucun sous-ensemble propre de $\Gamma \setminus \bar{\alpha}$ qui infère α. Par conséquent, le sous-ensemble $\Gamma \setminus \bar{\alpha}$ retenu est minimal pour l'inférence de α.

Naturellement dans l'exemple 41, $\Gamma_1 \setminus \{\neg a, \neg b\} \subset \Gamma_2 \setminus \{\neg a, \neg b\}$ implique que $\Gamma_1 \cup \{\neg a, \neg b\} \subset \Gamma_2 \cup \{\neg a, \neg b\}$. Et par conséquent Γ_2 ne satisfait pas la dernière condition du théorème 5.

4.2.2 Génération de contre-arguments

Afin de générer les arbres argumentatifs illustrant les différentes interactions d'une série d'arguments et de contre-arguments, il est nécessaire de calculer des undercuts canoniques de l'argument racine, des undercuts canoniques des undercuts canoniques, et ainsi de suite. La génération de tels undercuts canoniques se révèle être plus simple car seuls seront considérés les MUS de Δ. En particulier, considérons un argument $\langle\Phi,\alpha\rangle$ pour lequel nous voulons générer des contre-arguments (plus précisément des undercuts canoniques) à partir de Δ ; pour tout MUS Γ de Δ tel que $\Gamma\cap\Phi\neq\emptyset$, $\Gamma\setminus\Phi$ peut former un support d'un undercut canonique de $\langle\Phi,\alpha\rangle$ sauf que $\Gamma\setminus\Phi$ doit vérifier une condition nécessaire conforme au corollaire 4.

Corollaire 4. *Soit Δ une base de connaissances clausale. Soit $\langle\Phi,\alpha\rangle$ un argument tel que $\Phi=\{\varphi_1,\ldots,\varphi_n\}$. $\langle\Psi,\neg(\varphi_1\wedge\ldots\wedge\varphi_n)\rangle$ est un undercut canonique de $\langle\Phi,\alpha\rangle$ si et seulement si $\Psi=\Gamma\setminus\Phi$ où Γ est un MUS de Δ tel que :*

1. $\Gamma\cap\Phi\neq\emptyset$,

2. $\nexists\,\Gamma'\subseteq\Delta$ tel que Γ' est un MUS et $\Gamma'\cup\Phi\subset\Gamma\cup\Phi$.

Preuve 2. ($\longrightarrow$) *Comme énoncé dans le corollaire, $\langle\Psi,\neg(\varphi_1\wedge\ldots\wedge\varphi_n)\rangle$ est un undercut canonique de $\langle\Phi,\alpha\rangle$ alors $\langle\Psi,\neg(\varphi_1\wedge\ldots\wedge\varphi_n)\rangle$ est un argument avec $\Phi=\{\varphi_1,\ldots,\varphi_n\}$. Donc d'après le théorème 5, il existe un MUS Γ de $\Delta\cup\{\varphi_1,\ldots,\varphi_n\}$ tel que $\Psi=\Gamma\setminus\{\varphi_1,\ldots,\varphi_n\}$. Il s'ensuit que Γ est un MUS de Δ car $\Phi\subseteq\Delta$. D'après la première condition du théorème 5, $\Gamma\cap\{\varphi_1,\ldots,\varphi_n\}\neq\emptyset$ donc $\Gamma\cap\Phi\neq\emptyset$. De plus, par la deuxième condition du théorème 5, il n'existe aucun autre MUS Γ' de $\Delta\cup\{\varphi_1,\ldots,\varphi_n\}$ tel que $\Gamma'\cup\{\varphi_1,\ldots,\varphi_n\}\subset\Gamma\cup\{\varphi_1,\ldots,\varphi_n\}$. Par conséquent, il n'existe aucun autre MUS Γ' de Δ tel que $\Gamma'\cup\Phi\subset\Gamma\cup\Phi$.*

($\longleftarrow$) *Soit Γ un MUS de Δ satisfaisant les deux conditions du corollaire. Posons $\Psi=\Gamma\setminus\Phi$. Comme énoncé dans le corollaire, $\Gamma\cap\Phi\neq\emptyset$ et il n'existe aucun autre MUS Γ' de Δ tel que $\Gamma'\cup\Phi\subset\Gamma\cup\Phi$. Comme $\Phi\subseteq\Delta$, d'après le théorème 5 $\langle\Psi,\neg(\varphi_1\wedge\ldots\wedge\varphi_n)\rangle$ est un argument avec $\Phi=\{\varphi_1,\ldots,\varphi_n\}$. Il s'ensuit que $\langle\Psi,\neg(\varphi_1\wedge\ldots\wedge\varphi_n)\rangle$ est un undercut canonique de $\langle\Phi,\alpha\rangle$.*

Exemple 42. *Soit $\Delta=\{a,b,\neg a,a\vee\neg b,b\vee c\}$. Considérons l'argument $\langle\{a,b\},a\wedge b\rangle$. Nous voulons construire les undercuts canoniques de cet argument. Les MUS de Δ sont $\Gamma_1=\{a,\neg a\}$ et $\Gamma_2=\{\neg a,b,a\vee\neg b\}$. On a $\Phi=\{a,b\}$, d'où $\Gamma_1\cap\Phi\neq\emptyset$ et $\Gamma_2\cap\Phi\neq\emptyset$, ce qui remplit la première condition du corollaire 4.*

Il est clair que pour Γ_1, la seconde condition est elle aussi remplie, et donc $\langle\Gamma_1\setminus\Phi,\neg\bigwedge\Phi\rangle=\langle\{\neg a\},\neg(a\wedge b)\rangle$ est un undercut canonique. En revanche, $\langle\Gamma_2\setminus\Phi,\neg\bigwedge\Phi\rangle=\langle\{\neg a,a\vee\neg b\},\neg(a\wedge b)\rangle$ n'est pas un argument car $\Gamma_1\setminus\Phi\subset\Gamma_2\setminus\Phi$ et par conséquent $\Gamma_2\setminus\Phi$ n'est pas minimal pour l'inférence de $\neg(a\wedge b)$. Notons que $\Gamma_1\setminus\Phi\subset\Gamma_2\setminus\Phi$ implique $\Gamma_1\cup\Phi\subset\Gamma_2\cup\Phi$ et c'est pourquoi la dernière condition du corollaire 4 n'est pas remplie.

La deuxième condition du corollaire 4 exprime que pour qu'un MUS Γ de Δ soit retenu, il faut qu'il n'existe aucun autre MUS Γ' de Δ vérifiant $\Gamma' \cup \Phi \subset \Gamma \cup \Phi$. Ceci garantit qu'il n'existe aucun sous-ensemble propre de $\Gamma \setminus \Phi$ qui soit contradictoire avec Φ et par conséquent le sous-ensemble $\Gamma \setminus \Phi$ est minimal pour la réfutation de Φ.

Le théorème 5 fournit un moyen de calcul d'arguments par l'intermédiaire des ensembles minimaux incohérents. La condition $\Gamma' \cup \bar{\alpha} \subset \Gamma \cup \bar{\alpha}$ suggère que le calcul de MUS de $\Delta \cup \bar{\alpha}$ doit seulement être étendu en complétant un tel MUS par $\bar{\alpha}$. Cette solution semble intéressante, mais calculer un MUS nécessite en premier lieu certains tests de minimalité, similaires à ceux exigés par la dernière condition du théorème 5, entraînant une redondance de ces tests. Ce problème peut heureusement être résolu en utilisant un solveur qui calcule les MUS à partir des CoMSS [1], en choisissant de manière appropriée une clause de chaque CoMSS ; de fait, les concepts de MUS et CoMSS sont corrélés, un CoMSS contient au moins une clause de chaque MUS. Un CoMSS est donc un ensemble intersectant minimal (*minimal hitting set* en anglais) de l'ensemble des MUS. En fait, l'ensemble des MUS peut être déduit de celui-ci des MSS puisque chacun de ces ensembles est un ensemble intersectant minimal de l'autre. En effet, un CoMSS est le complémentaire d'un MSS, et par conséquent le calcul de l'ensemble des CoMSS se fait de manière directe à partir des MSS trouvés [Grégoire *et al.* 2006]. Dans notre cas, toutes les clauses de $\bar{\alpha}$ seront considérées comme prises si l'une d'entre elles l'est. Autrement, tout MUS contenant au moins une clause de $\bar{\alpha}$ sera retenu pour la génération du support d'un argument pour α. Par ailleurs, tous les arguments en faveur de α sont obtenus en considérant tous les MUS qui contiennent au moins une clause de $\bar{\alpha}$. La section suivante est consacrée aux algorithmes proposés pour la génération d'arguments et de contre-arguments. Ces algorithmes sont basés sur le solveur *HYCAM* (pour *HYbridization for Computing All MUS* en anglais) [Grégoire *et al.* 2009] qui permet de calculer l'ensemble complet des MUS à partir des CoMSS.

4.3 Algorithmes

La section précédente montre que le calcul d'arguments et contre-arguments revient à l'extraction de l'ensemble de MUS de la base de connaissances considérée sous certaines conditions. Cette section est consacrée à une étude algorithmique permettant d'illustrer les différentes méthodes

---

1. L'ensemble des CoMSS représente les ensembles minimaux de formules qui peuvent être supprimées dans le but de restaurer la cohérence de la base de connaissances.

de génération d'arguments et d'undecuts canoniques définies précédemment. En particulier, nous présentons deux algorithmes de génération d'arguments et de contre-arguments en se basant sur la technique de calcul des MUS à partir d'une base de connaissances clausale. D'une manière plus détaillée, le premier algorithme, appelé *BA*, a pour but la génération de tous les arguments en faveur d'une conclusion spécifique.

Algorithme 1: BA

Entrées : Δ un ensemble de clauses, α une formule

Sorties : un ensemble d'arguments pour α

1 $\alpha' \longleftarrow$ CNF $(\neg\alpha)$;

2 $\Theta \longleftarrow$ HYCAM $(\Delta \cup \{\alpha'\})$;

3 $A(\alpha) \longleftarrow \emptyset$;

4 pour chaque $\Gamma \in \Theta$ **faire**

5 $\quad$ **si** $(\alpha' \cap \Gamma \neq \emptyset$ **et** $\forall \Gamma' \in \Theta \setminus \{\Gamma\}, \alpha' \cup \Gamma' \not\subset \alpha' \cup \Gamma)$ **alors**

6 $\quad\quad$ $A(\alpha) \longleftarrow A(\alpha) \cup \{\langle\Gamma \setminus \{\alpha'\}, \alpha\rangle\}$;

7 retourner $A(\alpha)$

Étant donnée une base de connaissances clausale Δ et une formule α, cet algorithme transforme d'abord la formule $\neg\alpha$ sous forme clausale. L'étape suivante consiste à extraire à partir de $\Delta \cup \{\neg\alpha\}$ l'ensemble des MUS qui contiennent au moins une clause de $\neg\alpha$. Cette extraction est en effet effectuée grâce à la fonction HYCAM, une variante de l'algorithme HYCAM (pour *HYbridization for Computing All MUS* en anglais) [Grégoire *et al.* 2009]. Plus précisément, l'algorithme HYCAM dans sa version originale construit tous les MUS d'un ensemble de clauses donné en utilisant ses CoMSS. Dans notre cas, il est nécessaire de modifier la procédure *Camus-mus* de HYCAM dans le but d'extraire à partir de $\Delta \cup \{\neg\alpha\}$ uniquement les CoMSS contenant au moins une clause de $\neg\alpha$ et à partir de ces CoMSS sera généré l'ensemble des MUS Θ désirés. Ce qui nous permet par conséquent de gagner en terme de temps et d'espace de recherche en évitant le calcul des MUS inutiles. Pour chaque MUS $\Gamma \in \Theta$ retourné, l'algorithme vérifie si $\Gamma' \cup \alpha' \not\subset \Gamma \cup \alpha'$ pour tout MUS $\Gamma' \in \Theta$ avec $\alpha' = CNF(\neg\alpha)$. Si c'est le cas, l'algorithme retourne $\langle\Gamma \setminus \{\alpha'\}, \alpha\rangle$ comme un argument en faveur α.

Le deuxième algorithme, nommé *BT*, permet de construire l'arbre argumentatif *complet* pour un argument donné qui est la racine de cet arbre. Pour générer les fils de chaque nœud, on a recours à une structure de données de type pile P. Cette pile, contenant initialement l'argument donné, permet le stockage de chaque nouveau nœud construit. À chaque itération, l'algorithme dépile le dernier argument $\langle \Phi, \alpha \rangle$ stocké dans P et génère tous ses undercuts canoniques qui sont ensuite empilés dans P. Pour cela, pour chaque MUS Γ de Δ l'algorithme vérifie si $\Gamma \cap \Phi \neq \emptyset$ et si $\Gamma' \cup \Phi \not\subseteq \Gamma \cup \Phi$ pour tout MUS Γ' de Δ. Notons ici que la fonction $Support$ permet d'extraire le support de l'argument dépilé $\langle \Phi, \alpha \rangle$.

L'algorithme teste ensuite si $\Gamma \setminus \Phi$ n'est pas inclus ou égal à l'ensemble, retourné par la fonction $SupAnc$, qui contient les supports de tous les ancêtres de l'élément dépilé. En effet, le dernier test exige, comme énoncé dans la définition d'un arbre argumentatif, qu'un contre-argument comporte au moins une nouvelle information dans son support (c'est l'idée imagée d'empêcher la discussion de boucler). Enfin, si tous les tests sont valides alors l'algorithme ajoute dans l'arbre le nœud $\langle \{\Gamma \setminus \Phi\}, \neg(\varphi_1 \wedge \ldots \wedge \varphi_n) \rangle$ comme un fils du nœud $\langle \Phi, \alpha \rangle$ avec $\Phi = \{\varphi_1, \ldots, \varphi_n\}$.

Algorithme 2: BT

Entrées : Δ un ensemble de clauses, α une formule, A un argument en faveur de α

Sorties : un arbre argumentatif pour α

1 $\Theta \longleftarrow$ HYCAM(Δ);

2 $T_0(\alpha) \longleftarrow A$;

3 P $\longleftarrow$ empile(P, $T_0(\alpha)$);

4 **tant que** $(\neg(\text{estVide}(P)))$ **faire**

5   Arg $\longleftarrow$ depile(P);

6     $\Phi \longleftarrow$ Support(Arg);

7     $\Psi \longleftarrow$ SupAnc(Arg);

8   **pour chaque** $\Gamma \in \Theta$ **faire**

9   **si** $((\Gamma \cap \Phi \neq \emptyset$ et $\Gamma \setminus \Phi \not\subseteq \Psi)$ et $\forall \Gamma' \in \Theta \setminus \{\Gamma\}, \Phi \cup \Gamma' \not\subseteq \Phi \cup \Gamma)$ **alors**

10   Ajout_Noeud(Arg, $\langle \Gamma \setminus \Phi, \neg \bigwedge \Phi \rangle$);

11   empile(P, $\langle \Gamma \setminus \Phi, \neg \bigwedge \Phi \rangle$);

12 **retourner** $T(\alpha)$

Exemple 43. *Étant donnée la base de connaissances* $\Delta = \{a, \neg c, \neg a, c, \neg a \vee$

b, ¬c ∨ ¬a}. Nous considérons une thèse défendue représentée par la formule α = a ∧ b. À l'aide de l'algorithme BT présenté ci-dessus, nous pouvons illustrer les étapes de construction d'un arbre argumentatif complet en faveur de α qu'on note T(α) de la manière suivante.

Tout d'abord, l'algorithme génère l'ensemble Θ des MUS de Δ. Ensuite, il construit la racine de l'arbre T(α) qui est l'argument ⟨{a, ¬a ∨ b}, α⟩. Cet argument est empilé dans une pile P. L'ensemble Θ contient trois MUS Γ₁, Γ₂ et Γ₃ tel que Γ₁ = {a, ¬a}, Γ₂ = {a, c, ¬c ∨ ¬a} et Γ₃ = {c, ¬c}. À cette étape, l'algorithme dépile P et extrait, à l'aide de la fonction Support, le support de l'argument dépilé. Donc, Φ = {a, ¬a ∨ b}. Par contre, la fonction SupAnc retourne l'ensemble vide car l'argument considéré ne possède pas d'ancêtres, d'où Ψ = ∅. Maintenant, l'algorithme BT passe à l'étape de génération des nœuds fils de ⟨{a, ¬a ∨ b}, α⟩. Pour cela, pour chaque élément de Θ, l'algorithme effectue les deux tests d'existence et de minimalité pour l'inférence. En particulier, pour Γ₁ on a Γ₁ ∩ Φ ≠ ∅, Γ₁ \ Φ ⊈ Ψ, Γ₂ ⊈ Γ₁ et Γ₃ ⊈ Γ₁. L'algorithme ajoute ainsi le nœud ⟨Γ₁ \ Φ, ¬ ⋀ Φ⟩ comme fils du nœud ⟨{a, ¬a ∨ b}, α⟩ et il empile ⟨{¬a}, ¬(a ∧ (¬a ∨ b))⟩ dans P. Les mêmes tests sont effectués ensuite sur les deux autres éléments de Θ. L'algorithme ajoute par conséquent l'argument ⟨Γ₂ \ Φ, ¬ ⋀ Φ⟩ comme fils de ⟨{a, ¬a ∨ b}, α⟩ en empilant ⟨{c, ¬c ∨ ¬a}, ¬(a ∧ (¬a ∨ b))⟩ dans P. Cependant, ⟨Γ₃ \ Φ, ¬ ⋀ Φ⟩ ne peut pas être ajouté comme fils de ⟨{a, ¬a ∨ b}, α⟩ car ⟨Γ₃ \ Φ, ¬ ⋀ Φ⟩ n'est pas un argument (Γ₃ \ Φ ⊬ ¬ ⋀ Φ).

Maintenant que P contient deux éléments, l'algorithme BT répète les mêmes instructions sur le nouveau candidat ⟨{c, ¬c ∨ ¬a}, ¬(a ∧ (¬a ∨ b))⟩. Dans ce cas, les fonctions Support et SupAnc retournent, respectivement, Φ = {c, ¬c ∨ ¬a} et Ψ = {a, ¬a ∨ b}. Or, en prenant Γ₃ tous les tests sont vérifiés, l'algorithme ajoute donc le nœud ⟨Γ₃ \ Φ, ¬ ⋀ Φ⟩ comme fils du nœud ⟨{c, ¬c ∨ ¬a}, ¬(a ∧ (¬a ∨ b))⟩ et il empile ⟨{¬c}, ¬(c ∧ (¬c ∨ ¬a))⟩ dans P. Maintenant que le candidat dépilé est ⟨{¬c}, ¬(c ∧ (¬c ∨ ¬a))⟩, l'algorithme détecte que Γ₃ \ Φ ⊂ Ψ avec Φ = {¬c} et Ψ = {a, c, ¬a ∨ b, ¬c ∨ ¬a}, donc aucun élément ne peut être construit. Enfin, le dernier élément ⟨{¬a}, ¬(a ∧ (¬a ∨ b))⟩ est dépilé, l'algorithme détecte aussi que Γ₁ \ Φ ⊂ Ψ avec Φ = {¬a} et Ψ = {a, ¬a ∨ b}, donc aucun élément ne peut être construit. Et par conséquent, P est vide et l'algorithme s'arrête donc et retourne l'arbre argumentatif T(α).

Finalement l'arbre argumentatif complet en faveur de α qui a ainsi été obtenu peut être représenté graphiquement comme le montre la figure 4.1.

Notons que pour des problèmes contenant un nombre important de MUS, les algorithmes *BA* et *BT* sont exponentiels car *HYCAM* est évi-

$$\langle \{a, \neg a \vee b\}, a \wedge b \rangle$$

$$\langle \{c, \neg c \vee \neg a\}, \neg(a \wedge (\neg a \vee b)) \rangle \quad \langle \{\neg a\}, \neg(a \wedge (\neg a \vee b)) \rangle$$

$$\langle \{\neg c\}, \neg(c \wedge (\neg c \vee \neg a)) \rangle$$

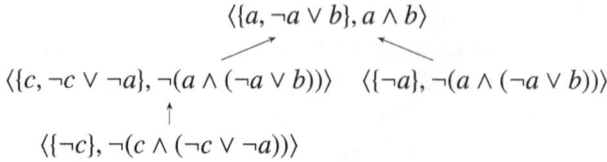

FIGURE 4.1 – Arbre argumentatif complet en faveur de $a \wedge b$

demment exponentiel par rapport à la taille d'instances insatisfiables considérées.

4.4 Expérimentations

L'algorithme *BA* est implémenté en C et a été testé sur des instances
structurées issues des dernières compétitions SAT [2] ainsi que sur des instances générées aléatoirement (random_1, random_2). Le tableau résume
les expérimentations menées sur des exemples significatifs. Ces expérimentations ont été menées sur des processeurs Intel Xeon 3GHz tournant
sous Linux Ubuntu CentOS 4.1. (noyau 2.6.9) avec une mémoire vive li-
mitée à 2Go.

Pour chaque expérimentation, le tableau donne le nom de l'instance
(*Instance*), le nombre de variables et de clauses ((*#var, #cl*)), la conclusion désirée (*Conclusion*), le nombre d'arguments générés (*#Arguments*)
qui représente en fait le nombre de MUS extraits par HYCAM [Grégoire
et al. 2009] qui contiennent au moins une clause de la négation de la
conclusion donnée, la taille moyenne d'arguments en terme de nombre de
clauses de la CNF (*Taille moyenne*) et finalement le temps en secondes mis
par l'algorithme *BA* pour effectuer le calcul des arguments (*Temps*).

Tout d'abord, le tableau 4.1 montre que le nombre d'arguments générés diffère selon la conclusion recherchée (voir par exemple barrel2 :
troisième et neuvième clause). En outre, pour certaines instances aucun
argument ne peut être extrait, comme le montre par exemple l'instance
ezfact32-1, ce qui signifie qu'aucun MUS de l'instance ne comporte
une clause de la négation de la conclusion recherchée. Soulignons aussi
que les résultats obtenus montrent que dans nombreux cas, l'algorithme
permet d'extraire les arguments dans un temps très court.

Ensuite, des expérimentations sur des instances de grande taille comme
par exemple C202_

---

2. http://www.satcompetition.org

FW_SZ_123 (composée de 8687 clauses codant des problèmes de configuration des produits automobiles) sont également rapportées.

Très souvent, le nombre de MUS contenant une clause de la négation de la conclusion désirée est assez petit, par conséquent le temps de calcul d'arguments est court. Lorsque le nombre de MUS qui comportent une clause de la négation de la conclusion est grand alors le temps mis par *BA* pour générer tous les arguments est aussi important.

Finalement, le tableau contient des résultats obtenus sur des instances générées aléatoirement selon le modèle standard, et possédant un grand nombre de MUS. Dans le cas de random_1, 5107 arguments sont générés en moins d'une seconde.

Les bons résultats obtenus à la fois sur des formules structurées et aléatoires suggèrent que, malgré une complexité calculatoire élevée dans le pire des cas, cette approche permet de traiter en pratique de grandes CNF qui codent des questions de problèmes réels. Toutefois, il faut évidemment garder à l'esprit que le calcul d'arguments ne peut être traitable que si le nombre de MUS est lui-même traitable.

Instance	(#var, #cl)	Conclusion	#Arguments	Taille moyenne	Temps
barrel2	(50, 159)	¬(9ème clause)	18	91	0,06
barrel2	(50, 159)	¬(3ème clause)	27	86	0,08
aim100-2_0-no-3	(100, 200)	¬(1ère clause)	1	27	0,06
aim100-2_0-no-4	(100, 200)	¬(1ère clause)	1	31	0,07
aim200-2_0-no-4	(200, 400)	¬(1ère clause)	2	42	0,06
ezfact32-1	(769, 4 777)	¬(1ère clause)	0	-	0,81
c499	(606, 1 870)	¬(1ère clause)	1	1 638	4,96
C170_FR_SZ_92	(1 659, 5 083)	¬(1ère clause)	267	61	70,5
C202_FW_SZ_123	(1 799, 8 687)	¬(1ère clause)	4	34	18,3
random_1	(200, 800)	¬(1ère clause)	0	-	0,5
random_1	(200, 800)	¬(8ème clause)	5 107	33	0,52
random_2	(350, 1 100)	¬(1ère clause)	60 253	31	24,7

TABLE 4.1 – Expérimentation de l'algorithme BA sur différentes instances

4.5 Conclusion

La construction d'arguments et contre-arguments est une tâche fondamentale dans un processus d'argumentation. Dans ce chapitre ont été dépeintes nos approches de génération d'arguments en faveur d'une thèse initiale (ainsi que les undercuts canoniques qui les contredisent) grâce au calcul de MUS de la base de connaissances. Les algorithmes ainsi obtenus sont nommés *BA* et *BT*. Notre approche est complète au sens où tous les arguments relatifs à une conclusion donnée sont générés, modulo une possible explosion combinatoire, et ainsi tous les contre-arguments pertinents sont construits (ce dernier point est évident par le fait que les arbres argumentatifs générés sont complets). Les résultats expérimentaux montrent que notre approche pourrait traiter des cas codant des situations complexes.

CHAPITRE 5

Théories logiques de l'argumentation non classique

Sommaire

5.1 Introduction

Dans toutes les théories logiques de l'argumentation, l'incohérence logique est un paradigme fondamental pour exprimer et représenter la notion de conflit entre arguments au sein de ces théories. Elle constitue ainsi la base fondamentale de toutes les théories logiques de l'argumentation définies jusqu'à nos jours. En effet, ces théories supposent que deux arguments conflictuels sont contradictoires au sens où un contre-argument exprime nécessairement une contradiction logique envers l'argument attaqué. Par conséquent, deux arguments conflictuels ne peuvent pas être capturés au sein d'un même ensemble cohérent de formules.

Et comme nous venons de le voir aussi dans le chapitre 3, la relation d'attaque dans un système d'argumentation logique est simplement exprimée en termes d'incohérence logique. Bien d'autres relations de conflit entre arguments ont été définies dans la littérature, comme le mentionnent les études de [Chesñevar *et al.* 2000] et [Prakken & Vreeswijk 2002]. Mais typiquement, et même si les terminologies varient, depuis les travaux de Pollock [Pollock 1987] deux types d'attaques sont distinguées à savoir le rebuttal et l'undercut. La conclusion d'un rebuttal doit forcément par exemple entraîner une contradiction logique avec le support de l'argument attaqué : si $\langle \Phi, \alpha \rangle$ est un rebuttal de $\langle \Psi, \beta \rangle$ alors $\Phi \cup \{\beta\} \vdash \bot$. En plus, le support d'un defeater ou d'un undercut forme avec celui de l'argument attaqué un sous-ensemble incohérent. En particulier, si un argument $\langle \Phi, \alpha \rangle$ est par exemple un defeater, ou encore un undercut, d'un argument $\langle \Psi, \beta \rangle$ cela implique que $\Phi \cup \Psi \vdash \bot$.

Par ailleurs, les définitions de la relation d'attaque à savoir celle de rebuttal, de defeater ou d'undercut peuvent être adaptées à d'autres logiques extensionnelles [Besnard & Hunter 2005] que la logique propositionnelle ayant la négation et la conjonction comme éléments dans leur langage. Par conséquent, la théorie logique de l'argumentation n'apporte, au plan théorique, rien de plus que la notion de cohérence dans ces logiques. Précisément, les conclusions des arguments sont les conclusions des sous-ensembles cohérents de formules et les contre-arguments correspondent à des sous-ensembles incohérents de formules [Besnard *et al.* 2010, Besnard *et al.* 2012a].

Maintenant, si nous voulons donner une définition générale de la relation de conflit entre arguments pour tout système logique autre que ceux fondés sur des logiques extensionnelles, les choses seront plus compliquées puisque le langage change d'une logique à une autre et il n'y a aucune garantie que la logique en question possède la négation et la conjonction. Cela suggère que la relation de conflit peut ne pas être liée fortement à la contradiction logique.

En outre, l'argumentation, que l'être humain effectue au quotidien, s'accommode d'informations conflictuelles, incertaines, voire incomplètes. En particulier, dans le langage naturel les raisonnements de sens commun utilisent des informations conflictuelles qui peuvent apparaitre sous plusieurs formes. Bien évidement, si les connaissances dont nous disposons impliquent classiquement la contradiction, ces informations sont alors conflictuelles. Cela est facilement exprimé dans n'importe quelle logique extensionnelle qui permet de formaliser des assertions qui sont vérifonctionnelles au sens où la valeur de vérité d'une formule est forcément fonction des valeurs de vérité de ses sous-formules. Cependant, les informations peuvent très bien être en conflit sans qu'il y ait incohérence ; par exemple les arguments et les contre-arguments de la vie quotidienne ne sont pas toujours mutuellement incohérents. En revanche, cela ne peut pas être formalisé en logique extensionnelle. Or en logique intensionnelle, les propositions ne sont pas forcément verifonctionnelles ; d'où, la possibilité de formaliser des relations de conflit au sein de ces logiques qui se basent à la fois sur la contradiction logique et aussi sur d'autres formes de conflit s'appuyant sur l'intensionalité.

Nous pouvons illustrer ce type de conflit non logique par l'exemple concret suivant qui représente un dialogue entre deux agents A_1 et A_2 au sujet de la participation de Paul à un match de football :

- A_1 : *Si il y a un match ce soir alors Paul ira au stade.*
- A_2 : *Non, si il y a un match ce soir et si Paul a assez d'argent alors Paul ira au stade.*

Dans cet exemple, nous voyons bien que l'assertion *si il y a un match ce soir et si Paul a assez d'argent alors Paul ira au stade* peut être codée par une formule implicative en logique classique. Elle est donc une consé-quence déductive de l'assertion *si il y a un match ce soir alors Paul ira au stade*. Cependant, la deuxième assertion contredit la première bien qu'elles ne sont pas logiquement contradictoires puisque cette assertion impose la satisfaction d'une prémisse supplémentaire pour que Paul puisse aller au stade s'il y a un match ce soir. Ce type de raisonnement est ainsi formalisé par des logiques intensionnelles autre que la logique classique. Notam-ment, l'exemple précédent peut être exprimé dans le cadre de la logique modale de nécessité et de possibilité. Cependant, dans ce cas si la première assertion (cf. celle de A_1) est augmentée par une autre condition supplé-mentaire afin d'exclure la possibilité que Paul ne peut pas aller au stade ce soir s'il y a un match, tandis que l'autre assertion autorise cette possibi-lité. Les assertions précédentes peuvent être par exemple exprimées d'une façon naturelle et proche du langage naturel par la logique conditionnelle. En conséquence, comme le montre cet exemple, le conflit entre arguments n'est pas toujours basé sur l'incohérence logique mais il peut être égale-ment fondé sur d'autre forme particulière de conflit qui ne se traduit pas naturellement par un conflit basé sur l'incohérence : quand un agent af-firme une règle de type *Si alors*, une seconde règle qui peut en être déduite et qui impose la satisfaction de prémisses supplémentaires peut apparaître conflictuelle. La possibilité d'un conflit sans contradiction logique est donc une pierre angulaire de tout dialogue dans la vie quotidienne, autrement dit tout dialogue où l'intensionnalité est présente.

Dans ce chapitre, nous proposons un cadre formel qui permet de captu-rer d'autres nouvelles formes de conflit entre arguments qui ne sont pas es-sentiellement basée sur l'incohérence logique. Par conséquent, nous intro-duisons une nouvelle notion de contrariété qui couvre à la fois les conflits par contradiction logique et d'autre type d'incohérence sans conflit lo-gique. Cette relation de conflit permet de capturer une nouvelle classe d'arguments conflictuels qui ne sont pas nécessairement enracinés dans la contradiction logique. À cette fin, nous avons recours à des logiques intensionnelles comme la logique conditionnelle et la logique modale.

Ce chapitre est structuré de la manière suivante. Dans la section suivante, nous proposons un cadre agumentatif déductif basé sur la logique conditionnel $\mathcal{MP}$. D'abord, nous définissons un concept de contrariété conditionnelle au sein de système conditionnel $\mathcal{MP}$. Ensuite, nous étudions sur cette base les principaux éléments d'une théorie de l'argumentation dans la logique conditionnelle $\mathcal{MP}$. Nous étendons dans la section 5.3 notre cadre argumentatif pour une autre logique intensionnelle qui est la logique modale. À cette fin, nous définissons également une nouvelle relation de conflit pour la logique modale normale $\mathcal{K}$. Cette relation de conflit capture entre autres des formes de contrariété modale qui ne sont pas forcément basées sur l'incohérence classique. Ensuite, des exemples sont introduits afin d'illustrer cette extension dans le cadre modal. Nous concluons dans la dernière section ce chapitre.

Les approches argumentatives que nous présentons dans ce chapitre ont fait l'objet des deux publications [Besnard *et al.* 2013a] et [Besnard *et al.* 2013b].

5.2 Système d'argumentation basé sur la logique $\mathcal{MP}$

Les logiques conditionnelles sont souvent considérées comme étant tout particulièrement adaptées à la formalisation de raisonnements de nature hypothétique. Leur connecteur conditionnel est en effet souvent plus proche de l'intuition que l'on peut avoir de l'implication que ne l'est l'implication matérielle de la logique propositionnelle classique. Ceci nous permet de proposer un concept de contrariété conditionnelle qui couvre à la fois les situations de conflits logiques fondés sur l'incohérence et une forme particulière qui ne se traduit pas naturellement par un conflit basé sur la contradiction logique. Dans la suite, nous proposons une nouvelle relation de contrariété au sein de système conditionnel $\mathcal{MP}$. Cette notion de contrariété sera exploitée dans les sous-sections suivantes pour étudier les principaux éléments d'une théorie logique de l'argumentation.

5.2.1 Contrariété conditionnelle

En logique conditionnelle, il est possible d'envisager le conflit entre formules sans qu'il soit forcément basé sur l'incohérence logique.

Nous proposons dans cette section une nouvelle notion de conflit qu'on l'appelle *la contrariété conditionnelle* (en abrégé, contrariété) qui est en fait le concept fondamental de notre approche argumentative. Principalement, cette notion consiste à couvrir à la fois l'incohérence logique dans le système MP ainsi que d'autres formes de contrariété faisant intervenir une paire de formules conditionnelles implicatives où la première formule implique la deuxième en logique classique si l'implication matérielle était utilisée.

Introduisons d'abord le concept progressivement avant de fournir une définition formelle tout en se référant aux items de la définition formelle ci-dessous par la numérotation comme par exemple (I.), (II.a.) ou (II.2.).

Soient α et β deux formules de $\mathcal{L}_{MP}$ tel que $DF(\alpha) = \alpha_1 \vee \ldots \vee \alpha_n$ et $DF(\beta) = \beta_1 \vee \ldots \vee \beta_m$. α *contrarie* β, noté $\alpha \bowtie \beta$, dans l'une des deux situations suivantes.

(I.) Premièrement , si α et β sont mutuellement incohérentes dans MP, alors $\alpha \bowtie \beta$. Notez que cela couvre ainsi les occurrences logiques standard d'incohérence. Formellement, lorsque $\{\alpha, \beta\} \vdash_{MP} \bot$, on a $\alpha \bowtie \beta$. Par conséquent, si nous prenons en compte la forme disjonctive de α et β, cela revient à dire $\forall \alpha_i, \forall \beta_j \{\alpha_i, \beta_j\} \vdash_{MP} \bot$. Notons que si β est elle-même incohérente, alors toute formule α contrarie β, et particulièrement β contrarie β.

(II.) Dans une deuxième situation, l'intuition de départ est celle de l'exemple de motivation à propos de la participation de Paul au match qu'on formalise de la façon suivante : supposons deux formules conditionnelles $\alpha = \phi \wedge \epsilon \Rightarrow \psi$ et $\beta = \phi \Rightarrow \psi$. La formule β signifie que « si on avait ϕ alors on aurait ψ », mais α remet cela en cause en exprimant « si on avait ϕ et ϵ alors on aurait ψ ». Plus généralement, on a le même phénomène quand on considère une classe plus générale de paires de formules en contrariété de la forme $\gamma_1 \Rightarrow \gamma_2$ et $\delta_1 \Rightarrow \delta_2$ qui sont dérivables respectivement de α et β.

Cette classe de paire de formules en contrariété est définie par des liens d'inférence spécifiques entre leurs éléments γ_1, γ_2, δ_1 et δ_2. Ainsi, les formules précédentes $\gamma_1 \Rightarrow \gamma_2$ et $\delta_1 \Rightarrow \delta_2$ sont elles-mêmes en situation de conflit (cf. II.1. et II.2.). Tout d'abord, l'antécédent de la première formule entraîne celui de la deuxième (et non inversement). D'où la condition $\gamma_1 \vdash_{MP} \delta_1$ (II.a.) et $\delta_1 \nvdash_{MP} \gamma_1$ (II.b.). Naturellement, on compare deux expressions contre-factuelles ayant la même conclusion, d'où $\gamma_2 \equiv \delta_2$ (II.d.). Maintenant, une autre condition nécessaire doit être prise en compte afin d'empêcher des formules valides d'être dans une situation de contrariété : $\gamma_1 \nvdash_{MP} \gamma_2$ (II.c.).

Notons que cette forme de contrariété peut être produite lorsque β implique à la fois les deux formules $\gamma_1 \Rightarrow \gamma_2$ et $\delta_1 \Rightarrow \delta_2$, i.e. $\beta \vdash_{MP} (\gamma_1 \Rightarrow \gamma_2) \land (\delta_1 \Rightarrow \delta_2)$ (où d'une manière équivalente, lorsqu'on prend en compte la forme disjonctive de β cela se produit en prenant β_j comme prémisse, $\forall \beta_j$) (II.2.). La motivation est donc la suivante : rappelons-nous que si β est incohérente, alors toute formule α contrarie β. De même, si β permet à la fois l'inférence de $\gamma_1 \Rightarrow \gamma_2$ et $\delta_1 \Rightarrow \delta_2$ qui sont en position de contrariété, alors β est dans un certain sens auto-contrariée et par conséquent toute formule α contrarie β.

Finalement, $\alpha \vdash_{MP} \gamma_1 \Rightarrow \gamma_2$ alors que $\{\alpha, \beta\} \vdash_{MP} \delta_1 \Rightarrow \delta_2$ couvre naturellement la dernière situation $\alpha \bowtie \beta$. Dans la définition ci-dessous, cette condition est exprimée par la prise en compte des formes disjonctives de α et β (II.1).

Il est important de souligner que le concept de contrariété défini est de nature déductive dans tous les sens suivants. Tout d'abord, l'incohérence est obtenue par déduction. Deuxièmement, les conditions entre les éléments du couple (α, β) sont également de nature déductive. Enfin, la condition $\gamma_1 \vdash_{MP} \delta_1$ est également déductive.

Définition 53 (Contrariété conditionnelle). *Soient α et β deux formules de $\mathcal{L}_{MP}$ tel que $DF(\alpha) = \alpha_1 \lor \ldots \lor \alpha_n$ et $DF(\beta) = \beta_1 \lor \ldots \lor \beta_m$.*
α contrarie β, noté $\alpha \bowtie \beta$, si et seulement si $\forall \alpha_i, \forall \beta_j$:

    (I.) $\{\alpha_i, \beta_j\} \vdash_{MP} \bot$, ou
    (II.) il existe $\gamma_1, \gamma_2, \delta_1$ et δ_2 dans $\mathcal{L}_{MP}$ tel que
        (II.a) $\gamma_1 \vdash_{MP} \delta_1$ et
        (II.b) $\delta_1 \nvdash_{MP} \gamma_1$ et
        (II.c) $\gamma_1 \nvdash_{MP} \gamma_2$ et
        (II.d) $\gamma_2 \equiv \delta_2$
    où
        (II.1) $\{\alpha_i, \beta_j\} \vdash_{MP} \delta_1 \Rightarrow \delta_2$
                tel que $\alpha_i \vdash_{MP} \gamma_1 \Rightarrow \gamma_2$, ou
        (II.2) $\beta_j \vdash_{MP} (\gamma_1 \Rightarrow \gamma_2) \land (\delta_1 \Rightarrow \delta_2)$.

Exemple 44. *La formule $((a \land b) \Rightarrow c)$ contrarie $a \Rightarrow c$. $a \land ((a \land c) \Rightarrow f)$ contrarie à la fois les deux formules $a \to (a \Rightarrow f)$ et $((a \lor \neg e) \Rightarrow f)$. En plus, $\neg a \land b$ et $a \land ((a \land c) \Rightarrow (b \lor \neg d))$ se contrarie l'un l'autre.*

Le concept de *contrarier une formule* est naturellement étendu au concept de *contrarier un ensemble de formules*. Plus formellement,

Définition 54 (Contrariété d'un ensemble de formules). *Soient Φ un ensemble de formules de $\mathcal{L}_{MP}$ et α une formule de $\mathcal{L}_{MP}$. α contrarie Φ, noté $\alpha \bowtie \Phi$, si et seulement s'il existe β dans $\mathcal{L}_{MP}$ tel que $\Phi \vdash_{MP} \beta$ et $\alpha \bowtie \beta$.*

Exemple 45. *Soit l'ensemble* $\Phi = \{((a \wedge d) \Rightarrow b), (d \Rightarrow (b \wedge c)), ((a \wedge d) \Rightarrow c)\}$. *Soit la formule* $\alpha = ((a \wedge d) \Rightarrow (b \wedge c))$. *Notons aussi ici que* $\Phi \vdash_{MP} \alpha$. *Cependant,* $\alpha \bowtie \Phi$ *car* $\alpha \bowtie (d \Rightarrow (b \wedge c))$.

Bien évidemment, $\bowtie$ n'est ni symétrique, ni antisymétrique, ni antiréflexive. Par contre, cette relation est *monotone* (proposition 21) et *indépendante de la syntaxe* (proposition 22).

Proposition 21. *Soient* Φ, Ψ *deux ensembles de formules de* $\mathcal{L}_{MP}$ *et* α *une formule de* $\mathcal{L}_{MP}$. *Si* $\alpha \bowtie \Phi$, *alors* $\alpha \bowtie \Phi \cup \Psi$.

Preuve 3. *Soit* $\alpha \bowtie \Phi$. *Par la définition 54, il existe* β *telle que* $\Phi \vdash_{MP} \beta$ *et* $\alpha \bowtie \beta$. *Soit* Ψ *un ensemble de formules de* $\mathcal{L}_{MP}$. *Par conséquent,* $\Phi \cup \Psi \vdash_{MP} \beta$ *et il s'ensuit que* $\alpha \bowtie \Phi \cup \Psi$.

Proposition 22. *Soit* Φ *un ensemble de formules de* $\mathcal{L}_{MP}$. *Soient* α *et* β *deux formules de* $\mathcal{L}_{MP}$. *Si* $\alpha \equiv \beta$ *alors* $\alpha \bowtie \Phi$ *si et seulement* $\beta \bowtie \Phi$.

Preuve 4. *Soit* $\alpha \equiv \beta$ *avec* $DF(\alpha) = \alpha_1 \vee \ldots \vee \alpha_n$ *et* $DF(\beta) = \beta_1 \vee \ldots \vee \beta_m$. *Supposons que* $\alpha \bowtie \Phi$, *alors il existe* γ, *où* $DF(\gamma) = \gamma_1 \vee \ldots \vee \gamma_k$, *tel que* $\Phi \vdash_{MP} \gamma$ *et* $\alpha \bowtie \gamma$. *D'après la définition 53, nous distinguons deux cas :* $\forall \alpha_i, \gamma_j$ *(I)* $\{\alpha_i, \gamma_j\} \vdash_{MP} \bot$ *ou (II) il existe* $\delta_1, \delta_2, \sigma_1, \sigma_2$ *tel que* $\delta_1 \vdash_{MP} \sigma_1$, $\sigma_1 \nvdash_{MP} \delta_1$, $\delta_1 \nvdash_{MP} \delta_2$ *et* $\delta_2 \equiv \sigma_2$, *où (1)* $\{\alpha_i, \gamma_j\} \vdash_{MP} \sigma_1 \Rightarrow \sigma_2$ *tel que* $\alpha_i \vdash_{MP} \delta_1 \Rightarrow \delta_2$, *ou (2)* $\gamma_j \vdash_{MP} (\delta_1 \Rightarrow \delta_2) \wedge (\sigma_1 \Rightarrow \sigma_2)$.

1er cas : *D'après (I)* $\{\alpha_i, \gamma_j\} \vdash_{MP} \bot$. *Comme* $\alpha \equiv \beta$, $\alpha_1 \vee \ldots \vee \alpha_n \equiv \beta_1 \vee \ldots \vee \beta_m$. *Donc, pour tout* $\alpha_i \in \{\alpha_1, \ldots, \alpha_n\}$ *il existe* $\beta_l \in \{\beta_1, \ldots, \beta_m\}$ *tel que* $\alpha_i \equiv \beta_l$. *Par conséquent,* $\{\beta_l, \gamma_j\} \vdash_{MP} \bot$ *(A).*

2ème cas : *D'après (1),* $\{\alpha_i, \gamma_j\} \vdash_{MP} \sigma_1 \Rightarrow \sigma_2$ *tel que* $\alpha_i \vdash_{MP} \delta_1 \Rightarrow \delta_2$. *Or pour tout* $\alpha_i \in \{\alpha_1, \ldots, \alpha_n\}$ *il existe* $\beta_l \in \{\beta_1, \ldots, \beta_m\}$ *tel que* $\alpha_i \equiv \beta_l$. *Donc* $\{\beta_l, \gamma_j\} \vdash_{MP} \sigma_1 \Rightarrow \sigma_2$ *avec* $\beta_l \vdash_{MP} \delta_1 \Rightarrow \delta_2$ *(B).*

En conséquence, d'après les résultats (A), (B), et (2) $\beta \bowtie \gamma$ *découle. Finalement, comme* $\Phi \vdash_{MP} \gamma$ *et* $\beta \bowtie \gamma$ *alors* $\beta \bowtie \Phi$.

A l'instar de la relation de contrariété conditionnelle définie précédemment, nous étudions les principaux éléments d'une théorie logique de l'argumentation dans le système conditionnel $\mathcal{MP}$. Cette relation sera donc de grande utilité lors de l'identification de différentes formes d'attaque entre arguments. Pour cela, nous adoptons le système d'argumentation logique de Besnard et Hunter (chapitre 3, section 3.4) et nous étendons par la suite les concepts d'arguments, de conflits entre arguments et d'arbre argumentatifs dans le cadre conditionnel.

Dans ce qui suit, nous considérons un ensemble de formules Δ de $\mathcal{L}_{MP}$ qui peut être éventuellement incohérent. Ainsi, tous les concepts seront implicitement définis relativement à Δ.

5.2.2 Arguments

Après Besnard-Hunter, un argument est composé d'un ensemble de formules conditionnelles avec une conclusion qui peut être dérivée à partir de cet ensemble d'hypothèses. De manière habituelle, la notion de *non-contradiction* exprimée dans le cas classique par $\Phi \nvdash \bot$ est naturellement étendue et remplacée par une nouvelle contrainte de *non-contrariété* (cf. 2 - Définition 55).

Définition 55 (Argument). *Un argument A est une paire $\langle \Phi, \alpha \rangle$ tel que :*

1. $\Phi \subseteq \Delta$

2. $\forall \beta$ tel que $\Phi \vdash_{MP} \beta$, $\beta \not\bowtie \Phi$

3. $\Phi \vdash_{MP} \alpha$

4. $\forall \Phi' \subset \Phi$, $\Phi' \nvdash_{MP} \alpha$.

A est dit un *argument* en faveur de α. L'ensemble Φ et la formule α représentent le *support* et la *conclusion* de *A*, respectivement.

Exemple 46. *Considérons une base de connaissances Δ telle que $\Delta = \{\neg a, (a \Rightarrow \neg d) \wedge \neg b, a \Rightarrow c, \neg a \leftrightarrow \neg b\}$. En vue de Δ, plusieurs arguments peuvent être construits comme par exemple :*

$$\langle \{\neg a\}, \neg(a \wedge b) \rangle$$
$$\langle \{a \Rightarrow c\}, a \Rightarrow c \rangle$$
$$\langle \{\neg a, \neg a \leftrightarrow \neg b\}, \neg b \rangle$$
$$\langle \{(a \Rightarrow \neg d) \wedge \neg b\}, b \rightarrow c \rangle$$
$$\langle \{(a \Rightarrow \neg d) \wedge \neg b, a \Rightarrow c\}, a \Rightarrow (\neg d \wedge c) \rangle$$
$$\langle \{\neg a \leftrightarrow \neg b\}, (c \Rightarrow \neg a) \leftrightarrow (c \Rightarrow \neg b) \rangle$$

Notons que dans cet exemple, les règles RCEC and CC sont exploitées afin d'obtenir les conclusions des deux derniers arguments.

Le résultat suivant montre que la notion d'argument proposée précédemment conserve encore la cohérence, ce concept de cohérence étant en quelque sorte étendu à la relation $\bowtie$.

Proposition 23. *Si $\langle \Phi, \alpha \rangle$ est un argument alors $\alpha \not\bowtie \Phi$ et $\neg\alpha \bowtie \Phi$.*

Preuve 5. *D'après la définition d'un argument (cf. Définition 55), $\forall \beta$ telle que $\Phi \vdash_{MP} \beta$, on a $\beta \not\bowtie \Phi$. Or $\Phi \vdash_{MP} \alpha$. Donc, $\alpha \not\bowtie \Phi$.*
Comme $\langle \Phi, \alpha \rangle$ est un argument, il s'ensuit que $\Phi \vdash_{MP} \alpha$. D'où, $\Phi \cup \{\neg\alpha\} \vdash_{MP} \bot$. Par conséquent, il existe une formule β telle que $\Phi \vdash_{MP} \beta$ et $\{\neg\alpha, \beta\} \vdash_{MP} \bot$. Supposons maintenant que $DF(\neg\alpha) = \alpha_1 \vee \ldots \vee \alpha_n$ et $DF(\beta) = \beta_1 \vee \ldots \vee \beta_m$. Il en découle donc que $\forall \alpha_i, \forall \beta_j, \{\alpha_i, \beta_j\} \vdash_{MP} \bot$. En conséquence, $\neg\alpha \bowtie \beta$. Donc, d'après la définition 54 $\neg\alpha \bowtie \Phi$ s'obtient.

Maintenant, nous pouvons capturer d'une façon naturelle une notion d'*équivalence* entre une paire d'arguments. En d'autres terme, deux arguments peuvent partager le même support pour le même motif et avoir ainsi des conclusions équivalentes. Cette notion peut être illustrée par le concept d'équivalence entre arguments définie de la manière suivante.

Définition 56 (Arguments quasi-identiques). *Deux arguments* $\langle \Phi, \alpha \rangle$ *et* $\langle \Psi, \beta \rangle$ *sont quasi-identiques si et seulement si* $\Phi = \Psi$ *et* $\alpha \equiv \beta$.

Il n'est pas surprenant que les arguments quasi-identiques d'un argument considéré forment un ensemble infini comme le montre le résultat suivant.

Proposition 24. *Étant donné un argument* $\langle \Phi, \alpha \rangle$, *il existe un ensemble infini d'arguments de la forme* $\langle \Psi, \beta \rangle$ *tel que* $\langle \Phi, \alpha \rangle$ *et* $\langle \Psi, \beta \rangle$ *sont quasi-identiques.*

Preuve 6. *Soit* $\langle \Phi, \alpha \rangle$ *un argument, donc* $\Phi \vdash_{MP} \alpha$. *De plus, quelque soit la formule* α *il existe un nombre infini de formules* β *telle que* $\alpha \equiv \beta$. *Puisque* Φ *est minimal pour inférer* α, *il en résulte que* Φ *est minimal pour l'inférence de* β. *Par conséquent,* $\langle \Phi, \beta \rangle$ *est un argument. D'après la définition 56,* $\langle \Phi, \alpha \rangle$ *et* $\langle \Phi, \beta \rangle$ *sont quasi-identiques.*

Généralement, comme dans le cas classique les arguments ne sont pas nécessairement indépendants. La définition d'arguments *plus conservatifs* capture une notion de subsomption entre arguments, traduisant des situations où un argument est en quelque sorte contenu dans un autre.

Définition 57 (Relation de conservativité). *Un argument* $\langle \Phi, \alpha \rangle$ *est plus conservatif qu'un argument* $\langle \Psi, \beta \rangle$ *si et seulement* $\Phi \subseteq \Psi$ *et* $\beta \vdash_{MP} \alpha$.

Naturellement, à partir de cette définition nous pouvons identifier qu'un argument $\langle \Phi, \alpha \rangle$ est *strictement plus conservatif* qu'un autre argument $\langle \Psi, \beta \rangle$ si et seulement si $\Phi \subset \Psi$ et $\beta \vdash_{MP} \alpha$.

Exemple 47. *L'argument* $\langle \{a\}, a \vee b \rangle$ *est strictement plus conservatif que* $\langle \{\neg a \vee b, a\}, b \rangle$. *Également,* $\langle \{(a \Rightarrow b) \wedge c, c \to d\}, (a \Rightarrow b) \wedge d \rangle$ *est strictement plus conservatif que* $\langle \{(a \Rightarrow b) \wedge c, c \to d\}, (a \Rightarrow b) \wedge c \wedge d \rangle$. *Cependant, l'argument* $\langle \{\neg(a \Rightarrow \neg c)\}, b \vee \neg(a \Rightarrow \neg c) \rangle$ *est plus conservatif (mais non strictement) que* $\langle \{\neg(a \Rightarrow \neg c)\}, (a \Rightarrow \neg c) \to b \rangle$.

Proposition 25. *Si* $\langle \Phi, \alpha \rangle$ *est plus conservatif que* $\langle \Psi, \beta \rangle$, *alors* $\beta \not\bowtie \Phi$, $\alpha \not\bowtie \Psi$ *et* $\neg \alpha \bowtie \Psi$.

Preuve 7. *Soit* $\langle \Psi, \beta \rangle$ *un argument, donc* $\beta \not\vdash_\bowtie \Psi$. *D'où,* $\forall \gamma$ *telle que* $\Psi \vdash_{MP}$ γ, $\beta \not\bowtie \gamma$. *Comme* $\langle \Phi, \alpha \rangle$ *est plus conservatif que* $\langle \Psi, \beta \rangle$, $\Phi \subseteq \Psi$. *Donc,* $\forall \alpha$ *telle que* $\Phi \vdash_{MP} \alpha$, $\Psi \vdash_{MP} \alpha$. *En conséquence,* $\forall \alpha$ *telle que* $\Phi \vdash_{MP} \alpha$, $\beta \not\bowtie \alpha$. *D'où,* $\beta \not\bowtie \Phi$.

On a $\langle \Phi, \alpha \rangle$ *un argument, donc* $\Phi \vdash_{MP} \alpha$. *Comme* $\Phi \subseteq \Psi$, $\Psi \vdash_{MP} \alpha$. *Puisque* $\langle \Psi, \beta \rangle$ *est un argument, alors* $\forall \gamma$ *telle que* $\Psi \vdash_{MP} \gamma$, $\gamma \not\bowtie \Psi$. *Donc,* $\alpha \not\bowtie \Psi$.

Comme $\langle \Phi, \alpha \rangle$ *est un argument, d'après la proposition 23* $\neg \alpha \bowtie \Phi$. *Donc, il existe* γ *telle que* $\Phi \vdash_{MP} \gamma$ *et* $\neg \alpha \bowtie \gamma$. *Puisque* $\langle \Phi, \alpha \rangle$ *est plus conservatif que* $\langle \Psi, \beta \rangle$, $\Phi \subseteq \Psi$. *Donc,* $\Psi \vdash_{MP} \gamma$. *Par conséquent, d'après la définition 54,* $\neg \alpha \bowtie \Psi$.

Suite à ce dernier résultat, il est intéressant de noter que $\neg \beta \bowtie \Phi$ ne découle pas en toute généralité. Un contre exemple consiste dans les deux arguments $\langle \{a\}, a \vee b \rangle$ et $\langle \{a, b\}, a \wedge b \rangle$; l'argument $\langle \{a\}, a \vee b \rangle$ est plus conservatif que $\langle \{a, b\}, a \wedge b \rangle$. Cependant $\neg (a \wedge b) \not\bowtie a$.

Par ailleurs, il est important de noter que le concept de conservativité induit la notion d'argument quasi-identique, et réciproquement.

Proposition 26. *Deux arguments* $\langle \Phi, \alpha \rangle$ *et* $\langle \Psi, \beta \rangle$ *sont quasi-identiques si et seulement l'un est plus conservatif que l'autre.*

Preuve 8. *Le premier sens est trivial. Il suffit en effet de remarquer que* $\langle \Phi, \alpha \rangle$ *et* $\langle \Psi, \beta \rangle$ *sont quasi-identiques, donc* $\Phi \subset \Psi$, $\Psi \subset \Phi$, $\alpha \vdash_{MP} \beta$ *et* $\beta \vdash_{MP} \alpha$.

Pour la réciproque, considérons deux arguments $\langle \Phi, \alpha \rangle$ *et* $\langle \Psi, \beta \rangle$ *tel que chacun est plus conservatif que l'autre. Clairement,* $\Phi \subseteq \Psi$ *et* $\Psi \subseteq \Phi$, *d'où* $\Phi = \Psi$. *Par ailleurs,* $\alpha \vdash_{MP} \beta$ *et* $\beta \vdash_{MP} \alpha$, *donc* α *est logiquement équivalent à* β. *Ainsi,* $\langle \Phi, \alpha \rangle$ *et* $\langle \Psi, \beta \rangle$ *sont quasi-identiques.*

L'exemple suivant est une illustration de résultat précédent.

Exemple 48. *Les arguments* $\langle \{a \Rightarrow b, a \Rightarrow c\}, (a \Rightarrow b) \wedge (a \Rightarrow c) \rangle$ *et* $\langle \{a \Rightarrow b, a \Rightarrow c\}, (a \Rightarrow (b \wedge c)) \rangle$ *sont quasi-identiques, comme chacun est plus conservatif que l'autre. En effet, la preuve de l'équivalence entre* $(a \Rightarrow b) \wedge (a \Rightarrow c)$ *et* $(a \Rightarrow (b \wedge c))$ *peut être obtenue par l'application des axiomes CC et CM de* $\mathcal{MP}$. *Plus précisément,* $(a \Rightarrow b) \wedge (a \Rightarrow c) \vdash_{MP}$ $(a \Rightarrow (b \wedge c))$ *(CC) et* $(a \Rightarrow (b \wedge c)) \vdash_{MP} (a \Rightarrow b) \wedge (a \Rightarrow c)$ *(CM).*

En outre, les arguments $\langle \{a \wedge b\}, a \wedge b \rangle$ *et* $\langle \{a \wedge b\}, (\neg a \rightarrow a) \wedge b \rangle$ *sont quasi-identiques, donc chacun est plus conservatif que l'autre.*

Les concepts de quasi-identité et de conservativité seront exploités dans la sous-section suivante dans le but d'éliminer une certaine redondance lors de la génération des contre-arguments et de ne considérer par conséquent que les contre-arguments pertinents et utiles.

5.2.3 Interactions entre arguments

Les arguments construits à partir d'une base de connaissances ne peuvent pas être considérés indépendamment les uns des autres. En effet, un argument constitue une raison de croire à une opinion mais il ne fournit pas une preuve de la vérité « éternelle » de cette opinion. En conséquence, cette raison peut être niée par une nouvelle raison avancée. Nous parlons alors de conflits entre arguments dans le sens où certains en attaquent d'autres. Dans cette section, nous allons étudier donc les différents types de conflits pouvant exister entre les arguments à la lumière de concept de contrariété conditionnelle définie dans la section précédente.

Dans un système d'argumentation conditionnel, un argument peut être attaqué par un autre argument pour trois sortes de raisons. Nous commençons par la première raison qui correspond à la notion de *rebuttal*. Comme indiqué précédemment dans le chapitre 3, cette notion présente la forme de conflit la plus directe entre arguments ; elle consiste en des arguments qui supportent des conclusions opposées.

Dans notre système d'argumentation conditionnel, la relation de rebuttal est définie de la manière suivante.

Définition 58 (Rebuttal). *Un rebuttal d'un argument* $\langle \Phi, \alpha \rangle$ *est un argument* $\langle \Psi, \beta \rangle$ *tel que* $\beta \bowtie \alpha$.

Exemple 49. *Soit la base de connaissances* Δ *telle que* $\Delta = \{a, ((a \vee d) \Rightarrow (b \wedge \neg c)), f, ((a \wedge e) \Rightarrow b), ((a \wedge e) \Rightarrow \neg c), \neg a \vee b, \neg b\}$.
Un rebuttal de $\langle \{\neg a \vee b, \neg b\}, \neg a \wedge \neg b \rangle$ *est* $\langle \{a\}, \neg\neg a \rangle$. *En outre,* $\langle \{((a \wedge e) \Rightarrow b), ((a \wedge e) \Rightarrow \neg c)\}, \neg f \vee ((a \wedge e) \Rightarrow (b \wedge \neg c)) \rangle$ *est un rebuttal de* $\langle \{((a \vee d) \Rightarrow (b \wedge \neg c)), f\}, ((a \vee d) \Rightarrow (b \wedge \neg c)) \wedge f \rangle$. *Notons que dans cet exemple, la règle CC est utilisée afin d'obtenir la conclusion* $\neg f \vee ((a \wedge e) \Rightarrow (b \wedge \neg c))$. *Plus précisément,* $\{((a \wedge e) \Rightarrow b), ((a \wedge e) \Rightarrow \neg c)\} \vdash_{MP} ((a \wedge e) \Rightarrow (b \wedge \neg c))$ *(CC) et par conséquent* $\{((a \wedge e) \Rightarrow (b \wedge \neg c))\} \vdash_{MP} \neg f \vee ((a \wedge e) \Rightarrow (b \wedge \neg c))$.

Dans la théorie de l'argumentation basée sur la logique classique [Besnard & Hunter 2008], si $\langle \Phi, \alpha \rangle$ est un rebuttal de $\langle \Psi, \beta \rangle$, alors $\langle \Psi, \beta \rangle$ est aussi un rebuttal de $\langle \Phi, \alpha \rangle$. Par conséquent, cette notion de conflit est symétrique. Cependant, cette propriété ne découle pas à l'identique pour le paradigme de contrariété conditionnelle. Considérons à nouveau l'exemple 49, nous pouvons bien voir que l'argument $\langle \{((a \vee d) \Rightarrow (b \wedge \neg c)), f\}, ((a \vee d) \Rightarrow (b \wedge \neg c)) \wedge f \rangle$ n'est pas un rebuttal de $\langle \{((a \wedge e) \Rightarrow b), ((a \wedge e) \Rightarrow \neg c)\}, \neg f \vee ((a \wedge e) \Rightarrow (b \wedge \neg c)) \rangle$. La notion de rebuttal définie dans le cadre conditionnel est par conséquent *asymétrique*.

Une autre forme de conflit entre arguments est capturée par le concept de *defeater*, qui sont en fait des arguments dont la conclusion contrarie le support de leur argument ciblé. Plus formellement, cette relation d'attaque est définie de la manière suivante :

Définition 59 (Defeater). *Un defeater d'un argument* $\langle \Phi, \alpha \rangle$ *est un argument* $\langle \Psi, \beta \rangle$ *tel que* $\beta \bowtie \Phi$.

Exemple 50. *Considérons la base de connaissances* $\Delta = \{a \Rightarrow b, f \vee \neg b, \neg b, ((a \vee \neg d) \Rightarrow (b \wedge c)), \neg a \rightarrow b, ((e \wedge \neg d) \Rightarrow (b \wedge c)), b, a \Rightarrow c, ((a \wedge \neg f) \Rightarrow c)\}$. *Considérons l'argument* $\langle \{((a \vee \neg d) \Rightarrow (b \wedge c)), f \vee \neg b, b\}, f \wedge ((a \vee \neg d) \Rightarrow (b \wedge c)) \rangle$ *pour lequel on va construire des contre-arguments.* *Certains defeaters de* $\langle \{((a \vee \neg d) \Rightarrow (b \wedge c)), f \vee \neg b, b\}, f \wedge ((a \vee \neg d) \Rightarrow (b \wedge c)) \rangle$ *peuvent être construits à partir de* Δ *comme par exemple :*

$$\langle \{\neg b\}, \neg b \rangle$$
$$\langle \{\neg b\}, \neg(\neg b \rightarrow b) \rangle$$
$$\langle \{\neg b, \neg a \rightarrow b\}, \neg b \wedge a \rangle$$
$$\langle \{((e \wedge \neg d) \Rightarrow (b \wedge c))\}, ((e \wedge \neg d) \Rightarrow (b \wedge c)) \rangle$$
$$\langle \{a \Rightarrow b, a \Rightarrow c\}, (a \Rightarrow (b \wedge c)) \rangle$$
$$\langle \{a \Rightarrow b, a \Rightarrow c\}, \neg\neg(a \Rightarrow (b \wedge c)) \rangle$$
$$\langle \{a \Rightarrow b, a \Rightarrow c\}, (a \Rightarrow b) \wedge (a \Rightarrow c) \rangle$$

Une conséquence triviale de la définition 59 est l'existence d'un lien entre les defeaters et les rebuttals. Cette relation peut être illustrée dans la propriété 27 de la manière suivante :

Proposition 27. *Si* $\langle \Psi, \beta \rangle$ *est un rebuttal de* $\langle \Phi, \alpha \rangle$*, alors* $\langle \Psi, \beta \rangle$ *est un defeater de* $\langle \Phi, \alpha \rangle$.

Preuve 9. *Soit* $\langle \Psi, \beta \rangle$ *un rebuttal de* $\langle \Phi, \alpha \rangle$*. D'où,* $\beta \bowtie \alpha$*. Comme* $\langle \Phi, \alpha \rangle$ *est un argument, nous avons* $\Phi \vdash_{MP} \alpha$*. En conséquence,* $\beta \bowtie \Phi$*. Donc,* $\langle \Psi, \beta \rangle$ *est un defeater de* $\langle \Phi, \alpha \rangle$.

Exemple 51. *Prenons l'argument* $\langle \{a \Rightarrow b, a \Rightarrow c\}, (a \Rightarrow (b \wedge c)) \vee d \rangle$*.* $\langle \{((a \wedge e) \Rightarrow (b \wedge c)) \wedge \neg d\}, ((a \wedge e) \Rightarrow (b \wedge c)) \wedge \neg d \rangle$ *est un rebuttal de* $\langle \{a \Rightarrow b, a \Rightarrow c\}, (a \Rightarrow (b \wedge c)) \vee d \rangle$*.*
Ici, $\{a \Rightarrow b, a \Rightarrow c\} \vdash_{MP} (a \Rightarrow (b \wedge c)) \vee d$*, alors* $((a \wedge e) \Rightarrow (b \wedge c)) \wedge \neg d) \bowtie \{a \Rightarrow b, a \Rightarrow c\}$*. En conséquence,* $\langle \{((a \wedge e) \Rightarrow (b \wedge c)) \wedge \neg d\}, ((a \wedge e) \Rightarrow (b \wedge c)) \wedge \neg d \rangle$ *est un defeater* $\langle \{a \Rightarrow b, a \Rightarrow c\}, (a \Rightarrow (b \wedge c)) \vee d \rangle$*.*

Remarque Il est important de noter à ce stade que les defeaters conditionnels incluent les undercuts logiques. Notamment, en argumentation logique standard [Besnard & Hunter 2001] un undercut d'un argument $\langle \Phi, \alpha \rangle$ est un argument $\langle \Psi, \neg(\phi_1 \wedge \ldots \wedge \phi_n) \rangle$ où $\{\phi_1, \ldots, \phi_n\} \subseteq \Phi$. Ainsi, $\Phi \cup \{\neg(\phi_1 \wedge \ldots \wedge \phi_n)\} \vdash_{MP} \bot$. Par conséquent, il existe γ tel que $\Phi \vdash_{MP} \gamma$

et $\{\neg(\phi_1 \wedge \ldots \wedge \phi_n), \gamma\} \vdash_{MP} \bot$. Soit $\gamma = \phi_1 \wedge \ldots \wedge \phi_n$, il s'ensuit que $\neg(\phi_1 \wedge \ldots \wedge \phi_n) \bowtie \gamma$ car $\forall \ \neg\phi_i$, $\neg\phi_i \bowtie \gamma$. Donc, $\neg(\phi_1 \wedge \ldots \wedge \phi_n) \bowtie \Phi$. En conséquence, $\langle \Psi, \neg(\phi_1 \wedge \ldots \wedge \phi_n) \rangle$ est un defeater de $\langle \Phi, \alpha \rangle$.

Intéressons nous maintenant à un type spécial et important de defeater qu'on nomme *challenge*. Intuitivement, ce type de contre-argument capture certaines situations où la relation de conflit n'est pas nécessairement basée sur la contradiction logique. Nous définissons donc les challenges comme suit en faisant référence à la relation de contrariété $\bowtie$.

Définition 60 (Challenge). *Soit $\langle \Phi, \alpha \rangle$ et $\langle \Psi, \beta \rangle$ deux arguments. $\langle \Phi, \alpha \rangle$ est un challenge de $\langle \Psi, \beta \rangle$ si et seulement si $\alpha \bowtie \Psi$ et $\forall \gamma$ tel que $\Psi \vdash_{MP} \gamma$, $\gamma \not\bowtie \Phi$.*

Exemple 52. *L'argument $\langle \{((a \wedge e) \Rightarrow b), ((a \wedge e) \Rightarrow c)\}, ((a \wedge e) \Rightarrow (b \wedge c)) \rangle$ est un challenge de l'argument $\langle \{((a \vee d) \Rightarrow (b \wedge c))\}, ((a \vee d) \Rightarrow (b \wedge c)) \rangle$.*

Il est aisé de montrer qu'un challenge d'un argument $\langle \Phi, \alpha \rangle$ est aussi un defeater de ce dernier.

Proposition 28. *Si $\langle \Phi, \alpha \rangle$ est un challenge de $\langle \Psi, \beta \rangle$ alors $\langle \Phi, \alpha \rangle$ est un defeater de $\langle \Psi, \beta \rangle$ et $\langle \Psi, \beta \rangle$ n'est pas un defeater de $\langle \Phi, \alpha \rangle$.*

Preuve 10. *Soit $\langle \Phi, \alpha \rangle$ un challenge de $\langle \Psi, \beta \rangle$. D'après la définition 60, (1) $\alpha \bowtie \Psi$ et (2) $\forall \gamma$ telle que $\Psi \vdash_{MP} \gamma$, $\gamma \not\bowtie \Phi$. Une conséquence immédiate de (1) est que $\langle \Phi, \alpha \rangle$ est un defeater de $\langle \Psi, \beta \rangle$. Étant donné (2), $\beta \not\bowtie \Phi$ car $\Psi \vdash_{MP} \beta$ (d'après la définition 55). Donc, $\langle \Psi, \beta \rangle$ ne peut pas être un defeater de $\langle \Phi, \alpha \rangle$.*

Propriété 3. *La relation de challenge est antisymétrique.*

Preuve 11. *Ce résultat est conséquence directe de la proposition 28.*

Comme prévu, les defeaters peuvent exister même en absence de l'incohérence logique. Le résultat suivant montre que le support d'un challenge est cohérent avec le support de l'argument qui l'attaque.

Proposition 29. *Si $\langle \Phi, \alpha \rangle$ est un challenge de $\langle \Psi, \beta \rangle$, alors $\Phi \cup \Psi \not\vdash_{MP} \bot$.*

Preuve 12. *Soit $\langle \Phi, \alpha \rangle$ un challenge de $\langle \Psi, \beta \rangle$. D'après la définition 60, $\forall \gamma$ telle que $\Psi \vdash_{MP} \gamma$, $\gamma \not\bowtie \Phi$. Donc, $\forall \delta$ telle que $\Phi \vdash_{MP} \delta$, $\gamma \not\bowtie \delta$. Il s'ensuit donc qu'il existe γ_i, δ_j avec $DF(\gamma) = \gamma_1 \vee \ldots \vee \gamma_n$ et $DF(\delta) = \delta_1 \vee \ldots \vee \delta_m$ telle que $\{\gamma_i, \delta_j\} \not\vdash_{MP} \bot$. D'où, $\{\gamma, \delta\} \not\vdash_{MP} \bot$. Ainsi, $\forall \gamma, \delta$ telle que $\Psi \vdash_{MP} \gamma$ et $\Phi \vdash_{MP} \delta$, $\{\gamma, \delta\} \not\vdash_{MP} \bot$. Par conséquent, $\{\Phi, \Psi\} \not\vdash_{MP} \bot$.*

Comme le cas des arguments, les defeaters peuvent être rangés de plus conservatifs aux moins conservatifs, dans le but de sélectionner ceux qui peuvent être identifier comme représentant tous les contre-arguments d'un argument ciblé.

D'une manière formelle, on a :

Définition 61 (Defeater conservatif maximal). *Un argument $\langle \Psi, \beta \rangle$ est un defeater conservatif maximal de $\langle \Phi, \alpha \rangle$ si et seulement si $\langle \Psi, \beta \rangle$ est un defeater de $\langle \Phi, \alpha \rangle$ tel qu'aucun defeater de $\langle \Phi, \alpha \rangle$ est strictement plus conservatif que $\langle \Psi, \beta \rangle$.*

Vu que chaque argument peut avoir un nombre élevé de defeaters conservatifs maximaux, nous allons considérer par la suite une énumération qu'on l'appelle une *énumération canonique* de tous les defeaters conservatifs maximaux d'un argument $\langle \Phi, \alpha \rangle$ donné. Cette énumération sert simplement à ordonner les contre-arguments de $\langle \Phi, \alpha \rangle$.

Exemple 53. *Reprenons l'exemple 50. Tous les arguments $\langle \{a \Rightarrow b, a \Rightarrow c\}, (a \Rightarrow (b \wedge c)) \rangle$, $\langle \{((e \wedge \neg d) \Rightarrow (b \wedge c))\}, ((e \wedge \neg d) \Rightarrow (b \wedge c)) \rangle$, $\langle \{\neg b\}, \neg b \rangle$, $\langle \{a \Rightarrow b, a \Rightarrow c\}, \neg\neg(a \Rightarrow (b \wedge c)) \rangle$, $\langle \{\neg b\}, \neg(\neg b \to b) \rangle$, et $\langle \{a \Rightarrow b, a \Rightarrow c\}, (a \Rightarrow b) \wedge (a \Rightarrow c) \rangle$ sont des defeaters conservatifs maximaux de l'argument $\langle \{((a \vee \neg d) \Rightarrow (b \wedge c)), f \vee \neg b, b\}, f \wedge ((a \vee \neg d) \Rightarrow (b \wedge c)) \rangle$.*

Notons que, comme les arguments, les defeaters conservatifs maximaux sont en nombre infini, comme le montrent les résultats suivants.

Proposition 30. *Soit $\langle \Psi, \beta \rangle$ un defeater conservatif maximal de $\langle \Phi, \alpha \rangle$. $\langle \Psi, \gamma \rangle$ est un defeater conservatif maximal de $\langle \Phi, \alpha \rangle$ si et seulement si $\langle \Psi, \beta \rangle$ et $\langle \Psi, \gamma \rangle$ sont quasi-identiques.*

Preuve 13. $(\longrightarrow)$ *Soit $\langle \Psi, \beta \rangle$ et $\langle \Psi, \gamma \rangle$ deux defeaters conservatifs maximaux de $\langle \Phi, \alpha \rangle$. Donc, d'après la proposition $\beta \bowtie \Phi$ et $\gamma \bowtie \Phi$. D'après la définition 54, il existe δ, σ tels que $\Phi \vdash_{MP} \delta$ et $\Phi \vdash_{MP} \sigma$, où (1) $\beta \bowtie \delta$ et (2) $\gamma \bowtie \sigma$. Supposons que $DF(\beta) = \beta_1 \vee \ldots \vee \beta_n$, $DF(\gamma) = \gamma_1 \vee \ldots \vee \gamma_m$, $DF(\delta) = \delta_1 \vee \ldots \vee \delta_s$ et $DF(\sigma) = \sigma_1 \vee \ldots \vee \sigma_v$. Donc, $DF(\beta \vee \gamma) = \omega_1 \vee \ldots \vee \omega_x$ où $\omega_z = \beta_i$ ou $\omega_z = \gamma_k$ et $DF(\delta \wedge \sigma) = (\delta_1 \wedge \sigma_1) \vee \ldots \vee (\delta_s \wedge \sigma_v)$. D'après la définition 53, nous devons traiter deux cas. Traitons le premier cas d'abord. D'après (1), $\{\beta_i, \delta_j\} \vdash_{MP} \bot$. De plus, d'après (2) $\{\gamma_k, \sigma_t\} \vdash_{MP} \bot$. Donc, $\{\omega_z, \delta_j \wedge \sigma_t\} \vdash_{MP} \bot$ (3) car $\{\beta_j, \delta_j \wedge \sigma_t\} \vdash_{MP} \bot$ et $\{\gamma_k, \delta_j \wedge \sigma_t\} \vdash_{MP} \bot$. Traitons (2) maintenant. D'après (1), il existe $\mu_1, \mu_2, \rho_1, \rho_2$ tel que $\mu_1 \vdash_{MP} \rho_1$, $\rho_1 \nvdash_{MP} \mu_1$, $\mu_1 \nvdash_{MP} \mu_2$ et $\mu_2 \equiv \rho_2$, où $\{\beta_i, \delta_j\} \vdash_{MP} \rho_1 \Rightarrow \rho_2$ tel que $\beta_i \vdash_{MP} \mu_1 \Rightarrow \mu_2$ (4)* [1]. *Également, d'après (2) il existe $\mu_3, \mu_4, \rho_3, \rho_4$ tel*

---

1. Ici, nous ne considérons pas le cas $\delta_j \vdash_{MP} (\mu_1 \Rightarrow \mu_2) \wedge (\rho_1 \Rightarrow \rho_2)$ car $\delta \nvdash \delta$ par $\Phi \vdash_{MP} \delta$.

que $\mu_3 \vdash_{MP} \rho_3$, $\rho_3 \nvdash_{MP} \mu_3$, $\mu_3 \nvdash_{MP} \mu_4$ et $\mu_4 \equiv \rho_4$, où $\{\gamma_k, \sigma_t\} \vdash_{MP} \rho_3 \Rightarrow \rho_4$ tel que $\gamma_k \vdash_{MP} \mu_3 \Rightarrow \mu_4$ (5) [2]. D'après (4), $\{\beta_i, \delta_j \wedge \sigma_t\} \vdash_{MP} \rho_1 \Rightarrow \rho_2$ tel que $\beta_i \vdash_{MP} \mu_1 \Rightarrow \mu_2$. En outre d'après (5), $\{\gamma_k, \sigma_t \wedge \delta_j\} \vdash_{MP} \rho_3 \Rightarrow \rho_4$ tel que $\gamma_k \vdash_{MP} \mu_3 \Rightarrow \mu_4$. D'où, il existe $\mu_5, \mu_6, \rho_5, \rho_6$ tel que $\mu_5 \vdash_{MP} \rho_5$, $\rho_5 \nvdash_{MP} \mu_5$, $\mu_5 \nvdash_{MP} \mu_6$ et $\mu_6 \equiv \rho_6$, où $\{\omega_z, \delta_j \wedge \sigma_t\} \vdash_{MP} \rho_5 \Rightarrow \rho_6$ tel que $\omega_z \vdash_{MP} \mu_5 \Rightarrow \mu_6$ (6) [3]; (soulignons ici que $\mu_5 \Rightarrow \mu_6$ est $\mu_1 \Rightarrow \mu_2$ ou $\mu_3 \Rightarrow \mu_4$ et $\rho_5 \Rightarrow \rho_6$ est $\rho_1 \Rightarrow \rho_2$ ou $\rho_3 \Rightarrow \rho_4$). En conséquence, d'après (3) et (6) $\forall \omega_z, \forall \delta_j, \forall \sigma_t$ $\{\omega_z, \delta_j \wedge \sigma_t\} \vdash_{MP} \perp$ ou il existe $\mu_5, \mu_6, \rho_5, \rho_6$ tel que $\mu_5 \vdash_{MP} \rho_5$, $\rho_5 \nvdash_{MP} \mu_5$, $\mu_5 \nvdash_{MP} \mu_6$ et $\mu_6 \equiv \rho_6$, où $\{\omega_z, \delta_j \wedge \sigma_t\} \vdash_{MP} \rho_5 \Rightarrow \rho_6$ tel que $\omega_z \vdash_{MP} \mu_5 \Rightarrow \mu_6$. Donc, $\beta \vee \gamma \bowtie \delta \wedge \sigma$. Comme $\Phi \vdash_{MP} \delta \wedge \sigma$, on a $\beta \vee \gamma \bowtie \Phi$. Maintenant, comme $\Psi \vdash_{MP} \beta$ et $\Psi \vdash_{MP} \gamma$, il existe certain sous-ensemble minimal $\Psi' \subseteq \Psi$ tel que $\Psi' \vdash_{MP} \beta \vee \gamma$. Par ailleurs, $\Psi' \nvdash_{MP} \perp$ car $\Psi \nvdash_{MP} \perp$. Donc, $\langle \Psi', \beta \vee \gamma \rangle$ est un argument. Comme nous l'avons prouvé $\beta \vee \gamma \bowtie \Phi$, $\langle \Psi', \beta \vee \gamma \rangle$ est un defeater de $\langle \Phi, \alpha \rangle$. Donc, $\langle \Psi', \beta \vee \gamma \rangle$ est plus conservatif que $\langle \Psi, \beta \rangle$ et $\langle \Psi, \gamma \rangle$ car $\Psi' \subseteq \Psi$, $\beta \vdash_{MP} \beta \vee \gamma$ et $\gamma \vdash_{MP} \beta \vee \gamma$. Puisque $\langle \Psi, \beta \rangle$ et $\langle \Psi, \gamma \rangle$ sont des defeaters conservatifs maximaux de $\langle \Phi, \alpha \rangle$, nous obtenons $\beta \vee \gamma \vdash_{MP} \beta$ et $\beta \vee \gamma \vdash_{MP} \gamma$. En conséquence, $\beta \equiv \gamma$ et donc $\langle \Psi, \beta \rangle$ et $\langle \Psi, \gamma \rangle$ sont quasi-identiques.

($\longleftarrow$) Soit $\langle \Psi, \beta \rangle$ un defeater conservatif maximal de $\langle \Phi, \alpha \rangle$. Donc, $\beta \bowtie \Phi$. Supposons $\langle \Psi, \gamma \rangle$ est un argument tel que $\langle \Psi, \gamma \rangle$ et $\langle \Psi, \beta \rangle$ sont quasi-identiques. Nous pouvons déduire que $\gamma \equiv \beta$. D'où, d'après la proposition 22 $\gamma \bowtie \Phi$. Il s'ensuit que $\langle \Psi, \gamma \rangle$ est un defeater de $\langle \Phi, \alpha \rangle$. Puisque $\Psi \subseteq \Psi$ et $\beta \vdash_{MP} \gamma$, alors $\langle \Theta, \gamma \rangle$ est un defeater conservatif maximal de $\langle \Phi, \alpha \rangle$.

Corollaire 5. *Soit $\langle \Psi, \beta \rangle$ un defeater conservatif maximal de $\langle \Phi, \alpha \rangle$. Il existe un ensemble infini d'arguments conservatifs maximaux de $\langle \Phi, \alpha \rangle$ de la forme $\langle \Theta, \gamma \rangle$ tel que $\langle \Psi, \beta \rangle$ et $\langle \Theta, \gamma \rangle$ sont quasi-identiques.*

Preuve 14. *Soit $\langle \Psi, \beta \rangle$ defeater conservatif maximal de $\langle \Phi, \alpha \rangle$. Grâce à l'existence d'un nombre infini de formules γ telle que $\gamma \equiv \beta$, il existe donc un nombre infini d'arguments de la forme $\langle \Theta, \gamma \rangle$ qui sont quasi-identiques à $\langle \Psi, \beta \rangle$. D'après la proposition 30, tout argument $\langle \Theta, \gamma \rangle$, où $\langle \Theta, \gamma \rangle$ et $\langle \Psi, \beta \rangle$ sont quasi-identiques, est un defeater conservatif maximal de $\langle \Phi, \alpha \rangle$. Il s'ensuit qu'il existe un nombre infini de defeater conservatifs maximaux de $\langle \Phi, \alpha \rangle$ qui sont quasi-identiques à $\langle \Psi, \beta \rangle$.*

Désormais, il est possible de pallier encore une certaine redondance dans l'ensemble des contre-arguments en ignorant les variantes inutiles des defeaters conservatifs maximaux. À cette fin, nous introduisons le concept de *defeater pertinent* de la manière suivante.

---

2. Ici, nous ne considérons pas le cas $\sigma_t \vdash_{MP} (\mu_3 \Rightarrow \mu_4) \wedge (\rho_3 \Rightarrow \rho_4)$ car $\sigma \nvdash \sigma$ par $\Phi \vdash_{MP} \sigma$.

3. Ici, nous ne considérons pas le cas $\delta_j \wedge \sigma_t \vdash_{MP} (\mu_5 \Rightarrow \mu_6) \wedge (\rho_5 \Rightarrow \rho_6)$ car $\delta \wedge \sigma \nvdash \delta \wedge \sigma$.

Définition 62 (Defeater pertinent). *Soit* $\langle \Psi_1, \beta_1 \rangle, \ldots, \langle \Psi_n, \beta_n \rangle, \ldots$ *l'énumération canonique de tous les defeaters conservatifs maximaux de* $\langle \Phi, \alpha \rangle$. $\langle \Psi_i, \beta_i \rangle$ *est un defeater pertinent de* $\langle \Phi, \alpha \rangle$ *si et seulement si pour tout* $j < i$, $\langle \Psi_i, \beta_i \rangle$ *et* $\langle \Psi_j, \beta_j \rangle$ *ne sont pas quasi-identiques.*

Notons que cette notion de defeater pertinent est suffisante pour capturer toutes les attaques possibles d'un argument particulier. En conséquence, les defeaters pertinents peuvent être interprétés comme les représentants de tous les contre-arguments de l'argument attaqué. Plus précisément, cette relation de conflit entre arguments est capable d'ignorer toute sorte d'attaque particulière et inutile.

Exemple 54. *Reprenons à nouveau l'exemple 53. Supposons que* $\langle \{a \Rightarrow b, a \Rightarrow c\}, (a \Rightarrow (b \wedge c)) \rangle$, $\langle \{((e \wedge \neg d) \Rightarrow (b \wedge c))\}, ((e \wedge \neg d) \Rightarrow (b \wedge c)) \rangle$, $\langle \{\neg b\}, \neg b \rangle$, $\langle \{a \Rightarrow b, a \Rightarrow c\}, \neg\neg(a \Rightarrow (b \wedge c)) \rangle$, $\langle \{\neg b\}, \neg(\neg b \rightarrow b) \rangle$, $\langle \{a \Rightarrow b, a \Rightarrow c\}, (a \Rightarrow b) \wedge (a \Rightarrow c) \rangle, \ldots$ *est l'énumération canonique des defeaters conservatifs maximaux conidérés dans l'exemple 53. Les arguments* $\langle \{a \Rightarrow b, a \Rightarrow c\}, (a \Rightarrow (b \wedge c)) \rangle$, $\langle \{((e \wedge \neg d) \Rightarrow (b \wedge c))\}, ((e \wedge \neg d) \Rightarrow (b \wedge c)) \rangle$, $\langle \{\neg b\}, \neg b \rangle$ *sont donc des defeaters pertinents de l'argument* $\langle \{((a \vee \neg d) \Rightarrow (b \wedge c)), f \vee \neg b, b\}, f \wedge ((a \vee \neg d) \Rightarrow (b \wedge c)) \rangle$.

Bien évidement, un argument peut avoir plus qu'un defeater pertinent. Le résultat qui suit montre comment les defeaters pertinents d'un même argument diffèrent les uns des autres.

Proposition 31. *Soit* $\langle \Phi, \alpha \rangle$ *un argument. Pour tous defeaters pertinents* $\langle \Psi, \beta \rangle$ *et* $\langle \Theta, \gamma \rangle$ *de* $\langle \Phi, \alpha \rangle$, $\Psi \neq \Theta$.

Preuve 15. *Raisonnons par contraposée : supposons qu'il existe deux defeaters pertinents de* $\langle \Phi, \alpha \rangle$ *qui possèdent le même support. Prenons donc* $\langle \Psi, \beta \rangle$ *et* $\langle \Psi, \gamma \rangle$ *comme defeaters pertinents de* $\langle \Phi, \alpha \rangle$. *Puisque* $\Psi \vdash_{MP} \beta$ *et* $\Psi \vdash_{MP} \gamma$, *donc* $\Psi \vdash_{MP} \beta \vee \gamma$. *Ainsi, il existe un certain sous-ensemble minimal* $\Psi' \subseteq \Psi$ *tel que* $\langle \Psi', \beta \vee \gamma \rangle$ *est un argument. Comme démontré dans la preuve de la proposition 30, si* $\beta \bowtie \Phi$ *et* $\gamma \bowtie \Phi$, *alors* $\beta \vee \gamma \bowtie \Phi$. *Donc,* $\langle \Psi', \beta \vee \gamma \rangle$ *est un defeater de* $\langle \Phi, \alpha \rangle$. *Or,* $\langle \Psi', \beta \vee \gamma \rangle$ *est plus conservatif que* $\langle \Psi, \beta \rangle$ *et* $\langle \Psi, \gamma \rangle$. *Il s'ensuit donc que* $\langle \Psi', \beta \vee \gamma \rangle$ *est un defeater conservatif maximal de* $\langle \Phi, \alpha \rangle$ *et cela contredit l'hypothèse que* $\langle \Psi, \beta \rangle$ *et* $\langle \Psi, \gamma \rangle$ *sont des defeaters conservatifs maximaux de* $\langle \Phi, \alpha \rangle$.

Vu que la relation de defeater pertinent est fondée sur la relation de contrariété conditionnelle, qui est en elle-même une relation asymétrique, cette relation est ainsi *asymétrique*. En outre, cette relation de conflit écarte l'existence des arguments qui s'auto-attaquent au sein de système argumentatif, ce qui est un atout fondamental par rapport à l'approche argumentative à la Dung [Dung 1995]. Cela peut être introduit formellement comme suit :

Proposition 32. *Un argument ne peut pas être son propre defeater pertinent.*

Preuve 16. *Soit $\langle \Phi, \alpha \rangle$ un argument. Raisonnons par l'absurde. Supposons donc que $\langle \Phi, \alpha \rangle$ est un defeater de lui même. Donc, $\alpha \bowtie \Phi$. En conséquent, il existe β telle que $\Phi \vdash_{MP} \beta$ et $\alpha \bowtie \beta$. Cela contredit la condition 2 de la définition 55.*

5.2.4 Arbres argumentatifs

Dans cette section, un dernier concept fondamental dans les théories logiques de l'argumentation qui correspond à la notion d'*arbre argumentatif* est examiné ainsi que ses sujets connexes.

À partir d'un ensemble de formules Δ, plusieurs arguments, éventuellement inter-connectés pouvant co-exister, devraient être assemblés afin d'obtenir une compréhension complète de l'ensemble des avantages et des inconvénients menant à une conclusion qui peut être acceptée ou rejetée. Les arbres argumentatifs sont destinés alors à collecter et organiser ces arguments.

Définition 63 (Arbre argumentatif). *Un arbre argumentatif pour α est un arbre T dont les nœuds sont des arguments tels que :*

1. La racine de T est un argument en faveur de α,

2. Pour tout nœud $\langle \Psi, \beta \rangle$ dont les nœuds ancêtres sont $\langle \Psi_1, \beta_1 \rangle, \ldots, \langle \Psi_n, \beta_n \rangle$, il existe $\gamma \in \Psi$ tel que $\gamma \notin \Psi_i$ pour $i = 1..n$,

3. Tout nœud de T est un defeater pertinent de son nœud parent.

Un arbre argumentatif vise à refléter de manière exhaustive (mais aussi implicitement) la façon dont les contre-arguments peuvent intervenir lors d'un processus de dispute.

La condition 2 exprime le fait que chaque contre-argument implique des informations supplémentaires empêchant ainsi les cycles. La troisième condition impose que chaque nœud (sauf la racine) de l'arbre argumentatif correspond à un defeater pertinent de son nœud parent.

Afin d'illustrer cette notion d'arbre argumentatif, considérons les deux exemples suivants dans le contexte de l'argumentation conditionnelle.

Exemple 55. *Reprenons la base de connaissances Δ de l'exemple 50. Soit la formule $\alpha = f \wedge ((a \vee \neg d) \Rightarrow (b \wedge c))$. Nous nous intéressons ici à la conclusion α. Un arbre argumentatif correspondant est présenté en figure 5.1. avec $\beta = ((e \wedge \neg d) \Rightarrow (b \wedge c))$ et $\gamma = (a \Rightarrow (b \wedge c))$.*

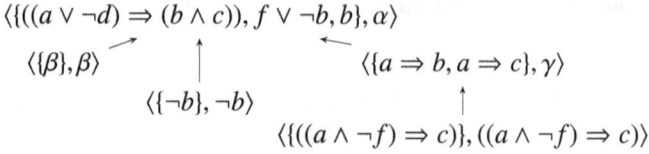

$$\langle \{((a \vee \neg d) \Rightarrow (b \wedge c)), f \vee \neg b, b\}, \alpha \rangle$$

$$\langle \{\beta\}, \beta \rangle \qquad \qquad \langle \{a \Rightarrow b, a \Rightarrow c\}, \gamma \rangle$$

$$\langle \{\neg b\}, \neg b \rangle$$

$$\langle \{((a \wedge \neg f) \Rightarrow c)\}, ((a \wedge \neg f) \Rightarrow c) \rangle$$

FIGURE 5.1 – Arbre argumentatif pour $f \wedge ((a \vee \neg d) \Rightarrow (b \wedge c))$

Exemple 56. *Soit Δ une base de connaissances telle que $\Delta = \{a \Rightarrow c, ((a \wedge b) \Rightarrow c) \wedge e, \neg c \wedge d, \neg(c \rightarrow \neg b), a \Rightarrow d, \neg e\}$. Nous considérons la formule $\alpha = b \rightarrow (a \Rightarrow (c \wedge d))$. Un arbre argumentatif en faveur de α est présenté en figure 5.2.*

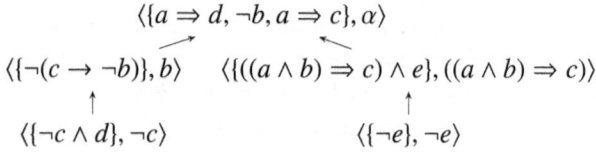

$$\langle \{a \Rightarrow d, \neg b, a \Rightarrow c\}, \alpha \rangle$$

$$\langle \{\neg(c \rightarrow \neg b)\}, b \rangle \qquad \langle \{((a \wedge b) \Rightarrow c) \wedge e\}, ((a \wedge b) \Rightarrow c) \rangle$$

$$\langle \{\neg c \wedge d\}, \neg c \rangle \qquad \qquad \langle \{\neg e\}, \neg e \rangle$$

FIGURE 5.2 – Arbre argumentatif pour $b \rightarrow (a \Rightarrow (c \wedge d))$

Les deux résultats suivants indiquent l'efficacité de la notion d'arbre argumentatif dans la représentation du processus argumentatif.

Proposition 33. *Tout arbre argumentatif d'une formule α est fini.*

Preuve 17. *Considérons un arbre argumentatif T construit à partir d'une base de connaissances finie Δ. Puisque Δ est finie, chaque argument possède uniquement un nombre fini de defeaters pertinents. Donc, d'après la condition 3 de la définition 63, le nombre de branches de l'arbre argumentatif T est aussi fini. En outre, d'après la condition 2 de la définition 63, aucune branche de T est infinie car toute branche est composée d'un nombre fini d'arguments. Par conséquent, l'arbre argumentatif T est fini.*

Proposition 34. *Pour toute formule α tel que $\Delta \vdash_{MP} \alpha$, il existe uniquement un nombre fini d'arbres argumentatifs pour α.*

Preuve 18. *Considérons une base de connaissances finie Δ et une formule α telle que $\Delta \vdash_{MP} \alpha$. Nous montrons ce résultat de façon similaire au résultat précédent (cf. preuve 17). Puisque la base de connaissances Δ est finie, il existe un nombre fini de defeaters pertinents pour chaque argument. Or les nœuds d'un arbre argumentatif sont en fait des arguments. Donc, il existe un nombre fini de nœuds qui peuvent être utilisés dans la construction d'arbres argumentatifs. En conséquence, il existe un nombre fini d'arbres argumentatifs qui peuvent être générés en faveur de α.*

Bien évidement, les deux dernières propriétés d'arbres argumentatifs sont importantes en pratique. Plus particulièrement, ces propriétés montrent qu'un arbre argumentatif peut effectivement représenter d'une manière efficace un processus d'argumentation.

Dans l'approche argumentative standard [Besnard & Hunter 2001], si une base de connaissances Δ est cohérente, alors tous les arbres argumentatifs possèdent exactement un seul nœud. Cependant, ce n'est pas le cas dans l'argumentation conditionnelle ; précisément à partir d'une base de connaissances cohérente, les arbres argumentatifs qui ne s'écroulent pas dans un seul nœud existent.

Remarque L'exemple suivant illustre le fait que les attaques entre arguments ne sont pas nécessairement fondées sur l'incohérence logique mais elles peuvent être également enracinées en une contrariété sans incohérence (*inconsistency-free contrariety* en anglais).

Exemple 57. *Soit Δ une base de connaissances telle que $\Delta = \{a \Rightarrow b, \neg d, (a \wedge ((d \vee \neg f) \Rightarrow (b \wedge c)), a \Rightarrow c\}$.*
Remarquons ici que la base de connaissances Δ est cohérente (i.e. $\Delta \nvdash_{MP} \bot$). Supposons que la thèse défendue est représentée par la formule $\alpha = (a \Rightarrow (b \wedge c)) \vee \neg d$. Un arbre argumentatif en faveur de α est donné dans la figure 5.3.

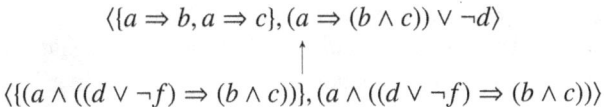

$$\langle \{a \Rightarrow b, a \Rightarrow c\}, (a \Rightarrow (b \wedge c)) \vee \neg d\rangle$$
$$\uparrow$$
$$\langle \{(a \wedge ((d \vee \neg f) \Rightarrow (b \wedge c))\}, (a \wedge ((d \vee \neg f) \Rightarrow (b \wedge c)))\rangle$$

FIGURE 5.3 – Arbre argumentatif pour $(a \Rightarrow b \wedge c) \vee \neg d$

Comme plusieurs différents arbres argumentatifs pour une même formule peuvent co-exister, il est utile et intéressant de les représenter de manière globale tout en tenant compte de toutes les attaques possibles par le rassemblement de tous les defeaters pertinents de chaque argument. Plus formellement, nous introduisons le nouveau concept d'arbre argumentatif complet comme suit :

Définition 64 (Arbre argumentatif complet). *Soit T un arbre argumentatif α. T est un arbre argumentatif complet en faveur de α si les fils de chaque nœud de A consiste en tous les defeaters pertinents de A satisfaisant la condition 2 de la définition 63.*

Exemple 58. *Étant donné une base de connaissances* Δ *telle que* $\Delta = \{a \Rightarrow b, a, ((a \wedge d) \Rightarrow (b \wedge c)), c \wedge \neg a, a \Rightarrow c, \neg c \wedge \neg a\}$. *Soient* $\alpha = a \wedge (a \Rightarrow (b \wedge c))$ *et* $\beta = ((a \wedge d) \Rightarrow (b \wedge c))$. *La figure suivante présente l'arbre argumentatif complet en faveur de* α.

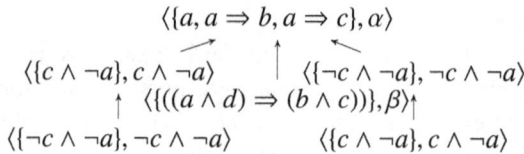

$$\langle \{a, a \Rightarrow b, a \Rightarrow c\}, \alpha \rangle$$

$$\langle \{c \wedge \neg a\}, c \wedge \neg a \rangle \qquad \langle \{\neg c \wedge \neg a\}, \neg c \wedge \neg a \rangle$$
$$\langle \{((a \wedge d) \Rightarrow (b \wedge c))\}, \beta \rangle$$
$$\langle \{\neg c \wedge \neg a\}, \neg c \wedge \neg a \rangle \qquad \langle \{c \wedge \neg a\}, c \wedge \neg a \rangle$$

FIGURE 5.4 – Arbre argumentatif complet pour $a \wedge (a \Rightarrow b \wedge c)$

5.3 Système argumentatif basé sur la logique $\mathcal{K}$

Comme pour la logique conditionnelle, les conflits entre des formules modales ne sont pas seulement contradictoires mais également basés sur une certaine forme de conflit non logique. En d'autres termes, les formules peuvent être en conflit sans impliquer une incohérence logique. Afin de mieux illustrer notre intuition, nous considérons un exemple de deux agents $A1$ et $A2$ qui discutent à propos de la présence d'Anna à New York. Le dialogue peut être formulé de la manière suivante :
A1 : *"Il est possible qu'Anna soit aujourd'hui à New York"*,
A2 : *"Non, Anna n'est pas à New York aujourd'hui"*.

Bien évidement dans cet exemple, l'argument de l'agent $A2$ pourrait être interprété comme une objection de celui de $A1$, même si les formules qui les composent ne sont pas logiquement contradictoires.

5.3.1 Contrariété modale

Dans cette section, nous allons introduire formellement la notion de *contrariété modale* comme le présente l'exemple de motivation précédent comme suit :

Définition 65 (Contrariété modale). *Soit α et β deux formules de $\mathcal{K}$ tel que $DNF(\alpha) = \alpha_1 \vee \ldots \vee \alpha_n$ et $DNF(\beta) = \beta_1 \vee \ldots \vee \beta_m$. α contrarie β, noté $\alpha \bowtie \beta$, si et seulement si $\forall\, \alpha_i, \forall \beta_j$:*

    (I.) $\{\alpha_i, \beta_j\} \vdash_K \bot$, ou

    (II.) il existe γ tel que

      – $\{\alpha_i, \beta_j\} \vdash_K \Diamond\gamma$ où $\alpha_i \vdash_K \neg\gamma$, ou

      – $\beta_j \vdash_K \neg\gamma \wedge \Diamond\gamma$.

Comme dans le cadre conditionnel, la définition 65 englobe à la fois l'incohérence logique dans le système $\mathcal{K}$ (item I.) et la contestation de la modalité (item II.) comme le montre l'exemple de motivation ci-dessus.

Exemple 59. *La formule $a \wedge \neg b$ contrarie $\Diamond(b \wedge c)$ car $\neg b \bowtie \Diamond b$. Également, $\Box a \rightarrow (b \wedge c)$ est contrariée par la formule $\neg(\neg a \vee b \vee c)$, en particulier $\neg\neg a \bowtie \neg\Box a$ et $\neg(b \vee c) \bowtie (b \wedge c)$.*

La relation de contrariété modale est naturellement étendue à la contrariété d'un ensemble de formules. Formellement :

Définition 66 (Contrariété d'un ensemble de formules). *Soit Φ un ensemble de formules de $\mathcal{L}_K$. Soit α une formule de $\mathcal{L}_K$. α contrarie Φ, noté $\alpha \bowtie \Phi$, si et seulement s'il existe β dans $\mathcal{L}_K$ tel que $\Phi \vdash_K \beta$ et $\alpha \bowtie \beta$.*

Exemple 60. *Considérons l'ensemble $\Delta = \{\Box(a \vee \neg b), \Diamond(\neg c \vee \neg d)\}$. Nous remarquons ici que Δ est à la fois contrarié par $\Box b \wedge c$ et $\neg(c \rightarrow \neg d)$, i.e. $\Box b \wedge c \bowtie \Delta$ et $\neg(c \rightarrow \neg d) \bowtie \Delta$.*

Il est intéressant de noter que la relation de contrariété modale $\bowtie$ hérite les mêmes propriétés que la contrariété conditionnelle. Notamment, cette relation n'est ni symétrique, ni antisymétrique, ni antiréflexive. Cependant, elle est monotone et indépendante de la syntaxe (cf. propositions 21 et 22).

Dans de nombreuses situations, il est évident qu'il y a une nécessité de soutenir l'argumentation modale, comme le démontre l'exemple d'Anna présenté précédemment. Pour répondre à ce besoin d'un cadre d'argumentation modal, nous étendons notre système d'argumentation conditionnel au système modal $\mathcal{K}$ en prenant en compte la notion de contrariété modale définie précédemment (cf. Définition 65). Nous soulignons ici que toutes les définitions proposées dans le système d'argumentation conditionnel à savoir celle d'argument, de rebuttal, de defeater, de defeater conservatif maximal, de defeater pertinent et d'arbre argumentatif restent valables pour le cas modal, sauf que nous considérons ici une base de connaissances Δ formée d'un ensemble de formules de $\mathcal{L}_K$ et la relation de conséquence est la relation $\vdash_K$.

Ainsi, afin de migrer du cas conditionnel au cas modal, nous présentons dans cette section quelques exemples illustrant l'utilisation de l'argumentation dans le système modal normal $\mathcal{K}$.

Exemple 61. *Considérons la base de connaissances* Δ *telle que* $\Delta = \{\Box(a \rightarrow \neg d), \Diamond b, \Box\neg a, \Box(a \vee \neg c)\}$. *À partir de* Δ, *plusieurs arguments peuvent être construits comme par exemple :*

$$\langle\{\Box(a \vee \neg c), \Box\neg a\}, \Box\neg c\rangle$$
$$\langle\{\Box(a \vee \neg c), \Box\neg a\}, \neg\Diamond c\rangle$$
$$\langle\{\Diamond b\}, \neg\Box\neg b \vee c\rangle$$
$$\langle\{\Box(a \rightarrow \neg d)\}, \Box a \rightarrow \Box\neg d\rangle$$

Exemple 62. *Prenons* Δ *de l'exemple 61. Les deux premiers arguments sont quasi-identiques, chacun est plus conservateur que l'autre :*
$\langle\{\Box(a \vee \neg c), \Box\neg a\}, \Box\neg c\rangle$,
$\langle\{\Box(a \vee \neg c), \Box\neg a\}, \neg\Diamond c\rangle$.

Exemple 63. *Soit la base de connaissances* Δ *telle que* $\Delta = \{\Box\neg a \wedge d, b, \neg a \wedge b, \Diamond a, \neg c, \Box(\neg a \vee \neg b), c \vee \neg b\}$. *Certains defeaters de l'argument* $\langle\{\Diamond a, \Box(\neg a \vee \neg b), c \vee \neg b, b\}, \Diamond(a \wedge \neg b) \wedge c\rangle$ *sont listés ci-dessous :*

$$\langle\{\Box\neg a \wedge d\}, \Box\neg a\rangle$$
$$\langle\{\neg a \wedge b\}, \neg a\rangle$$
$$\langle\{\Box\neg a \wedge d\}, \neg a \vee \neg c \vee \Box\neg a\rangle$$
$$\langle\{\neg c\}, \neg(\neg c \rightarrow c)\rangle$$

Exemple 64. *Considérons l'exemple 63. Dans cet exemple, l'argument* $\langle\{\neg a \wedge b\}, \neg a\rangle$ *est un challenge de* $\langle\{\Diamond a, \Box(\neg a \vee \neg b), c \vee \neg b, b\}, \Diamond(a \wedge \neg b) \wedge c\rangle$. *En outre,* $\langle\{\Box\neg a \wedge d\}, \neg a \vee \neg c \vee \Box\neg a\rangle$ *est un defeater conservatif maximal de* $\langle\{\Diamond a, \Box(\neg a \vee \neg b), c \vee \neg b, b\}, \Diamond(a \wedge \neg b) \wedge c\rangle$.

Exemple 65. *Considérons à nouveau la base de connaissances donnée dans l'exemple 63. Soit* $\alpha = \Diamond(a \wedge \neg b) \wedge c$ *une formule représentant la thèse défendue. La figure 5.5 ci-dessous présente l'arbre argumentatif complet en faveur de* α *où* $\beta = \neg a \vee \neg c \vee \Box\neg a$.

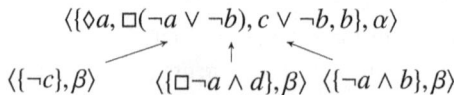

$$\langle\{\Diamond a, \Box(\neg a \vee \neg b), c \vee \neg b, b\}, \alpha\rangle$$

$\langle\{\neg c\}, \beta\rangle \qquad \langle\{\Box\neg a \wedge d\}, \beta\rangle \quad \langle\{\neg a \wedge b\}, \beta\rangle$

FIGURE 5.5 – Arbre argumentatif complet pour α

5.4 Conclusion

Les approches logiques de l'argumentation se focalisent sur des conflits entre arguments qui sont principalement basés sur l'incohérence logique. En revanche, dans la vie quotidienne de nombreux arguments conflictuels ne sont pas forcément logiquement incohérents. En conséquence, une nouvelle théorie de l'argumentation plus générale, par l'extension des approches argumentatives logiques existantes, afin de couvrir ces types de conflits entre arguments constitue un défi dans la mesure où les mécanismes du raisonnement logique complet et solide doivent être respectés et préservés. Ce chapitre présente un premier pas dans une telle direction en ce qu'elle permet d'intégrer une nouvelle classe de conflits sans incohérence entre arguments au sein de raisonnement argumentatif. Afin de couvrir cette extension, nous avons recours à des logiques intensionnelles comme la logique conditionnelle et la logique modale. Nous avons revisité ensuite les concepts fondamentaux de la théorie de l'argumentation déductive. En particulier, nous avons introduit au sein de système $\mathcal{MP}$ le concept de contrariété conditionnelle qui couvre à la fois les situations de conflits logiques fondés sur l'incohérence logique et une forme particulière de conflit qui ne se traduit pas naturellement par un conflit basé sur l'incohérence. Cette nouvelle notion de contrariété est ensuite exploitée pour définir dans ce contexte les concepts fondamentaux d'une théorie logique de l'argumentation à savoir les arguments, les contre-arguments (rebuttal, defeater, challenge, defeater pertinent) et finalement la notion d'arbre argumentatif qui est une structure dans laquelle les arguments relatifs à une conclusion particulière sont collectés. Nous avons par la suite étendu notre cadre argumentatif pour une autre logique intensionnelle qui est le système modal normal $\mathcal{K}$. Pour cela, nous avons proposé également un nouveau concept de contrariété entre formules qui couvre à la fois l'incohérence classique et une autre forme particulière de conflit modal. Ensuite, les principaux éléments d'une théorie logique de l'argumentation peuvent être défini de la même manière qu'au cas conditionnel. Pour couvrir cette nouvelle extension modale, nous avons présenté dans la section 5.3 des exemples qui permettent d'illustrer les notions d'argument, de contre-argument ainsi que celle d'arbre argumentatif.

Chapitre 6

Théorie de l'argumentation basée sur une logique de ressources

Sommaire

6.1 Introduction

Nous avons présenté, aux chapitres 3 et 5, des théories de l'argumentation qui sont essentiellement définies sur la base des logiques classiques comme la logique propositionnelle, ou leurs extensions comme la logique conditionnelle, ou encore la logique modale. Ces modèles de raisonnement argumentatif donnent des résultats prometteurs dans le cadre du traitement de l'incohérence dans des bases de connaissances. Dans cette optique, la génération d'arguments et de contre-arguments et la construction d'arbres argumentatifs sont définies en termes de système déductif de la logique considérée.

La logique classique a depuis longtemps été considérée comme un outil privilégié en intelligence artificielle pour la formalisation et l'exploitation des connaissances. Toutefois, elle reste inadéquate pour la représentation et le raisonnement avec des connaissances représentant des ressources consommables. En effet, lorsque ces ressources sont représentées par des formules logiques classiques, il est possible d'utiliser à souhait et donc de manière inépuisable ces formules dans un même processus déductif. Ce qui est contre-intuitif au sens de ressources consommables et de quantité bornée. En conséquence, par l'inférence classique les conclusions obtenues à partir de connaissances consommables ne sont pas toujours vraies. Nous n'accordons donc aucune garantie quant à la pertinence des raisonnements de la logique classique dans lesquels les propositions sont considérées comme des ressources ou du moins, si les propositions mettent en jeu des ressources, et que les raisonnements prétendent tirer des conclusions relatives à la disponibilité des ressources en question. Plus précisément, plusieurs exemples tirés de la vie quotidienne, de la chimie, de la physique quantique, de l'informatique, etc. montrent l'incapacité et les défaillances de la logique classique devant ces problèmes.

Généralement, la notion de ressources, largement utilisée dans le discours commun, est une notion primitive et fondamentale en informatique. Informellement, une ressource désigne n'importe quelle entité (un processus, un type de données, un composant matériel, une formule logique, etc) manipulable par une opération au sens large. La notion de ressource et les problématiques liées à leur gestion sont au cœur de ce chapitre.

Le raisonnement sur la consommation des ressources bornées est ubiquitaire et est très répandu dans la vie quotidienne et il concerne tous les domaines où les décisions portent sur des ressources qui ne sont pas infinies. Notamment, plusieurs situations de ce genre sont présentes en intelligence artificielle. Un robot autonome doit soigneusement par exemple planifier ses actions pour éviter toute perte d'énergie. Un agent intelligent qui négocie sur le web doit être conscient de ses ressources financières et il doit donc assumer les conséquences financières de chaque décision qu'il prend. En fait, beaucoup de nos décisions dépendent de leurs influences sur nos ressources limitées disponibles tel que par exemple le temps, l'argent, l'énergie, etc. En bref, la capacité de raisonner à partir des ressources consommables est un élément nécessaire dans de nombreuses situations quotidiennes.

Malheureusement, la logique classique n'est pas adaptée pour raisonner sur la consommation des ressources limitées. Supposons par exemple qu'un agent possède une ressource disponible comme l'une de ses prémisses. Lorsque cette prémisse est destinée à représenter une ressource consommable qui peut être effectivement utilisée qu'une seule fois, cette dernière ne devrait pas être réutilisée plus après qu'elle était consommée dans le raisonnement ou la décision en cours. Au contraire, la logique classique conserve toutes les prémisses comme accessibles, même après que le raisonnement actuel en a fait usage. Globalement, ce que nous désirons est une logique qui omet les informations représentant des ressources consommables après avoir été utilisées dans le raisonnement.

Supposons maintenant que l'agent a engagé une ressource *R1* dans son raisonnement par le fait que la formule *R1* ∧ *R2* fait partie de ses prémisses. Dans ce cas, nous devons remplacer cette dernière formule par la formule *R2* dans l'ensemble des formules initiales disponibles, traduisant l'idée que *R1* est maintenant consommée dans un tel raisonnement. Nous voulons pouvoir par ailleurs représenter la quantité disponible et spécifique de deux unités de la ressource *R1* par exemple au moyen de deux instances de cette dernière formule, alors que la logique classique se comporte d'une manière similaire lorsqu'une ou plusieurs exemplaires de la même formule sont disponibles. Dans le même esprit, nous voulons également être capable de représenter et de raisonner sur la consommation d'une partie de la quantité disponible d'une ressource donnée. Par exemple, on peut vouloir un raisonnement qui engage exactement trois copies de la ressource *R1* à partir d'une quantité totale de dix, laissant sept copies de *R1* accessibles.

Nous présentons dans ce chapitre, en fonction de ce qu'on a envisagé intuitivement ci-dessus, un système logique, que nous appelons la *logique consommatrice*, assez simple qui est particulièrement adapté pour modéliser les raisonnements à partir des ressources consommables et de quantité bornée ; c'est une logique exprimant la rareté des ressources. Pour cela, nous considérons un langage similaire à celui de la logique propositionnelle classique et la méthode des tableaux [Smullyan 1968] sera ensuite adaptée pour raisonner déductivement dans notre logique. Finalement, pour mieux traiter l'incohérence dans la logique consommatrice et mieux comprendre l'impact de la consommation des ressources dans le raisonnement argumentatif, il sera très naturel d'étendre la théorie de l'argumentation en termes de cette logique afin de mieux expliquer les inférences réalisées et la relation de conflit engendrée. En particulier, deux conclusions sont en conflit s'il y a dans leurs consommés respectifs un exemplaire commun d'une ressource. Pour ce faire, nous adoptons le système de déduction de la logique consommatrice pour la construction d'arguments, de contre-arguments et pour la génération d'arbres argumentatifs.

Dans cette optique, il est important de noter que les notions de ressources et de consommation n'avaient pas été traitées auparavant dans le cadre de l'argumentation logique. À notre connaissances, le seul travail qui prend en compte la rareté des ressources dans le cadre de l'argumentation abstraite est celui de [Rotstein *et al.* 2011] dans lequel les auteurs intègrent une nouvelle contrainte de gestion des ressources limitées dans la sélection des arguments acceptables à la Dung. Cependant, aucun système d'argumentation logique n'a été proposé jusqu'ici sur la base d'une logique de ressources.

Ce chapitre est structuré de la manière suivante. Dans la section 6.2, nous présenterons notre logique de ressources ainsi que son formalisme déductif qui se base sur la méthode des tableaux sémantiques. Nous achevons la section par des exemples illustratifs du fonctionnement de la méthode des tableaux en terme de consommation des ressources et les propriétés fondamentales de la relation de déduction consommatrice obtenue. Notre formalisme logique sera considéré par la suite dans la section 6.3 pour développer un modèle de raisonnement basé sur l'argumentation. Ce modèle a pour objectif le traitement de l'incohérence dans des bases de connaissances représentant des ressources consommables et de quantité bornée. Nous étudions alors sur cette base les notions d'argument, de sous-argument, de contre-argument et d'arbre argumentatif. Finalement, nous terminerons le chapitre sur l'agrégation des arguments et des contre-arguments relatifs à une conclusion donnée au sein d'une même structure arborescente appelée *arbre argumentatif*.

Les contributions présentés dans ce chapitre ont fait l'objet de deux publications à [Besnard *et al.* 2012b] et [Besnard *et al.* 2013c].

6.2 La logique consommatrice $C\mathcal{L}$

6.2.1 Motivations

En logique propositionnelle un même processus d'inférence peut faire intervenir un nombre quelconque (fini) de fois la même formule afin de dériver une conclusion quelconque. Ceci peut être illustré par le fonctionnement de l'opérateur de l'implication matérielle lequel ne correspond que d'une façon approximative à l'expression « si..., alors... » dans le contexte de ressources consommables : lorsque l'on écrit $\alpha \rightarrow \beta$, cela signifie que si l'on a α, alors on aura β mais α reste toujours vraie.

Cela est préjudiciable pour représenter la notion de ressource. Si l'on essaye de raisonner sur des ressources avec la logique classique, on aboutit à des absurdités. Pensons par exemple à un client qui dépense un euro pour acheter soit une barre au chocolat soit un gâteau au chocolat. Nous interprétons cet échange en considérant qu'il consomme l'argent qu'il possède pour produire l'objet en question. Considérons alors les formules classiques suivantes : *1 euro* et *1 euro → barre_chocolat*, qui signifient respectivement *j'ai un euro* et *si j'ai un euro alors j'achète une barre au chocolat*. Dans cet exemple, une déduction aussi simple que l'application de la règle de Modus Ponens sur ces deux prémisses permet d'inférer la conclusion *j'achète une barre au chocolat*. En effet, au sens des ressources, la vérité de cette conclusion n'est pas compatible avec le maintien de la vérité de la deuxième prémisse. Dans notre exemple, la conjonction de la première prémisse et de la conclusion donne : *j'ai un euro et j'achète une barre au chocolat*, proposition irréaliste au sens des ressources puisque l'action d'achat remet en cause la disponibilité des ressources qu'elle requiert. Maintenant, reprenons l'exemple avec une autre possibilité d'achat : *si j'ai un euro alors j'achète un gâteau au chocolat*, que l'on désigne par la formule classique *1 euro $\rightarrow$ gateau_chocolat*, qui avec la première prémisse entraîne la conclusion *j'achète un gâteau au chocolat*. En combinant cette déduction avec la précédente, nous déduisons la conclusion : *j'achète une barre au chocolat et j'achète un gâteau au chocolat*, qui reste irréaliste au sens des ressources car la déduction de la conclusion *barre_chocolat $\wedge$ gateau_chocolat* nécessite en réalité *deux fois* la précondition *j'ai un euro*. En plus de cette déduction, l'hypothèse *1 euro* reste encore valable. Or, ce raisonnement est évidemment absurde en termes de ressources. En fait, compte tenu de la limitation des ressources du client (par hypothèse, il n'y a qu'un seul euro), on attendrait finalement la proposition : *j'achète soit une barre au chocolat soit un gâteau au chocolat*, dans laquelle la disjonction remplace la conjonction.

Pour combler cette limitation, plusieurs formalismes logiques dites logiques de ressources [Roorda 1991] ont été proposés dans la littérature. En particulier, beaucoup d'intérêt s'est porté sur ces logiques ces dernières années car elles permettent de remédier à la limitation de la logique classique d'une part et elles ouvrent de nouvelles perspectives pour exprimer, et analyser de manière intrinsèque les phénomènes liés à la gestion des ressources consommables d'autre part.

Pour rendre compte des divers aspects de la gestion des ressources consommables et de quantité bornée, les logiques de ressources que nous venons de présenter dans le chapitre 2, que ce soient les logiques $\mathcal{LL}$ ou les logiques $\mathcal{BI}$ « mélangent » généralement plusieurs types de connecteurs logiques, à savoir les versions additive, multiplicative et exponentielle. Plus précisément, ces connecteurs peuvent être additifs ou multiplicatifs, intuitionnistes ou linéaires, commutatifs ou non commutatifs, etc. En plus, le type d'interactions entres les ressources exprimé par la logique se traduit par un type particulier d'interaction entre les différents connecteurs considérés (idempotence, distributivité, etc.). De ce fait, ces logiques sont caractérisées par une syntaxe très compliquée qui les rend inattractives par la communauté de l'intelligence artificielle. Cette syntaxe compliquée peut poser des problèmes lorsqu'on souhaite modéliser des applications réelles.

Pour pallier ces inconvénients et pour mieux répondre à nos attentes, nous proposons dans ce chapitre une nouvelle variante des logiques de ressources qui permet de représenter et de raisonner à partir des ressources consommables mais avec une syntaxe simple, élégante et facile à comprendre. Cette variante appartient à la première famille des logiques de ressources. En d'autres termes, notre système formel vise à formaliser des problèmes liés à des aspects de production-consommation de ressources et de cumul de ressources. À la différence des logiques linéaires, notre variante de logique de ressources permet de ne consommer que la quantité nécessaire des ressources sans transformer la totalité de la ressource concernée en conclusions. Notons que nous n'avons aucunement l'intention d'effectuer une critique des logiques de ressources connues en introduisant notre nouveau formalisme. Nous suivons donc une voie alternative tout en essayant de rester aussi proche que possible de la logique classique, qui est plus simple, très naturelle et mieux connue dans la communauté de l'intelligence artificielle. Notre approche se base principalement sur la syntaxe de la logique propositionnelle au sens où il n'y aura aucun connecteur autre que ceux du langage propositionnel, ce qui est le cas en revanche pour toutes les autres logiques de ressources. Par conséquent, ceci permet à cette logique de bénéficier via une adaptation légère d'avantages bien connus de la logique propositionnelle comme par exemple les algorithmes relativement efficaces.

Le système formel que nous allons présenter ici se pose en concurrent de la logique propositionnelle, dans la mesure où il abandonne la philosophie initiale de cette logique pour raisonner à partir de ressources consommables et de quantité bornée et proposer de nouvelles règles d'inférence qui prennent en compte l'interaction entre ces ressources. Plus précisément, il devient impossible de contracter, c'est-à-dire d'identifier, deux conclusions identiques, ce que la logique classique autorise par la règle suivante :

$$\frac{\Delta \vdash \Phi, \alpha, \alpha}{\Delta \vdash \Phi, \alpha} \ [Contraction]$$

Notre logique de ressources admet par conséquent une nouvelle syntaxe graphique pour représenter les démonstrations. Nous reviendrons sur cet aspect ultérieurement.

La logique consommatrice [Besnard *et al.* 2012b] est une logique qui ne possède pas les propriétés d'*idempotence* de la conjonction et de la disjonction classique ce qui lui permet d'exprimer les notions de consommation, de production et de cumul de ressources. Le passage de la logique propositionnelle à la logique consommatrice s'effectue aussi par le rejet des propriétés de la distributivité ce qui illustre l'interdiction d'usage multiple du même exemplaire d'une ressource dans un même processus déductif. En particulier, d'une part la conjonction ∧ ne se distribue pas sur la disjonction ∨, d'autre part la disjonction ∨ ne se distribue pas sur la conjonction ∧ :

$$\alpha \wedge (\beta \vee \gamma) \neq (\alpha \wedge \beta) \vee (\alpha \wedge \gamma)$$
$$\alpha \vee (\beta \wedge \gamma) \neq (\alpha \vee \beta) \wedge (\alpha \vee \gamma)$$

Quant à notre logique de ressources, elle a les particularités suivantes :

1. Elle permet une structuration des ressources sous forme de multi-ensembles plutôt que sous forme d'ensembles. De façon informelle, un multi-ensemble est un ensemble pouvant contenir plusieurs occurrences des mêmes ressources (formules).

2. Elle interprète les propositions comme des ressources élémentaires. Toute proposition atomique représente un exemplaire d'une ressource.

3. Elle repose sur le fait que la disponibilité est aux ressources ce que la vérité est aux propositions en logique classique. En particulier, une ressource est disponible quand des exemplaires de celle-ci sont possédés et prêts à être consommés.

4. Les formules d'une preuve peuvent alors être vues comme des ressources pouvant être consommées exactement autant de fois qu'elles apparaissent.

5. Elle postule qu'une connaissance ne peut être consommée qu'une seule fois.

Nous présentons plus en détail dans les deux sous-sections suivantes l'aspect syntaxique de notre logique de ressources.

6.2.2 Langage

À cet effet, nous introduisons une variante relativement simple de la logique propositionnelle, intégrant l'idée de raisonner à partir des ressources consommables. Pour cette raison, ce nouveau système formel est appelé logique consommatrice que nous baptisons CL (pour *Consumption Logic* en anglais). Le langage de la logique consommatrice, noté $\mathcal{L}_{CL}$, est similaire à celui de la logique propositionnelle. Nous reprenons donc les notations habituelles de variables, de formules et d'ensembles de formules.

L'alphabet de la logique consommatrice est constitué donc d'un ensemble infini dénombrable de propositions atomiques ou variables propositionnelles, notées $a, b, c, \ldots$ Ces propositions atomiques désignent des ressources élémentaires. De même, les connecteurs de négation, de disjonction, de conjonction, d'implication et d'équivalence son notés respectivement $\neg$, $\vee$, $\wedge$, $\rightarrow$ et $\leftrightarrow$. Nous utiliserons les symboles classiques de parenthèses. Quant à la négation, son cas est particulier : la suppression de la règle de contraction n'engendre aucune nouveauté syntaxique pour la négation à cause de son arité unaire. Néanmoins, cette dernière est forcément en rapport avec les autres connecteurs du système donc elle diffère sémantiquement de la négation classique. En plus, dans notre système formel les littéraux sont des formules ayant exactement une seule variable propositionnelle, qui peut être précédée d'une négation. Les formules sont construites d'une manière standard, en utilisant des variables propositionnelles, des connecteurs et des parenthèses. À la différence de la logique propositionnelle, une formule peut exister en plusieurs occurrences non assimilables. Les formules de $\mathcal{L}_{CL}$ seront représentées par des lettres grecques minuscules α, β, γ, δ, etc. En conséquence, si α et β sont des formules de $\mathcal{L}_{CL}$ alors $\neg\alpha$, $\alpha \vee \beta$, $\alpha \wedge \beta$, $\alpha \rightarrow \beta$ et $\alpha \leftrightarrow \beta$ sont aussi des formules bien formées appartenant à $\mathcal{L}_{CL}$. Le symbole $\perp$ représente toute formule incohérente de $\mathcal{L}_{CL}$. En outre, les symboles Δ, Θ, Φ, Ψ, etc. qui désignent des ensembles de formules en logique propositionnelle seront utilisées pour noter des multi-ensembles de formules. D'où, le symbole $\uplus$ sera exploité au lieu du symbole d'union classique $\cup$ pour représenter l'union multi-ensembliste. L'union multi-ensembliste $\{a, a \rightarrow \neg b\} \uplus \{a, b \wedge c\}$ entraîne par exemple le multi-ensemble $\{a, a \rightarrow \neg b, a, b \wedge c\}$.

Il est à noter qu'en logique consommatrice, les variables propositionnelles représentent des ressources consommables élémentaires. En particulier, un littéral positif a désigne une seule copie de la ressource a. Afin de pouvoir représenter une quantité spécifique, par exemple 2, de cette ressource nous autorisons la duplication des formules en écrivant $a \wedge a$ ou simplement $\{a, a\}$ pour représenter 2 occurrences de a. En fait, la conjonction consommatrice sur les ressources élémentaires s'apparente à l'addition arithmétique $+$ sur les entiers naturels. Pour en finir avec les notations, nous pouvons noter par la formule $a \wedge a \wedge \ldots \wedge a$ où un nombre naturel n d'occurrences de a sont connectées par $\wedge$. En ce sens, la formule $a \wedge a$ n'est pas par exemple équivalente au littéral a.

Rappelons que la sémantique de la négation classique est celle d'un opérateur involutif qui permute la valeur de vérité de la proposition à laquelle elle s'applique : si la proposition a est vraie alors $\neg a$ est fausse et réciproquement. Par analogie, nous concevons la négation en logique consommatrice comme un opérateur qui transforme un exemplaire de ressource disponible en un exemplaire non disponible : le littéral $\neg a$ ne désigne pas qu'aucune copie de a est accessible mais plutôt qu'un seul exemplaire bien spécifique de a n'est pas disponible. En conséquent, la formule $a \wedge a$ est annihilée par $\neg a \wedge \neg a$ mais pas par $\neg a$.

Bien évidemment, les formules représentent les connaissances sur des ressources consommables qui sont elles mêmes consommables à leur tour, généralisant le traitement des formules atomiques. Après qu'une formule est utilisée dans un processus déductif, elle est considérée comme étant consommée et ne peut plus être réutilisée dans le même raisonnement en cours ; elle est en effet remplacée par ses conséquence(s) déductive(s), qui à son (leur) tour peut (peuvent) être utilisée(s) pour d'autre(s) déduction(s).

Comme nous l'avons mentionné précédemment, afin de raisonner sur des ressources consommables nous supposons que les formules ne peuvent pas être « contractées » au sens où les occurrences d'une formule représentent le nombre maximal de fois où cette formule peut être consommée. Considérons par exemple le multi-ensemble $\{\neg(a \wedge a \wedge b)\} \uplus \{a\} \uplus \{a\}$ qui implique la formule $\neg b$ tandis que ce même multi-ensemble auquel nous enlevons une occurrence de la ressource a, i.e. $\{\neg(a \wedge a \wedge b)\} \uplus \{a\}$, n'entraîne pas $\neg b$. Quant à la règle de coupure usuelle,

$$\frac{\Delta \vdash \alpha \quad \Delta \cup \{\alpha\} \vdash \beta}{\Delta \vdash \beta} \ [Coupure]$$

elle n'est pas admissible dans le système $\mathcal{CL}$. À titre d'exemple bien que a est déduite à partir du multi-ensemble $\{a, \neg a \vee b, a \to c\}$ et que $\{a, \neg a \vee b, a \to c\} \uplus \{a\}$ implique $b \wedge c$, $\{a, \neg a \vee b, a \to c\}$ n'entraîne pas $b \wedge c$.

Bien entendu, dans notre système logique lorsqu'une partie de ressources implique une certaine expression α, et cette même partie implique une autre expression β, ceci n'implique pas forcément que cette quantité de ressources implique $\alpha \wedge \beta$. La règle de l'introduction de ET, qui s'écrit $\dfrac{\alpha \quad \beta}{\alpha \wedge \beta}$, n'est par conséquent pas satisfaite par la logique consommatrice et donc elle n'est pas admissible dans le calcul $\mathcal{CL}$. Ceci peut être illustré par l'exemple suivant, considérons les deux formules $\neg a$ et b qui sont des conséquences déductives d'un même multi-ensemble $\{\neg a, a \vee b\}$, ce multi-ensemble n'implique pas cependant la conjonction de ces deux conséquences déductives, i.e. $\neg a \wedge b$.

Revenons un moment sur l'exemple du client. A l'instar de notre idée de consommation, nous pouvons bien remarquer que la conclusion *barre_ chocolat* $\vee$ *gateau_chocolat* est déductible à partir des trois hypothèses considérées *j'ai un euro*, *si j'ai un euro alors j'achète une barre au chocolat* et *si j'ai un euro alors j'achète un gâteau au chocolat*. Cependant, la conclusion *barre_chocolat* $\wedge$ *gateau_chocolat* ne l'est pas.

Et pour finir, les principes de déduction de la logique $\mathcal{CL}$ seront mieux expliqués par la description de la méthode des tableaux que nous proposons comme une théorie de la preuve pour cette logique dans la section 6.2.3.

6.2.3 Une méthode des tableaux sémantiques pour $\mathcal{CL}$

Nous introduisons dans cette section notre présentation au niveau syntaxique de la théorie de la preuve pour la logique consommatrice.

Comme tout système logique s'appuie sur une relation d'inférence qui caractérise l'ensemble de conclusions dérivées à partir d'un ensemble de prémisses, nous adaptons la *méthode des tableaux* comme procédure de preuve pour la logique $\mathcal{CL}$.

La méthode analytique des tableaux ou *tableau sémantique*, inventée par Beth [Beth 1970] et développée par Smullyan [Smullyan 1968] pour la logique classique, est une procédure de preuve par réfutation [1]. Plus spécifiquement, un calcul des tableaux consiste en une collection finie de règles, dont chacune spécifie comment décomposer une formule syntaxiquement selon son connecteur logique principal.

S'il existe une règle pour traiter chaque connecteur logique, la procédure finit par produire un ensemble composé uniquement de formules atomiques et de leurs négations. Un tel ensemble, dont aucun élément ne peut se voir appliquer de règle, est aisément reconnaissable comme satisfiable ou non satisfiable selon bien sûr la logique considérée. Les éléments d'un tableau sont donc disposés en un arbre dite *tableau*, dont la racine est l'ensemble des formules de départ, et dont les branches sont créées et vérifiées systématiquement. En particulier, les formules étiquetant des nœuds de la même branche de l'arbre sont considérées d'une manière conjonctive tandis que les différentes branches sont traitées disjonctivement. Une telle conjonction peut contenir une paire de littéraux complémentaires, alors dans ce cas cette conjonction s'est avérée insatisfiable. Cette branche du tableau mène donc à une contradiction explicite et est considérée comme fermée. Si toutes les branches sont fermées, la preuve est terminée et la formule d'origine est incohérente.

Maintenant, afin d'adapter ce schéma pour la logique $\mathcal{CL}$, quelques restrictions seront imposées pour bien respecter les particularités de notre système de gestion des ressources. D'une part la méthode des tableaux en logique consommatrice est définie comme un processus déductif de recherche de réfutation à partir d'un multi-ensemble de formules où chaque formule n'est pas systématiquement dupliquée sur toutes les branches du

---

1. Une réfutation d'un ensemble de formules Φ est une dérivation de $\bot$ à partir de Φ.

tableau comme dans le cas classique. Ceci s'explique par le fait que les occurrences d'une formule représentent le nombre maximal de fois où cette formule pourra être utilisée dans le même processus de déduction. D'autre part, la fermeture du tableau consiste à fermer toutes ses branches tout en respectant le principe que tout exemplaire de la même ressource peut être utilisée au plus une fois dans la fermeture du tableau. Ces deux contraintes permettent ainsi la consommation de chaque occurrence de la même formule du multi-ensemble considéré au plus une fois dans un même processus de déduction en cours.

Finalement pour construire le tableau sémantique, nous plaçons tout d'abord les formules de multi-ensemble sur une branche, et nous appliquons un certain nombre de règles, appelées *règles de décomposition*, à ces formules ainsi qu'aux formules obtenues successivement. Ces règles traduisent en fait la signification voulue des connecteurs logiques de la logique C$\mathcal{L}$. Il est à noter que chaque règle est composée de deux parties : l'*antécédent* de la règle et ses *conséquents*. Du fait des lois de De Morgan, les connecteurs ont des sémantiques reliées. Par conséquent, nous regroupons les règles de décomposition en deux catégories de la manière suivante.

La première catégorie de règles de décomposition est constituée des *R-règles* (*R-rules* ou *Rewriting rules* en anglais), qui sont les suivantes :

Définition 67. *(R-règles).*

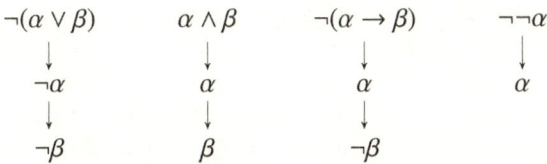

$$
\begin{array}{cccc}
\neg(\alpha \vee \beta) & \alpha \wedge \beta & \neg(\alpha \to \beta) & \neg\neg\alpha \\
\downarrow & \downarrow & \downarrow & \downarrow \\
\neg\alpha & \alpha & \alpha & \alpha \\
\downarrow & \downarrow & \downarrow & \\
\neg\beta & \beta & \neg\beta & \\
\end{array}
$$

FIGURE 6.1 – Règles ($\neg\vee$), ($\wedge$), ($\neg \to$) et ($\neg\neg$)

Les R-règles n'introduisent pas de nouveaux points de dérivation dans l'arbre. Lorsque la règle est appliquée ses conséquents doivent remplacer l'antécédent de cette règle. Les formules impliquées sont ainsi ajoutées toutes deux sur la même branche. Par convention, ces formules vont étiqueter deux nœuds fils successifs dans l'arbre.

En outre, comme chaque branche de l'arbre représente un chemin de déduction possible et que les formules étiquetant une telle branche seront interprétées conjonctivement, les R-règles devraient être appliquées avant les règles de décomposition introduisant de nouvelles branches dans l'arbre, sinon l'application de ces R-règles peut éventuellement entrainer la duplication des formules dans des différents sous-arbres.

La deuxième catégorie de règles de décomposition est constituée des *I-règles* (*I-rules* ou *Introducing rules* en anglais). Ces règles consistent à introduire de nouvelles branches dans l'arbre (cf. Définition 68).

Définition 68. *(I-règles).*

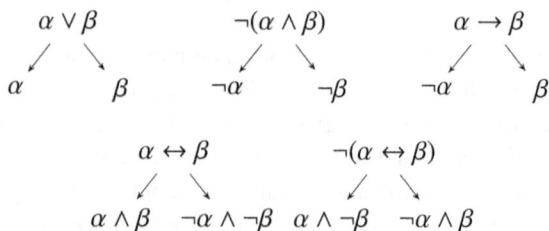

$$\alpha \vee \beta \qquad \neg(\alpha \wedge \beta) \qquad \alpha \to \beta$$

$$\swarrow \quad \searrow \qquad \swarrow \quad \searrow \qquad \swarrow \quad \searrow$$

$$\alpha \qquad \beta \qquad \neg\alpha \qquad \neg\beta \qquad \neg\alpha \qquad \beta$$

$$\alpha \leftrightarrow \beta \qquad \neg(\alpha \leftrightarrow \beta)$$

$$\swarrow \quad \searrow \qquad \swarrow \quad \searrow$$

$$\alpha \wedge \beta \quad \neg\alpha \wedge \neg\beta \quad \alpha \wedge \neg\beta \quad \neg\alpha \wedge \beta$$

FIGURE 6.2 – Les règles ($\vee$), ($\neg\wedge$), ($\to$), ($\leftrightarrow$) et ($\neg \leftrightarrow$)

Pour montrer qu'une formule α est valide sous les hypothèses Δ, nous montrons par réfutation que le multi-ensemble de formules $\Delta \uplus \{\neg\alpha\}$ est incohérent. Pour cela, nous plaçons tout d'abord toutes les formules $\Delta \uplus \{\neg\alpha\}$ sur la racine de l'arbre. Ensuite, on cherche à construire un tableau qui corresponde à un modèle pour $\neg\alpha$.

Comme nous l'avons mentionné précédemment, lors de la construction du tableau sémantique les R-règles s'appliquent autant de fois que possible avant qu'une I-règle soit appliquée. À chaque fois qu'une règle de décomposition est appliquée à un nœud, son antécédent doit correspondre à des exemplaires de formules qui apparaissent dans le chemin de l'arbre jusqu'à la racine et qui n'ont pas encore été traitées pour la décomposition dans le chemin. Le(s) conséquent(s) de la règle appliquée est (sont) ensuite utilisée(s) pour marquer les nœuds fils créés. Rappelons que, par convention, les deux conséquents des trois premières R-règles étiquettent deux nœuds fils successifs de la même branche.

Une fois qu'une règle de décomposition est appliquée, la formule composant l'antécédent ne peut plus être considérée pour la décomposition dans le sous-arbre correspondant. Inversement, son (ses) conséquent(s) est (sont) maintenant eux-mêmes candidat(s) pour d'éventuelles décompositions.

La seconde partie conceptuelle de notre procédure de preuve consiste à vérifier si le tableau est fermé ou non. Celle-ci consiste à considérer toutes les branches du tableau successivement. En fait, cette vérification est effectuée au moment de la construction de l'arbre de telle sorte que lorsqu'une branche en cours de développement est prouvée fermée, elle ne sera pas davantage développée et vérifiée de nouveau. Chaque fois qu'une paire de littéraux complémentaires apparaissent dans la même branche, la branche sera fermée. Néanmoins, afin d'éviter l'utilisation multiple d'une ressource, une même copie d'un littéral peut être utilisée au plus une fois dans tout le processus de fermeture. Autrement dit, un littéral qui intervient dans la fermeture d'une branche n'intervient plus à la fermeture d'autre branche du tableau. Et pour finir, un tableau est fermé si et seulement si toutes ses branches sont fermées de la manière décrite ci-dessus ; sinon il est ouvert.

D'une manière formelle, nous pouvons définir un tableau sémantique ainsi que sa fermeture comme suit :

Définition 69 (Tableau sémantique). *Soit Φ un multi-ensemble fini de formules. Un tableau sémantique de Φ est un arbre fini T dont la racine se compose des éléments de Φ et les autres nœuds sont des formules, T étant construit par application des R-règles et des I-règles. Fermer une branche b de T consiste à étiqueter deux nœuds n_1 et n_2 de b tels que n_1 et n_2 sont des littéraux complémentaires et n_1 et n_2 ne sont pas encore étiquetés.*
T est dit fermé si et seulement s'il existe une énumération de ses branches qui permet de toutes les fermer l'une après l'autre.

Il va de soi que "application des R-règles et des I-règles" signifie qu'une règle ne s'applique qu'une seule fois à la même occurrence d'une formule : par exemple, la règle de conjonction $\wedge$ ne permet pas de produire quatre occurrences de a à partir d'une unique occurrence de $a \wedge a$.

Et il va de soi que, pour fermer un tableau T, une fois que la première branche est fermée, on ferme la deuxième tout en conservant l'étiquetage qui a permis de fermer la première, et ainsi de suite (autrement dit, on ne ferme pas les branches en effaçant à chaque fois l'étiquetage qui a servi à fermer les précédentes !).

La relation de conséquence déductive pour la logique $\mathcal{CL}$ est notée $\vdash_{CL}$ et est définie à travers la méthode des tableaux qu'on vient de présenter. Autrement dit, une preuve par tableau pour une formule α avec le multi-ensemble d'hypothèses Δ est un tableau fermé dont la racine est $\Delta \uplus \{\neg\alpha\}$. Formellement :

Définition 70 (Déduction). *Soient Δ un multi-ensemble de formules et α une formule de $\mathcal{L}_{CL}$. Δ implique α par $\mathcal{CL}$, noté $\Delta \vdash_{CL} \alpha$, si et seulement s'il existe un tableau fermé pour $\Delta \uplus \{\neg\alpha\}$.*

Dans toute la suite, une expression de la forme $\alpha \equiv \beta$ dans la logique consommatrice $\mathcal{CL}$ représente l'abréviation de $\alpha \vdash_{CL} \beta$ et $\beta \vdash_{CL} \alpha$. On peut aussi noter cette expression par $\vdash_{CL} \alpha \leftrightarrow \beta$.

Notation 2. *Dans la représentation graphique du tableau sémantique le symbole $\times$ sera utilisé pour marquer les littéraux impliqués dans le processus de fermeture.*

Exemple 66. *Considérons la base de connaissances Δ telle que $\Delta = \{\neg(a \rightarrow \neg a), \neg(a \wedge (\neg b \vee \neg c))\}$ et une formule $\alpha = a \wedge b \wedge c$. Ici, nous voulons montrer que α est conséquence de Δ en $\mathcal{CL}$. Par réfutation, il s'agit donc de montrer que le multi-ensemble $\Delta \uplus \{\neg\alpha\}$ est incohérent. La figure 6.3 représente un tableau pour le multi-ensemble $\Delta \uplus \{\neg\alpha\}$. Puisque toutes les branches de l'arbre sont fermées, le multi-ensemble $\Delta \uplus \{\neg\alpha\}$ est incohérent et par conséquent $\Delta \vdash_{CL} \alpha$.*

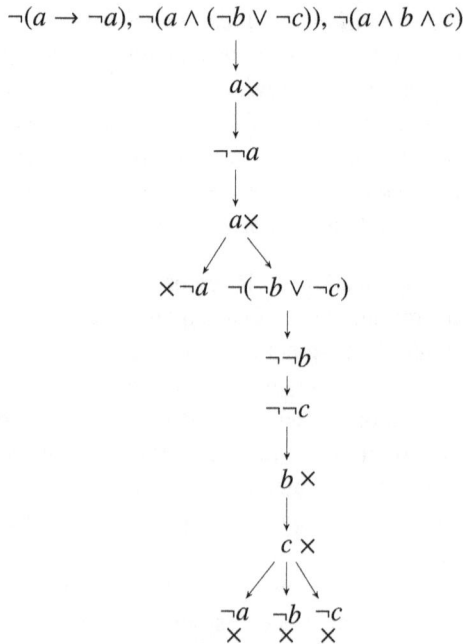

FIGURE 6.3 – Tableau sémantique pour $\Delta \uplus \{\neg(a \wedge b \wedge c)\}$

Exemple 67. *Étant donné le multi-ensemble de formules Δ tel que $\Delta = \{a \vee a, a \rightarrow b, a \rightarrow c\}$. Considérons la formule $\alpha = b \wedge c$. Nous voulons chercher* *une preuve par tableau pour la formule α avec le multi-ensemble Δ. La figure 6.4 représente un tableau sémantique ouvert de Δ ⊎ {¬α} puisque il y a deux branches non fermées. En fait, α n'est pas conséquence de Δ, ce qui est noté Δ ⊬$_{CL}$ α.*

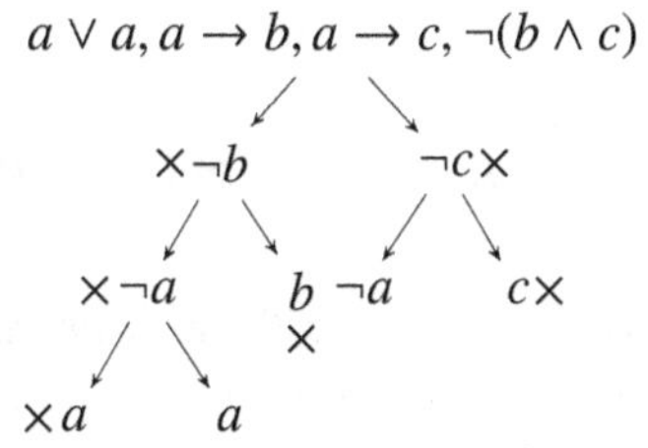

$$a \vee a, a \to b, a \to c, \neg(b \wedge c)$$

FIGURE 6.4 – Tableau sémantique pour Δ ⊎ {¬(b ∧ c)}

Exemple 68. *Soit la base de connaissances Δ telle que Δ = {¬c → d, ¬a ∧ b, ¬a → ¬c}. Considérons la formule α = ¬(¬a → ¬d) ∧ b. Un tableau sémantique pour Δ⊎{¬α} est représenté par la figure 6.5. Il y a une branche ouverte, donc le tableau est ouvert. En fait, Δ ⊬$_{CL}$ α.*

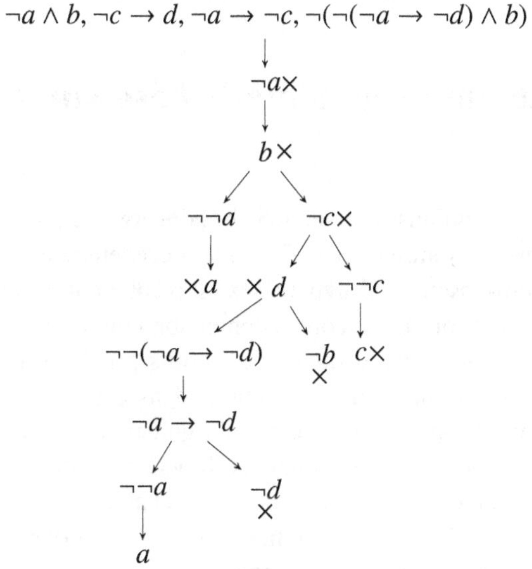

$$\neg a \wedge b, \neg c \to d, \neg a \to \neg c, \neg(\neg(\neg a \to \neg d) \wedge b)$$

FIGURE 6.5 – Tableau sémantique pour Δ ⊎ {¬(¬(¬a → ¬d) ∧ b)}

Il est à noter que la relation de conséquence consommatrice $\vdash_{CL}$ vérifie les propriétés suivantes.

Proposition 35. *Soit $\vdash_{CL}$ une relation de conséquence consommatrice.*

$\Delta \uplus \{\alpha\} \vdash_{CL} \alpha$ *[Réflexivité]*

Si $\Delta \vdash_{CL} \alpha$ alors $\Delta \uplus \{\beta\} \vdash_{CL} \alpha$ *[Monotonie]*

Si $\Delta \uplus \{\alpha\} \vdash_{CL} \gamma$ et $\vdash_{CL} \alpha \leftrightarrow \beta$ alors $\Delta \uplus \{\beta\} \vdash_{CL} \gamma$ *[Équiv. logique gauche]*

Preuve 19. – *Soit α une formule. Il est clair qu'il existe un tableau sémantique fermé T pour le multi-ensemble $\{\alpha, \neg\alpha\}$ dont $\{\alpha, \neg\alpha\}$ est la racine de T. Par conséquent, $\alpha \vdash_{CL} \alpha$ c'est-à-dire $\vdash_{CL}$ est réflexive.*

– *Soient Δ un multi-ensemble de formules et α une formule. Par définition, $\Delta \vdash_{CL} \alpha$ implique qu'il existe un tableau sémantique fermé T de $\Delta \uplus \{\neg\alpha\}$. Par conséquent, il existe un tableau sémantique fermé de $\Delta \uplus \{\neg\alpha, \beta\}$. Il s'ensuit que $\Delta \uplus \{\beta\} \vdash_{CL} \alpha$. Donc, $\vdash_{CL}$ est monotone.*

– *Par définition, si $\Delta \uplus \{\alpha\} \vdash_{CL} \gamma$, alors il existe un tableau sémantique fermé T de $\Delta \uplus \{\alpha, \neg\gamma\}$. Donc, $\Delta \uplus \{\alpha, \neg\gamma\} \vdash_{CL} \bot$. Or, $\alpha \equiv \beta$ donc $\Delta \uplus \{\beta, \neg\gamma\} \vdash_{CL} \bot$. Par conséquent, il existe un tableau sémantique fermé T' de $\Delta \uplus \{\beta, \neg\gamma\}$. Ce qui implique que $\Delta \uplus \{\beta\} \vdash_{CL} \gamma$, c'est-à-dire que la relation $\vdash_{CL}$ vérifie la propriété d'équivalence logique gauche.*

6.3 Système argumentatif basé sur la logique $\mathcal{CL}$

Nous présentons dans cette section un cadre argumentatif dans le contexte de la logique consommatrice $\mathcal{CL}$ définie précédemment.

Lorsqu'un multi-ensemble d'hypothèses est incohérent, le système déductif s'effondre (à savoir, toute conclusion et son contraire peuvent être déduite), le cadre argumentatif donne des motifs précis pour l'analyse des avantages et inconvénients des déductions dans $\mathcal{CL}$. À cette fin, ce système argumentatif capture les concepts d'arguments, de contre-arguments, d'attaque et les conflits entre arguments. Il permet également la représentation du conflit et les attaques possibles pour chaque argument à travers ce qu'on appelle les arbres argumentatifs. Nous posons donc d'abord la méthode d'inférence qui est commune pour tous les arguments et qui se base essentiellement sur le concept de consommation des ressources. Dans notre cadre, nous considérons une base de connaissances Δ dans $\mathcal{L}_{CL}$ éventuellement incohérente. En revanche, toute formule de Δ est supposée cohérente.

6.3.1 Arguments

Un argument élicite un multi-ensemble de formules dont la consommation permet de produire la conclusion de l'argument. Formellement,

Définition 71 (Argument). *Un argument A est un couple $\langle \Phi, \alpha \rangle$ tel que :*

1. $\Phi \subseteq \Delta$

2. $\Phi \nvdash_{CL} \bot$

3. $\Phi \vdash_{CL} \alpha$

4. Il n'existe pas $\Phi' \subset \Phi$ tel que $\Phi' \vdash_{CL} \alpha$.

On dit que $\langle \Phi, \alpha \rangle$ est un argument en faveur de α. Φ est le *support* de l'argument, désigné par $\Phi = \text{Supp}(A)$ et α sa *conclusion*, notée par $\alpha = \text{Conc}(A)$. On dit aussi que Φ est un support pour α.

Exemple 69. *Considérons la base de connaissances Δ telle que :*

$$\Delta = \left\{ \begin{array}{ccccc} a & a & \neg a \vee c & \neg a \vee c & \neg a \vee c \\ a & b & d \vee \neg a \vee \neg c & \neg a & b \vee \neg d \\ a & b & d \vee \neg a \vee \neg c & \neg d \vee \neg c & a \rightarrow \neg d \end{array} \right\}.$$

À partir de Δ plusieurs arguments peuvent être générés, parmi lesquels nous pouvons citer :

$$\langle \{a, a, a, a, b \vee \neg d, \neg a \vee c, \neg a \vee c, d \vee \neg a \vee \neg c, d \vee \neg a \vee \neg c\}, b \wedge d \rangle$$
$$\langle \{a, \neg a \vee c\}, c \rangle$$
$$\langle \{a, a, d \vee \neg a \vee \neg c, \neg a \vee c\}, d \vee \neg b \rangle$$
$$\langle \{a, a, \neg d \vee \neg c, d \vee \neg a \vee \neg c, \neg a \vee c\}, \neg c \rangle$$
$$\langle \{a, b\}, a \wedge b \rangle$$
$$\langle \{a, a, a \rightarrow \neg d\}, a \wedge \neg d \rangle$$
$$\langle \{a, a, a\}, a \wedge a \wedge a \rangle$$

Maintenant, nous caractérisons l'équivalence entre arguments de la manière intuitive suivante : deux arguments qui partagent le même support et qui ont des conclusions équivalentes en terme de la relation de conséquence $\vdash_{CL}$ peuvent être vus comme équivalents. Cette notion se définit formellement de la manière ci-dessous :

Définition 72 (Arguments quasi-identiques). *Deux arguments $\langle \Phi, \alpha \rangle$ et $\langle \Psi, \beta \rangle$ sont dit quasi-identiques si et seulement si $\Phi = \Psi$ et $\vdash_{CL} \alpha \leftrightarrow \beta$.*

Remarquons que, d'après la définition précédente, les arguments quasi-identiques d'un argument considéré forment un ensemble infini comme le montre le résultat suivant.

Proposition 36. *Soit* $\langle \Phi, \alpha \rangle$ *un argument. Il existe un nombre infini d'arguments de la forme* $\langle \Psi, \beta \rangle$ *tel que* $\langle \Phi, \alpha \rangle$ *et* $\langle \Psi, \beta \rangle$ *sont quasi-identiques.*

Preuve 20. *Soit* $\langle \Phi, \alpha \rangle$ *un argument, donc* $\Phi \vdash_{CL} \alpha$. *De plus, quelle que soit la formule* α *il existe un nombre fini de formules* β *telle que* $\alpha \equiv \beta$. *Puisque* Φ *est minimal pour inférer* α, *il en résulte que* Φ *est minimal pour l'inférence de* β. *Par conséquent,* $\langle \Phi, \beta \rangle$ *est un argument. Donc d'après la définition 72,* $\langle \Phi, \alpha \rangle$ *et* $\langle \Phi, \beta \rangle$ *sont quasi-identiques. De ce fait, il existe un nombre d'arguments infini quasi-identique à* $\langle \Phi, \alpha \rangle$.

Certains arguments se rapportent de prémisses à la conclusion pas d'un simple chemin d'inférence mais ils procèdent en étape. Dans ce sens, un argument peut être composé par d'autres arguments qu'on les appelle *sous-arguments*.

Plus formellement, le concept de sous-argument peut être défini de la façon suivante :

Définition 73 (Sous-argument). $\langle \Psi, \beta \rangle$ *est un sous-argument de* $\langle \Phi, \alpha \rangle$ *avec* $\alpha = \alpha_1 \wedge \ldots \wedge \alpha_n$ *(modulo l'associativité et la commutativité de* $\wedge$*) si et seulement si* $\langle \Psi, \beta \rangle$ *est un argument tel que* $\Psi \subset \Phi$ *et* $\beta = \bigwedge_{i=1}^{k} \alpha_i$ *(avec* $k < n$*).*

Exemple 70. *L'argument* $\langle \{\neg c, a \vee \neg b, b \vee c\}, a \rangle$ *est un sous-argument de* $\langle \{\neg c, \neg c, a \vee \neg b, b \vee c, b \vee c\}, a \wedge b \rangle$. *En fait, les prémisses* $\{\neg c, b \vee c, a\}$ *supportent la conclusion* $a \wedge b$ *alors que les formules* $\{\neg c, a \vee \neg b, b \vee c\}$ *supportent la conclusion intermédiaire* a. *L'argument* $\langle \{c \rightarrow \neg a, a\}, \neg c \rangle$ *est un sous-argument de* $\langle \{c \rightarrow \neg a, a, a\}, \neg c \wedge a \rangle$.
De plus, $\langle \{a \vee b, c \vee d, \neg b, \neg d\}, a \wedge c \rangle$ *est un sous-argument de* $\langle \{a \vee b, \neg d, c \vee d, \neg b, \neg b\}, a \wedge \neg b \wedge c \rangle$. *Cependant,* $\langle \{a \wedge b\}, b \vee \neg c \rangle$ *ne possède aucun sous-argument.*

Proposition 37. *Tout argument* $\langle \Phi, \alpha \rangle$ *a un nombre fini de sous-arguments.*

Preuve 21. *Soit* $\langle \Phi, \alpha_1 \wedge \ldots \wedge \alpha_n \rangle$ *un argument. Les sous-arguments de* $\langle \Phi, \alpha_1 \wedge \ldots \wedge \alpha_n \rangle$ *sont tous de la forme* $\langle \Psi, \bigwedge_{i=1}^{k} \alpha_i \rangle$ *où* $\Psi \subset \Phi$ *et* $k < n$.
Puisque Φ *est un multi-ensemble fini, il n'y a qu'un nombre fini de sous multi-ensembles propres de* Φ.

Puisque un sous-argument est un argument, $\Psi \vdash_{CL} \bigwedge_{i=1}^{k} \alpha_i$ et par conséquent, il n'y a qu'un nombre fini de segments initiaux de $\{1, \ldots, n\}$ donc il n'y a qu'un nombre fini de conjonctions $\bigwedge_{i=1}^{k} \alpha_i$. Pour conclure il n'y a qu'un nombre fini de couples $\langle \Psi, \bigwedge_{i=1}^{k} \alpha_i \rangle$ qui représentent les sous-arguments de $\langle \Phi, \alpha \rangle$.

Le résultat suivant montre que le support d'un argument est en quelque sorte l'union de supports de ses sous-arguments.

Proposition 38. *Si $\langle \Phi_1, \alpha_1 \rangle$, $\ldots, \langle \Phi_n, \alpha_n \rangle$ sont tous les sous-arguments de $\langle \Phi, \alpha \rangle$, alors $\Phi_1 \cup \ldots \cup \Phi_n$ contient le support ensembliste de Φ.*

Preuve 22. *Par définition d'un sous-argument, $\langle \Phi_i, \alpha_i \rangle$, on a $\Phi_i \subset \Phi$ donc $\cup_i \Phi_i \subset \Phi$.*
Il faut démontrer que $\Phi \subseteq \cup_i \Phi_i$; ceci est équivalent à démontrer que si une formule $\beta \in \Phi$ alors il existe i tel que $\beta \in \Phi_i$.
Puisque $\langle \Phi, \alpha \rangle$ est un argument, $\Phi \backslash \{\beta\} \nvdash_{CL} \alpha$. $\Phi \backslash \{\beta\} \nvdash_{CL} (\alpha_1 \wedge \ldots \wedge \alpha_n)$, donc il existe i tel que $\Phi \backslash \{\beta\} \nvdash_{CL} \alpha_i$. Puisque $\Phi \vdash_{CL} \alpha_i$ et $\Phi \backslash \{\beta\} \nvdash_{CL} \alpha_i$, alors il existe $\Phi' \subseteq \Phi$ tel que $\Phi' \uplus \{\beta\} \vdash_{CL} \alpha_i$. Donc il existe $\Phi'' \subseteq \Phi$ tel que $\Phi'' \uplus \{\beta\}$ est $\subseteq$-minimal pour l'inférence de α_i. Par conséquent, il existe $\Phi''' \subseteq \Phi$ tel que $\Phi''' \uplus \{\beta\}$ est $\subseteq$-minimal pour l'inférence de $\alpha_1 \wedge \ldots \wedge \alpha_i$. Puisque $\langle \Phi, \alpha \rangle$ est un argument, $\Phi \nvdash_{CL} \bot$ donc $\Phi''' \uplus \{\beta\} \nvdash_{CL} \bot$ car $\Phi''' \uplus \{\beta\} \subseteq \Phi$. Donc, $\langle \Phi''' \uplus \{\beta\}, \alpha_1 \wedge \ldots \wedge \alpha_i \rangle$ est un sous-argument de $\langle \Phi, \alpha \rangle$. Trivialement, $\beta \in \Phi''' \uplus \{\beta\}$.

Notation 3. *La cardinalité d'un multi-ensemble Δ, notée $|\Delta|$ est le nombre total de copies de formules dans Δ.*

Proposition 39. *Soit $\langle \Phi, \alpha_1 \wedge \ldots \wedge \alpha_n \rangle$ un argument tel que $n > 1$ et $|\Phi| > 1$. $\langle \Phi, \alpha_1 \wedge \ldots \wedge \alpha_n \rangle$ possède au moins m sous-arguments où m est la taille du plus grand sous-ensemble de $\{\alpha_1, \ldots, \alpha_n\}$.*

Preuve 23. *Soit $\langle \Phi, \alpha_1 \wedge \ldots \wedge \alpha_n \rangle$ un argument tel que $n > 1$ et $|\Phi| > 1$. Puisque $\Phi \vdash_{CL} \alpha_1 \wedge \ldots \wedge \alpha_n$ alors pour tout β de la forme $\bigwedge_{i=1}^{k} \alpha_i$, avec $k < n$, il existe un sous multi-ensemble minimal $\Psi_i \subset \Phi$ tel que $\Psi_i \vdash_{CL} \beta$. Or $\Phi \nvdash_{CL} \bot$ donc $\Psi_i \nvdash_{CL} \bot$. Donc, $\langle \Psi_i, \beta \rangle$ est un sous-argument de $\langle \Phi, \alpha_1 \wedge \ldots \wedge \alpha_n \rangle$. Par conséquent, si m est la taille du plus grand sous-ensemble de*

$\{\alpha_1, \ldots, \alpha_n\}$, *alors il existe au moins* m β_j *de la forme* $\bigwedge_{i=1}^{k} \alpha_i$. *Donc, il existe* m *sous-arguments* $\langle \Psi_1, \beta_1 \rangle, \ldots, \langle \Psi_m, \beta_m \rangle$ *de* $\langle \Phi, \alpha_1 \wedge \ldots \wedge \alpha_n \rangle$.

Exemple 71. *L'argument* $\langle \{a, \neg a \vee b, a, c\}, a \wedge b \wedge c \rangle$ *possède six sous-arguments qui sont :* $\langle \{a\}, a \rangle$, $\langle \{a, \neg a \vee b\}, b \rangle$, $\langle \{c\}, c \rangle$, $\langle \{a, c\}, a \wedge c \rangle$, $\langle \{a, \neg a \vee b, a\}, a \wedge b \rangle$, *et* $\langle \{a, \neg a \vee b, c\}, b \wedge c \rangle$. *Également,* $\langle \{a, a\}, a \wedge a \rangle$ *a exactement un sous-argument* $\langle \{a\}, a \rangle$. *Par contre,* $\langle \{a \wedge \neg c\}, a \wedge \neg c \rangle$ *n'a aucun sous-argument.*

Proposition 40. *Deux sous-arguments différents d'un même argument ne sont pas quasi-identiques.*

Preuve 24. *Soit* $\langle \Phi, \alpha_1 \wedge \ldots \wedge \alpha_n \rangle$ *un argument. Soient* $\langle \Psi, \beta \rangle$ *et* $\langle \Theta, \Gamma \rangle$ *deux sous-arguments différents de* $\langle \Phi, \alpha \rangle$.
Or, $\langle \Psi, \beta \rangle$ *et* $\langle \Theta, \gamma \rangle$ *sont différents, donc forcément* $\Psi \neq \Theta$ *ou* $\beta \neq \gamma$. *Donc* $\Psi \neq \Theta$ *ou* $\beta \nvdash_{CK} \gamma$ *ou* $\gamma \nvdash_{CK} \beta$. *Par conséquent* $\langle \Psi, \beta \rangle$ *et* $\langle \Theta, \gamma \rangle$ *ne sont pas quasi-identiques.*

Un sous-argument peut n'avoir aucun sous-argument. On l'appelle *sous-argument minimal*. Ce type d'argument indique la quantité minimale de ressources nécessaire pour la construction d'un argument. Cette notion peut être introduite formellement comme suit :

Définition 74 (Sous-argument minimal). $\langle \Psi, \beta \rangle$ *est un sous-argument minimal de* $\langle \Phi, \alpha_1 \wedge \ldots \wedge \alpha_n \rangle$ *si et seulement si* $\langle \Psi, \beta \rangle$ *est un sous-argument de* $\langle \Phi, \alpha_1 \wedge \ldots \wedge \alpha_n \rangle$ *et il existe* i *tel que* $\beta = \alpha_i$ *où* α_i *est une formule dont le connecteur principal n'est pas la conjonction.*

Exemple 72. *L'argument* $\langle \{\neg b, \neg(\neg a \wedge \neg b)\}, a \rangle$ *est un sous-argument minimal de* $\langle \{\neg(\neg a \wedge \neg b), \neg d, c \vee d, \neg b, \neg b\}, a \wedge \neg b \wedge c \rangle$. *Cependant,* $\langle \{\neg(\neg a \wedge \neg b), c \vee d, \neg b, \neg d\}, a \wedge c \rangle$ *est un sous-argument de* $\langle \{\neg(\neg a \wedge \neg b), \neg d, c \vee d, \neg b, \neg b\}, a \wedge \neg b \wedge c \rangle$ *mais pas minimal.*

Proposition 41. *Soit* $\langle \Phi, \alpha_1 \wedge \ldots \wedge \alpha_n \rangle$ *un argument tel que* $n > 1$ *et* $|\Phi| > 1$ *où pour* $1 \leq i \leq n$, α_i *est une formule dont le connecteur principal n'est pas la conjonction.* $\langle \Phi, \alpha \rangle$ *possède au moins* m *sous-arguments minimaux où* m *est la taille du plus grand sous-ensemble de* $\{\alpha_1, \ldots, \alpha_n\}$.

Preuve 25. *Soit* $\langle \Phi, \alpha_1 \wedge \ldots \wedge \alpha_n \rangle$ *un argument tel que* $n > 1$ *et* $|\Phi| > 1$. *Puisque* $\Phi \vdash_{CL} \alpha_1 \wedge \ldots \wedge \alpha_n$ *alors pour tout* α_i *il existe un sous multi-ensemble* $\Psi_i \subset \Phi$ *tel que* Ψ_i *est minimal pour l'inférence de* α_i *et donc* $\Psi_i \vdash_{CL} \alpha_i$.

Puisque $\Phi \nvdash_{CL}\bot$ alors $\Psi_i \nvdash_{CL}\bot$ donc $\langle\Psi_i, \alpha_i\rangle$ est un sous-argument minimal de $\langle\Phi, \alpha\rangle$.
Par conséquent, pour tout $\alpha_i \in \{\alpha_1, \ldots, \alpha_n\}$, il existe un sous-argument minimal $\langle\Psi_i, \alpha_i\rangle$ de $\langle\Phi, \alpha\rangle$. Pour conclure, si m est la taille du plus grand sous-ensemble de $\{\alpha_1, \ldots, \alpha_n\}$ alors $\langle\Phi, \alpha\rangle$ possède au moins m sous-arguments minimaux.

Exemple 73. *L'argument $\langle\{a \vee b, \neg d, c \vee d, \neg b, \neg b\}, a \wedge \neg b \wedge c\rangle$ de l'exemple 70 possède trois sous-arguments minimaux : $\langle\{a \vee b\}, a\rangle$, $\langle\{\neg b\}, \neg b\rangle$ et $\langle\{\neg d, c \vee d\}, c\rangle$. En outre, $\langle\{a, a, b\}, a \wedge a \wedge b\rangle$ possède deux sous-arguments minimaux $\langle\{a\}, a\rangle$ et $\langle\{b\}, b\rangle$. De plus, $\langle\{a\}, a\rangle$, $\langle\{a \wedge b\}, a\rangle$ et $\langle\{a \wedge b\}, b\rangle$ sont les trois sous-arguments minimaux de $\langle\{a, a \wedge b\}, a \wedge b \wedge a\rangle$.*

Le résultat suivant montre que le concept de sous-argument minimal reflète la plus petite quantité de ressources nécessaire pour construire un argument.

Proposition 42. *Tout sous-argument minimal n'a aucun sous-argument.*

Preuve 26. *Considérons un sous-argument minimal $\langle\Phi, \alpha\rangle$.*
Puisque $\langle\Phi, \alpha\rangle$ est minimal donc α est une formule dont le connecteur principal n'est pas la conjonction. Par conséquent, α ne peut pas s'écrire sous la forme $\bigwedge_{i=1}^{k} \alpha_i$. Donc, $\langle\Phi, \alpha\rangle$ ne peut pas avoir des sous-arguments.

Les arguments ne sont pas nécessairement indépendants au sens où un argument peut en subsumer un autre. Ce concept est illustré par la notion de *conservativité*. Cette notion peut être étendue au cas de l'argumentation à partir de la logique de ressources CL tout en respectant la relation d'inférence $\vdash_{CL}$.

Définition 75 (Relation de conservativité). *Un argument $\langle\Phi, \alpha\rangle$ est plus conservatif qu'un argument $\langle\Psi, \beta\rangle$ si et seulement si $\Phi \subseteq \Psi$ et $\beta \vdash_{CL} \alpha$.*

Exemple 74. *Soit la base de connaissances Δ telle que $\Delta = \{a, a, \neg a \vee b, \neg a \vee b, \neg b \vee c\}$. L'argument $\langle\{a, \neg a \vee b\}, b\rangle$ est plus conservatif que $\langle\{a, a, \neg a \vee b\}, a \wedge b\rangle$. Par ailleurs, $\langle\{a, \neg a \vee b\}, b \vee \neg d\rangle$ est plus conservatif que l'argument $\langle\{a, a, \neg a \vee b, \neg a \vee b, \neg b \vee c\}, b \wedge c\rangle$.*

La propriété suivante montre que la notion de sous-argument induit le concept d'être plus conservatif. Toutefois, la réciproque n'est pas vraie dans toute sa généralité.

Proposition 43. *Si $\langle\Psi, \beta\rangle$ est un sous-argument de $\langle\Phi, \alpha\rangle$, alors $\langle\Psi, \beta\rangle$ est plus conservatif que $\langle\Phi, \alpha\rangle$. La réciproque n'est pas toujours vraie.*

Preuve 27. *Soit* $\langle \Psi, \beta \rangle$ *un sous-argument de* $\langle \Phi, \alpha_1 \wedge \ldots \wedge \alpha_n \rangle$. *Par définition d'un sous-argument, on a* $\Psi \subset \Phi$ *et* $\beta = \bigwedge_{i=1}^{k} \alpha_i$ *avec* $k < n$ *et donc* $\alpha \vdash_{CL}$ $\bigwedge_{i=1}^{k} \alpha_i$ *(car* $\{\alpha_1, \ldots, \alpha_k\} \subset \{\alpha_1, \ldots, \alpha_n\}$*).*

Puisque $\Psi \subset \Phi$ *et* $\alpha \vdash_{CL} \bigwedge_{i=1}^{k} \alpha_i$ *alors* $\langle \Psi, \beta \rangle$ *est plus conservatif que* $\langle \Phi, \alpha_1 \wedge \ldots \wedge \alpha_n \rangle$.

Exemple 75. *Reprenons l'exemple 74. L'argument* $\langle \{a, \neg a \vee b\}, b \rangle$ *est un sous-argument à la fois de* $\langle \{a, a, \neg a \vee b\}, a \wedge b \rangle$ *et* $\langle \{a, a, \neg a \vee b, \neg a \vee b, \neg b \vee c\}, b \wedge c \rangle$. $\langle \{a, \neg a \vee b\}, b \rangle$ *est donc plus conservatif que les deux arguments* $\langle \{a, a, \neg a \vee b\}, a \wedge b \rangle$ *et* $\langle \{a, a, \neg a \vee b, \neg a \vee b, \neg b \vee c\}, b \wedge c \rangle$. *Cependant,* $\langle \{a, \neg a \vee b\}, b \vee \neg d \rangle$ *n'est pas un sous-argument de* $\langle \{a, a, \neg a \vee b, \neg a \vee b, \neg b \vee c\}, b \wedge c \rangle$.

Le concept d'être plus conservatif induit la notion de quasi-identicité, et réciproquement.

Proposition 44. *Deux arguments* $\langle \Phi, \alpha \rangle$ *et* $\langle \Psi, \beta \rangle$ *sont quasi-identiques si et seulement si chacun d'eux est plus conservatif que l'autre.*

Preuve 28. *Le premier sens est assez simple. Il suffit de remarquer* $\langle \Phi, \alpha \rangle$ *et* $\langle \Psi, \beta \rangle$ *sont quasi-identiques, donc* $\Phi \subset \Psi$, $\Psi \subset \Phi$, $\alpha \vdash_{CK} \beta$ *et* $\beta \vdash_{CK} \alpha$.

Pour prouver le deuxième sens, nous considérons deux arguments $\langle \Phi, \alpha \rangle$ *et* $\langle \Psi, \beta \rangle$ *tel que chacun est plus conservatif que l'autre. Clairement,* $\Phi \subseteq \Psi$ *et* $\Psi \subseteq \Phi$, *d'où* $\Phi = \Psi$. *Par conséquent,* $\alpha \vdash_{CK} \beta$ *et* $\beta \vdash_{CK} \alpha$, *donc* α *étant logiquement équivalent à* β. *Ce qui implique que* $\langle \Phi, \alpha \rangle$ *et* $\langle \Psi, \beta \rangle$ *sont quasi-identiques.*

6.3.2 Conflit entre arguments

La contrariété est une composante majeure de tout système argumentatif. Elle représente les différents conflits pouvant exister entre les arguments. Plusieurs relations d'attaque ont été définies dans la littérature, voir par exemple les relations de rebuttal, de defeater et d'undercut [Besnard & Hunter 2008] (voir chapitre 3 - section 3.4.3), ou encore la relation de challenge [Besnard *et al.* 2013a] (voir chapitre 5 - section 5.2.3), etc. Les plus connues et plus importantes d'entre elles sont la réfutation, l'attaque et le challenge.

Nous admettons dans notre cadre argumentatif basé sur la logique $C\mathcal{L}$ la relation de conflit qui consiste à nier un élément du support de l'argument ciblé. En général, l'attaque n'affecte pas directement la conclusion de l'argument.

Tout d'abord, nous introduisons une notion de contrariété générale qui caractérise le conflit entre arguments. D'une manière intuitive, cette notion indique de façon générale comment un argument peut être attaqué.

Définition 76 (Argument contrarié). *Un argument* $\langle \Phi, \alpha \rangle$ *est contrarié si et seulement s'il existe une partie cohérente* Ψ *de* Δ *tel que* $\Psi \vdash_{CL} \neg\beta$ *avec* $\beta \in \Phi$.

Exemple 76. *Soit le multi-ensemble de connaissances* $\Delta = \{a, a, a \rightarrow b, \neg a \vee \neg b \vee c, \neg b\}$. *Considérons l'argument* $\langle \{\neg a \vee \neg b \vee c, a \rightarrow b, a, a\}, c \rangle$. *On a* $\{a \rightarrow b, \neg b\} \vdash_{CL} \neg a$, *donc* $\langle \{\neg a \vee \neg b \vee c, a \rightarrow b, a, a\}, c \rangle$ *est contrarié. De même, l'argument* $\langle \{a \rightarrow b, \neg b\}, \neg a \rangle$ *est contrarié car* $\{\neg b, a\} \vdash_{CL} \neg(a \rightarrow b)$.

À la lumière de concept de contrariété, nous pouvons définir la relation d'attaque entre arguments de la manière suivante :

Définition 77 (Undercut). *Un undercut d'un argument* $\langle \Phi, \alpha \rangle$ *est un argument* $\langle \Psi, \neg(\beta_1 \wedge \ldots \wedge \beta_n) \rangle$ *tel que* $\{\beta_1, \ldots, \beta_n\} \subseteq \Phi$.

Exemple 77. *Reprenons la base de connaissances* Δ *de l'exemple 76. Les arguments* $\langle \{a \rightarrow b, \neg b\}, \neg(a \wedge a) \rangle$, $\langle \{a \rightarrow b, \neg b\}, \neg a \rangle$ *et* $\langle \{\neg a\}, \neg a \rangle$ *sont des undercuts de* $\langle \{\neg a \vee \neg b \vee c, a \rightarrow b, a, a\}, c \rangle$. *De plus, l'argument* $\langle \{\neg b, a\}, \neg(a \rightarrow b) \rangle$ *est un undercut de l'argument* $\langle \{a \rightarrow b, \neg b\}, \neg a \rangle$.

La propriété suivante est directement déduite des deux définitions 76 et 77.

Proposition 45. *Si un argument* $\langle \Phi, \alpha \rangle$ *est contrarié, alors il possède au moins un undercut.*

Preuve 29. *Soit* $\langle \Phi, \alpha \rangle$ *un argument. Par définition, si* $\langle \Phi, \alpha \rangle$ *est contrarié alors il existe une partie cohérente* Ψ *de* Δ *tel que* $\Psi \vdash_{CL} \neg\beta$ *avec* $\beta \in \Phi$. *Puisque* $\Psi \nvdash_{CL} \bot$ *et* $\Psi \vdash_{CL} \neg\beta$ *alors il existe* $\Psi' \subset \Psi$ *tel que* Ψ' *est* $\subseteq$-*minimal pour l'inférence de* $\neg\beta$ *et par conséquent* $\langle \Psi', \neg\beta \rangle$ *est un undercut de* $\langle \Phi, \alpha \rangle$.

La proposition ci-dessous montre que les contre-arguments d'un argument sont en quelque sorte les contre-arguments de ses sous-arguments.

Proposition 46. *Soit* $\langle \Psi, \beta \rangle$ *un sous-argument de* $\langle \Phi, \alpha \rangle$. *Si* $\langle \Theta, \gamma \rangle$ *est un undercut de* $\langle \Psi, \beta \rangle$, *alors* $\langle \Theta, \gamma \rangle$ *est aussi un undercut de* $\langle \Phi, \alpha \rangle$.

Preuve 30. *Soit $\langle \Psi, \beta \rangle$ un sous-argument de $\langle \Phi, \alpha \rangle$. Soit $\langle \Theta, \gamma \rangle$ (avec $\gamma = \neg(\gamma_1 \wedge \ldots \wedge \gamma_n)$) un undercut de $\langle \Psi, \beta \rangle$, alors $\{\gamma_1, \ldots, \gamma_n\} \subseteq \Psi$. Puisque $\langle \Psi, \beta \rangle$ est un sous-argument de $\langle \Phi, \alpha \rangle$ alors $\Psi \subset \Phi$, or $\{\gamma_1, \ldots, \gamma_n\} \subseteq \Psi$ donc $\{\gamma_1, \ldots, \gamma_n\} \subseteq \Phi$. Alors $\langle \Theta, \gamma \rangle$ est un undercut de $\langle \Phi, \alpha \rangle$.*

Exemple 78. *Considérons la base de connaissances Δ telle que :*

$$\Delta = \left\{ \begin{array}{ccc} b & \neg a \vee c & a \vee \neg b \\[1.5ex] b & \neg c \vee \neg b & \neg c \vee \neg b \\[1.5ex] b & a \vee \neg b & d \end{array} \right\}.$$

L'argument $\langle \{\neg a \vee c, \neg c \vee \neg b, b, b\}, \neg a \wedge b \rangle$ possède deux sous-arguments $\langle \{b\}, b \rangle$ et $\langle \{\neg a \vee c, \neg c \vee \neg b, b\}, \neg a \rangle$. Nous notons ici que l'argument $\langle \{a \vee \neg b, \neg a \vee c, \neg c \vee \neg b, b\}, \neg b \rangle$ est un undercut de $\langle \{b\}, b \rangle$: par conséquent, c'est un undercut de $\langle \{\neg a \vee c, \neg c \vee \neg b, b, b\}, \neg a \wedge b \rangle$. De la même manière, l'argument $\langle \{a \vee \neg b, b, b, \neg a \vee c\}, b \wedge c \rangle$ est un undercut de $\langle \{\neg a \vee c, \neg c \vee \neg b, b\}, \neg a \rangle$: il est ainsi également un undercut de $\langle \{\neg a \vee c, \neg c \vee \neg b, b, b\}, \neg a \wedge b \rangle$.

Vu que les undercuts sont eux-mêmes des arguments, ils peuvent être alors comparés les uns aux autres en termes de conservativité, permettant ainsi de considérer les plus représentatifs.

Définition 78 (Undercut conservatif maximal). *$\langle \Psi, \beta \rangle$ est un undercut conservatif maximal de $\langle \Phi, \alpha \rangle$ si et seulement si $\langle \Psi, \beta \rangle$ est un undercut de $\langle \Phi, \alpha \rangle$ tel qu'il n'existe aucun autre undercut $\langle \Psi', \beta' \rangle$ de $\langle \Phi, \alpha \rangle$ avec $\Psi' \subset \Psi$ et $\beta \vdash_{CL} \beta'$.*

D'une manière équivalente aux modèles argumentatifs intensionnels (conditionnel ou modal), un undercut conservatif maximal d'un argument $\langle \Phi, \alpha \rangle$ est un undercut strictement plus conservatif que tout autre undercut de $\langle \Phi, \alpha \rangle$.

Dans toute la suite, nous supposons une énumération, appelée l'*énumération canonique*, de tous les undercuts conservatifs maximaux de l'argument ciblé.

Exemple 79. *Étant donnée la base de connaissances Δ avec*

$$\Delta = \left\{ \begin{array}{ccc} a & \neg a \vee b & \neg a \vee b \\[1.5ex] a & \neg b \vee c & \neg c \vee \neg a \\[1.5ex] c & \neg c \vee \neg a & \neg b \vee c \end{array} \right\}.$$

Considérons aussi l'argument $\langle \{\neg a \vee b, a\}, b\rangle$.

Les arguments $\langle \{\neg b \vee c, \neg c \vee \neg a, a\}, \neg(a \wedge (\neg a \vee b))\rangle$, $\langle \{c, \neg c \vee \neg a\}, \neg(a \wedge (\neg a \vee b))\rangle$, $\langle \{\neg b \vee c, \neg c \vee \neg a, a\}, \neg((\neg a \vee b) \wedge a)\rangle$ et $\langle \{c, \neg c \vee \neg a\}, \neg((\neg a \vee b) \wedge a)\rangle$ sont des undercuts conservatifs maximaux de $\langle \{\neg a \vee b, a\}, b\rangle$. Par contre, l'argument $\langle \{\neg b \vee c, \neg c \vee \neg a, a\}, \neg(\neg a \vee b)\rangle$ est un undercut moins conservatif de l'argument $\langle \{\neg a \vee b, a\}, b\rangle$.

Proposition 47. *Si* $\langle \Psi, \neg(\beta_1 \wedge \ldots \wedge \beta_n)\rangle$ *est un undercut conservatif maximal de l'argument* $\langle \Phi, \alpha\rangle$, *alors* $\{\beta_1, \ldots, \beta_n\}$ *est le plus grand ensemble inclus dans* Φ.

Preuve 31. *Soit* $\langle \Psi, \neg(\beta_1 \wedge \ldots \wedge \beta_n)\rangle$ *un undercut conservatif maximal de l'argument* $\langle \Phi, \alpha\rangle$ *alors* $\{\beta_1, \ldots, \beta_n\} \subseteq \Phi$.
Nous raisonnons par l'absurde. Supposons que $\{\beta_1, \ldots, \beta_n\}$ *n'est pas le plus grand ensemble inclus dans* Φ. *C'est-à-dire il existe* $\gamma \in \Phi$ *mais* $\gamma \notin \{\beta_1, \ldots, \beta_n\}$. *Puisque* $\Psi \vdash_{CL} \neg(\beta_1 \wedge \ldots \wedge \beta_n)$ *alors* $\Psi \vdash_{CL} \neg(\beta_1 \wedge \ldots \wedge \beta_n \wedge \gamma)$. *Or,* Ψ *est fini donc il existe* $\Psi' \subseteq \Psi$-*minimal pour l'inférence de* $\neg(\beta_1 \wedge \ldots \wedge \beta_n)$. *Puisque* $\Psi' \vdash_{CL} \neg(\beta_1 \wedge \ldots \wedge \beta_n \wedge \gamma)$ *alors* $\langle \Psi', \neg(\beta_1 \wedge \ldots \wedge \beta_n \wedge \gamma)\rangle$ *est un argument car* $\Psi'' \nvdash_{CL} \bot$. *Donc,* $\langle \Psi', \neg(\beta_1 \wedge \ldots \wedge \beta_n \wedge \gamma)\rangle$ *est un undercut de* $\langle \Phi, \alpha\rangle$. *Or puisque* $\Psi' \subset \Psi$ *et* $\neg(\beta_1 \wedge \ldots \wedge \beta_n) \vdash_{CL} \neg(\beta_1 \wedge \ldots \wedge \beta_n \wedge \gamma)$ *alors* $\langle \Psi', \neg(\beta_1 \wedge \ldots \wedge \beta_n \wedge \gamma)\rangle$ *est plus conservatif que* $\langle \Psi, \neg(\beta_1 \wedge \ldots \wedge \beta_n)\rangle$ *ce qui contredit l'hypothèse de départ.*

La propriété suivante illustre une caractérisation de la notion d'undercut conservatif maximal en termes de sous-arguments.

Proposition 48. *Tout undercut conservatif maximal* $\langle \Psi, \beta\rangle$ *d'un argument* $\langle \Phi, \alpha\rangle$ *n'a aucun sous-argument.*

Preuve 32. *Soit* $\langle \Psi, \neg(\beta_1 \wedge \ldots \wedge \beta_n)\rangle$ *un undercut de l'argument* $\langle \Phi, \alpha\rangle$. *Or un sous-argument de* $\langle \Psi, \neg(\beta_1 \wedge \ldots \wedge \beta_n)\rangle$ *est un argument* $\langle \Theta, \gamma\rangle$ *tel que* $\gamma = \bigwedge_{i=1}^{k} \beta_i$. *Puisque* $\gamma \neq \neg(\beta_1 \wedge \ldots \wedge \beta_n)$, *donc* $\langle \Psi, \neg(\beta_1 \wedge \ldots \wedge \beta_n)\rangle$ *n'a aucun sous-argument.*

Notons que si $\langle \Psi, \neg(\beta_1 \wedge \ldots \wedge \beta_n)\rangle$ est un undercut conservatif maximal d'un argument $\langle \Phi, \alpha\rangle$, alors $\langle \Psi, \neg(\beta_2 \wedge \ldots \wedge \beta_n \wedge \beta_1)\rangle$, $\langle \Psi, \neg(\beta_3 \wedge \ldots \wedge \beta_n \wedge \beta_1 \wedge \beta_2)\rangle, \ldots, \langle \Psi, \neg(\beta_n \wedge \beta_1 \wedge \ldots \wedge \beta_{n-1})\rangle$ sont aussi des undercuts conservatifs maximaux de $\langle \Phi, \alpha\rangle$.
En revanche, tous ces undercuts conservatifs maximaux sont quasi-identiques. Cela suggère donc un nouveau raffinement du concept d'undercut. Ainsi, il est possible de réduire l'ensemble de ces contre-arguments aux plus représentatifs. On ne retiendra pas un contre-argument si l'on en a

une version canonique. Pour cela, on définit ci-dessous un type spécifique d'undercut conservatif maximal de la manière suivante.

Définition 79 (Undercut pertinent). *Soit $\langle \Psi_1, \beta_1 \rangle, \ldots, \langle \Psi_n, \beta_n \rangle, \ldots$ l'énumération canonique de tous les undercuts conservatifs maximaux de $\langle \Phi, \alpha \rangle$. Un argument $\langle \Psi_i, \beta_i \rangle$ est un undercut pertinent de $\langle \Phi, \alpha \rangle$ si et seulement si pour tout $j < i$, $\langle \Psi_i, \beta_i \rangle$ et $\langle \Psi_j, \beta_j \rangle$ ne sont pas quasi-identiques.*

Exemple 80. *Prenons les arguments donnés dans l'exemple 79. Supposons d'abord que $\langle \{\neg b \vee c, \neg c \vee \neg a, a\}, \neg(a \wedge (\neg a \vee b)) \rangle$, $\langle \{c, \neg c \vee \neg a\}, \neg((\neg a \vee b) \wedge a) \rangle$, $\langle \{c, \neg c \vee \neg a\}, \neg(a \wedge (\neg a \vee b)) \rangle$, $\langle \{\neg b \vee c, \neg c \vee \neg a, a\}, \neg((\neg a \vee b) \wedge b) \rangle$ est le début l'énumération canonique des undercuts conservatifs maximaux considérés. Les deux arguments $\langle \{\neg b \vee c, \neg c \vee \neg a, a\}, \neg(a \wedge (\neg a \vee b)) \rangle$ et $\langle \{c, \neg c \vee \neg a\}, \neg((\neg a \vee b) \wedge a) \rangle$ sont des undercuts pertinents de $\langle \{\neg a \vee b, a\}, b \rangle$.*

La classe des sous-arguments vérifie la propriété remarquable suivante :

Proposition 49. *Soit $\langle \Psi, \beta \rangle$ un sous-argument de $\langle \Phi, \alpha \rangle$. Si $\langle \Theta, \gamma \rangle$ est un undercut pertinent de $\langle \Psi, \beta \rangle$, alors $\langle \Theta, \gamma' \rangle$ est un undercut pertinent de $\langle \Phi, \alpha \rangle$ tel que $\gamma' = \neg \bigwedge \Phi$.*

Preuve 33. *Par définition, si $\langle \Psi, \beta \rangle$ est un sous-argument de $\langle \Phi, \alpha \rangle$ alors $\Psi \subset \Phi$.*
Supposons que $\langle \Theta, \neg(\gamma_1 \wedge \ldots \wedge \gamma_n) \rangle$ est un undercut pertinent de $\langle \Psi, \beta \rangle$ alors $\{\gamma_1, \ldots, \gamma_n\} \subseteq \Psi$. Puisque $\Psi \subset \Phi$ alors $\{\gamma_1, \ldots, \gamma_n\} \subset \Phi$. Soit $\{\phi_1, \ldots, \phi_m\}$ le plus grand sous-ensemble de Φ alors $\{\gamma_1, \ldots, \gamma_n\} \subseteq \{\phi_1, \ldots, \phi_m\}$ et par conséquent $\langle \Theta, \neg(\phi_1 \wedge \ldots \wedge \phi_m) \rangle$ est un undercut conservatif maximal de $\langle \Phi, \alpha \rangle$. Supposons qu'il existe une énumération canonique $\langle \Theta, \neg(\phi_1 \wedge \ldots \wedge \phi_m) \rangle, \langle \Psi_1, \beta_1 \rangle, \ldots, \langle \Psi_n, \beta_n \rangle, \ldots$ de tous les undercuts conservatifs maximaux de $\langle \Phi, \alpha \rangle$. Donc, $\langle \Theta, \neg(\phi_1 \wedge \ldots \wedge \phi_m) \rangle$ est un undercut pertinent de $\langle \Phi, \alpha \rangle$.

À la lumière de la notion de contrariété définie précédemment, nous caractérisons dans la définition suivante le cas où un argument est *totalement contrarié*.

Définition 80 (Argument totalement contrarié). *Un argument $\langle \Phi, \alpha \rangle$ est totalement contrarié si et seulement si pour tout $\beta \in \Phi$ il existe une partie cohérente Ψ de Δ tel que $\Psi \vdash_{CL} \neg \beta$.*

Exemple 81. *Soit la base de connaissances Δ telle que $\Delta = \{a, \neg a \vee b, \neg a \vee c, a, \neg b, \neg c \vee \neg a\}$. Considérons l'argument supportant $b \wedge c$: $\langle \{\neg a \vee b, \neg a \vee c, a, a\}, b \wedge c \rangle$. Cet argument est totalement contrarié. C'est-à-dire : $\{a, \neg a \vee c, \neg c \vee \neg a\} \vdash_{CL} \neg a$, $\{a, \neg b\} \vdash_{CL} a \wedge \neg b$ et $\{a, \neg c \vee \neg a, a\} \vdash_{CL} a \wedge \neg c$.*

Vu qu'un argument est « composé » d'un ensemble de sous-arguments, la propriété suivante découle naturellement.

Proposition 50. *Un argument $\langle \Phi, \alpha_1 \wedge \ldots \wedge \alpha_n \rangle$ tel que $n > 1$ est totalement contrarié si et seulement si tout sous-argument de $\langle \Phi, \alpha_1 \wedge \ldots \wedge \alpha_n \rangle$ est totalement contrarié.*

Preuve 34. $\longrightarrow$ *Soit $\langle \Phi, \alpha_1 \wedge \ldots \wedge \alpha_n \rangle$ tel que $n > 1$ un argument totalement contrarié. Nous raisonnons par l'absurde. Supposons qu'il existe un sous-argument $\langle \Psi, \beta \rangle$ de $\langle \Phi, \alpha_1 \wedge \ldots \wedge \alpha_n \rangle$ tel que $\langle \Psi, \beta \rangle$ n'est pas totalement contrarié. Donc, il existe $\gamma \in \Psi$ tel que pour tout $\Theta \subseteq \Delta$ $\Theta \nvdash_{CL} \neg\gamma$. Or, $\Psi \subset \Phi$ donc $\gamma \in \Phi$. Ce qui implique qu'il existe $\gamma \in \Phi$ tel que pour tout $\Theta \subseteq \Delta$ $\Theta \nvdash_{CL} \neg\gamma$. Par conséquent, $\langle \Phi, \alpha_1 \wedge \ldots \wedge \alpha_n \rangle$ n'est pas totalement contrarié. Ce qui est en contradiction avec l'hypothèse.*
$\longleftarrow$ *Soient $\langle \Psi_1, \beta_1 \rangle, \ldots, \langle \Psi_m, \beta_m \rangle$ tous les sous-arguments de $\langle \Phi, \alpha_1 \wedge \ldots \wedge \alpha_n \rangle$. Donc, $\Phi \subseteq \Psi_1 \cup \ldots \cup \Psi_m$. Pour tout $1 \le i \le m$, $\langle \Psi_i, \beta_i \rangle$ est totalement contrarié, donc pour tout $\gamma \in \Psi_i$ il existe $\Theta \subseteq \Delta$ tel que $\Theta \nvdash_{CL} \perp$ et $\Theta \vdash_{CL} \neg\gamma$. Or pour tout $1 \le i \le m$, $\Psi_i \subset \Phi$, donc $\gamma \in \Phi$. Pour conclure, pour tout $\delta \in \Phi$, il existe $\Theta \subseteq \Delta$ tel que $\Theta \nvdash_{CL} \perp$ et $\Theta \vdash_{CL} \neg\delta$. Par conséquent, $\langle \Phi, \alpha_1 \wedge \ldots \wedge \alpha_n \rangle$ est totalement contrarié.*

Proposition 51. *Si $\langle \Phi, \alpha_1 \wedge \ldots \wedge \alpha_n \rangle$ tel que $n > 1$ est un argument totalement contrarié, alors $\langle \Phi, \alpha_1 \wedge \ldots \wedge \alpha_n \rangle$ possède au moins m undercuts pertinents où m est la taille du plus grand sous-ensemble de Φ.*

Preuve 35. *Soit $\langle \Phi, \alpha \rangle$ un argument tel que $\Phi = \{\beta_1, \ldots, \beta_m\}$ et $n > 1$. Si $\langle \Phi, \alpha \rangle$ est totalement contrarié alors pour tout $\beta_i \in \{\beta_1, \ldots, \beta_m\}$ il existe une partie cohérente Ψ_i de Δ telle que $\Psi_i \vdash_{CL} \neg\beta_i$. Donc $\Psi_i \vdash_{CL} \neg(\beta_1 \wedge \ldots \wedge \beta_m)$ et par conséquent il existe un sous-ensemble $\Psi'_i \subseteq$-minimal de Ψ_i pour l'inférence de $\neg(\beta_1 \wedge \ldots \wedge \beta_m)$ d'où $\langle \Psi'_i, \neg(\beta_1 \wedge \ldots \wedge \beta_m) \rangle$ est un undercut conservatif maximal de $\langle \Phi, \alpha \rangle$. Supposons qu'il existe une énumération canonique $\langle \Psi'_i, \neg(\beta_1 \wedge \ldots \wedge \beta_m) \rangle, \langle \Theta_1, \gamma_1 \rangle, \ldots, \langle \Theta_n, \gamma_n \rangle, \ldots$ de tous les undercuts conservatifs maximaux de $\langle \Phi, \alpha \rangle$. Donc, $\langle \Psi'_i, \neg(\beta_1 \wedge \ldots \wedge \beta_m) \rangle$ est un undercut pertinent de $\langle \Phi, \alpha \rangle$. Par conséquent, pour tout $\beta_i \in \{\beta_1, \ldots, \beta_m\}$ il existe Ψ_i tel que $\langle \Psi'_i, \neg(\beta_1 \wedge \ldots \wedge \beta_m) \rangle$ est un undercut pertinent de $\langle \Phi, \alpha \rangle$. Soit z la taille de plus grand sous-ensemble inclus dans Φ, alors il est possible de construire au moins z undercuts pertinent de $\langle \Phi, \alpha \rangle$.*

Exemple 82. *L'argument $\langle \{\neg a \vee b, \neg a \vee c, a, a\}, b \wedge c \rangle$ de l'exemple 81 possède trois undercuts pertinents qui sont à la quasi-identité près $\langle \{a, \neg a \vee c, \neg c \vee \neg a\}, \neg((\neg a \vee b) \wedge (\neg a \vee c) \wedge a) \rangle$, $\langle \{\neg b\}, \neg((\neg a \vee b) \wedge (\neg a \vee c) \wedge a) \rangle$ et $\langle \{a, \neg c \vee \neg a\}, \neg((\neg a \vee b) \wedge (\neg a \vee c) \wedge a) \rangle$.*

6.3.3   Arbres argumentatifs

Le but de cette section est d'étendre le concept d'arbre argumentatif (cf. section 3.4.5 - chapitre 3) pour le cas de l'argumentation à partir de la logique $\mathcal{CL}$.

Pour illustrer un dialogue autour d'une thèse initiale, on regroupe les arguments et contre-arguments dans une seule structure appelée *arbre argumentatif*. Un arbre argumentatif décrit la façon dont les arguments s'enchainent au fil de la discussion. La thèse initiale de la discussion est alors la racine de l'arbre et à chaque nœud correspond un argument. Formellement :

Définition 81 (Arbre argumentatif). *Un arbre argumentatif T pour α est un arbre dont les nœuds sont des arguments tel que :*

1. *La racine de T est un argument en faveur de α,*

2. *Pour tout nœud $\langle \Psi, \beta \rangle$ ayant comme ancêtres $\langle \Psi_1, \beta_1 \rangle, ..., \langle \Psi_n, \beta_n \rangle$, il existe au moins une formule $\gamma \in \Psi$ telle que pour tout $1 \leq i \leq n$, $\gamma \notin \Psi_i$,*

3. *les fils d'un nœud $\langle \Psi, \beta \rangle$ sont des undercuts pertinents de ce nœud qui satisfont 2.*

Notons que comme dans le cadre d'argumentation classique, la condition 2 de la définition 81 tend à éviter la circularité lors de la construction des branches de l'arbre argumentatif.

Notation 4. *Dans toute la suite, pour simplifier la représentation graphique des arbres argumentatifs le symbole $\star$ désigne la conclusion d'un argument lorsqu'il s'agit d'un undercut pertinent.*

Exemple 83. *Considérons la base de connaissances Δ telle que :*

$$\Delta = \left\{ \begin{array}{cccc} a & b \vee d & b & a \to c \\ a & \neg a \vee \neg b & \neg c \vee \neg b & c \end{array} \right\}.$$

Nous nous intéressons à la conclusion $\neg b \wedge a$. Un arbre argumentatif correspondant est présenté en figure 6.6, avec $\Psi_1 = \{a, b\}$, $\Psi_2 = \{a \to c, \neg c \vee \neg b, b\}$, $\Psi_3 = \{\neg c \vee \neg b, a \to c, a\}$ et $\Psi_4 = \{c\}$.

Exemple 84. *Soit le multi-ensemble de connaissances Δ telle que :*

$$\langle \{\neg a \vee \neg b, a, a\}, \neg b \wedge a \rangle$$

$$\langle \Psi_1, \star \rangle \qquad \langle \Psi_2, \star \rangle$$

$$\langle \Psi_2, \star \rangle \quad \langle \Psi_3, \star \rangle \qquad \langle \Psi_4, \star \rangle$$

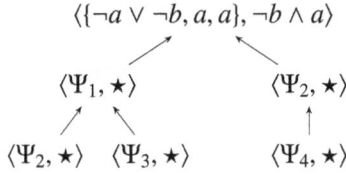

FIGURE 6.6 – Arbre argumentatif pour $\neg b \wedge a$

$$\Delta = \left\{ \begin{array}{ccccc} \neg a & a & \neg a \vee \neg c \vee d & \neg b & a \\ \neg b & a & \neg a \vee c & b \vee \neg d & \neg b \\ a & a & \neg a \vee \neg c \vee d & \neg a \vee c & d \end{array} \right\}.$$

Supposons que nous nous intéressons au statut de l'argument $\langle \{b \vee \neg d, \neg a \vee \neg c \vee d, \neg a \vee c, \neg a \vee \neg c \vee d, \neg a \vee c, a, a, a, a\}, b \wedge d \rangle$, un arbre argumentatif correspondant est présenté en figure 6.7, avec $\Phi = \{b \vee \neg d, \neg a \vee \neg c \vee d, \neg a \vee c, \neg a \vee \neg c \vee d, \neg a \vee c, a, a, a, a\}$, $\Psi_1 = \{\neg a\}$, $\Psi_2 = \{\neg b, \neg a \vee \neg c \vee d, \neg a \vee c, a, a\}$, $\Psi_3 = \{\neg b, d\}$ et $\Psi_4 = \{b \vee \neg d, \neg b, \neg a \vee c, a, a\}$.

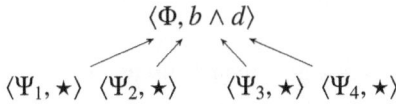

$$\langle \Phi, b \wedge d \rangle$$

$$\langle \Psi_1, \star \rangle \quad \langle \Psi_2, \star \rangle \qquad \langle \Psi_3, \star \rangle \quad \langle \Psi_4, \star \rangle$$

FIGURE 6.7 – Arbre argumentatif pour $b \wedge d$

Il est à noter que toute formule $\alpha \in \Delta$ peut avoir plusieurs arbres argumentatifs en sa faveur. Comme pour les systèmes d'argumentation classique, il est possible de rassembler tous ces arbres argumentatifs dans une seule structure appelée *arbre argumentatif complet*, ce qui nous permet par conséquent de représenter toutes les attaques possibles de chaque argument dans le même arbre. Formellement, un arbre argumentatif complet est défini de la manière suivante :

Définition 82 (Arbre argumentatif complet). *Un arbre argumentatif complet en faveur de α est un arbre argumentatif pour α tel que les fils de chaque noeud A sont tous les undercuts pertinents de A qui satisfont la condition 2 de la définition 81.*

Exemple 85. *Soit le multi-ensemble de formules tel que :*

$$
\Delta = \left\{
\begin{array}{lllll}
\neg e \vee d & \neg a \vee b \vee c & \neg a \vee p & \neg d & \neg e \\[2mm]
e \vee a & \neg e \vee d & \neg p \vee r & \neg d & \neg b \\[2mm]
\neg c \vee q & \neg q \vee e & \neg r \vee d & \neg b & e \vee a
\end{array}
\right\}.
$$

L'arbre argumentatif complet pour $\neg e \wedge \neg d$ est présenté par la figure 6.8 ci-dessous, avec :

$\Psi_1 = \{\neg e \vee d, e \vee a, \neg a \vee p, \neg p \vee r, \neg r \vee d, \neg d\}$,

$\Psi_2 = \{\neg d, e \vee a, \neg a \vee p, \neg p \vee r, \neg r \vee d, \neg d\}$,

$\Psi_3 = \{\neg a \vee b \vee c, \neg c \vee q, \neg q \vee e, \neg e \vee d, \neg d, \neg e, \neg b\}$ *et*

$\Psi_4 = \{\neg a \vee b \vee c, \neg c \vee q, \neg q \vee e, e \vee a, \neg e \vee d, \neg e \vee d, \neg d, \neg d\}$.

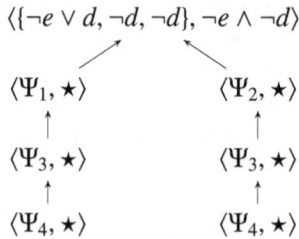

$$\langle\{\neg e \vee d, \neg d, \neg d\}, \neg e \wedge \neg d\rangle$$

$$\langle\Psi_1, \star\rangle \qquad\qquad \langle\Psi_2, \star\rangle$$

$$\langle\Psi_3, \star\rangle \qquad\qquad \langle\Psi_3, \star\rangle$$

$$\langle\Psi_4, \star\rangle \qquad\qquad \langle\Psi_4, \star\rangle$$

FIGURE 6.8 – Arbre argumentatif complet en faveur de $\neg e \wedge \neg d$

Maintenant, il est aussi intéressant de considérer l'impact de la notion de sous-argument dans la représentation graphique des arguments. Puisque chaque argument $\langle\Phi, \alpha\rangle$ possède un arbre argumentatif, il est possible d'associer ainsi des arbres argumentatifs aux sous-arguments de $\langle\Phi, \alpha\rangle$. Formellement :

Définition 83 (Sous-arbre argumentatif). *Soit T un arbre argumentatif en faveur de $\langle\Phi, \alpha\rangle$. T' est un sous-arbre argumentatif de T si et seulement si T' est un arbre argumentatif en faveur de $\langle\Psi, \beta\rangle$ tel que $\langle\Psi, \beta\rangle$ est un sous-argument de $\langle\Phi, \alpha\rangle$.*

Exemple 86. *Reprenons l'exemple 84. Nous nous intéressons ici à l'argument $\langle\{a, a, \neg a \vee \neg c \vee d, \neg a \vee c\}, d\rangle$ qui est en fait un sous-argument minimal de $\langle\{b \vee \neg d, \neg a \vee \neg c \vee d, \neg a \vee c, \neg a \vee \neg c \vee d, \neg a \vee c, a, a, a\}, b \wedge d\rangle$. La figure 6.9 présente un sous-arbre de l'arbre argumentatif pour $b \wedge d$.*

$$\langle\{a, a, \neg a \vee \neg c \vee d, \neg a \vee c\}, d\rangle$$

$$\langle\Psi_1, \star\rangle \quad \langle\Psi_3, \star\rangle \quad \langle\Psi_4, \star\rangle$$

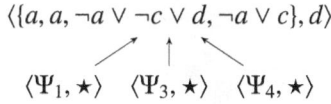

FIGURE 6.9 – Sous-arbre argumentatif en faveur de d

Proposition 52. *Soit T un arbre argumentatif en faveur de α. Soit T' un sous-arbre argumentatif de T. Pour tout nœud A (sauf la racine), si $A \in T'$ alors $\langle Supp(A), \star\rangle \in T$.*

Preuve 36. *Soit $\langle\Psi, \beta\rangle$ un sous-argument de $\langle\Phi, \alpha\rangle$.*
D'après la proposition 5, pour tout undercut pertinent $\langle\Theta, \gamma\rangle$ de $\langle\Psi, \beta\rangle$ il existe un undercut pertinent $\langle\Theta, \neg(\phi_1 \wedge \ldots \wedge \phi_n)\rangle$ de $\langle\Phi, \alpha\rangle$ avec $\{\phi_1, \ldots, \phi_n\} \subseteq \Phi$. Par conséquent, puisque les deux arguments $\langle\Theta, \gamma\rangle$ et $\langle\Theta, \neg(\phi_1 \wedge \ldots \wedge \phi_n)\rangle$ ont le même support Θ, ils possèdent les mêmes undercuts pertinents. De la même manière, cette dernière propriété s'applique sur les undercuts pertinents, les undercuts des undercuts pertinents, etc.
Pour conclure, si T' est un arbre argumentatif ayant pour racine $\langle\Psi, \beta\rangle$ et T est un arbre argumentatif ayant pour racine $\langle\Phi, \alpha\rangle$ alors pour tout argument A de T' (sauf $\langle\Psi, \beta\rangle$) il existe un argument B de T qui est de la forme $\langle Supp(A), \star\rangle$.

Exemple 87. *Considérons le multi-ensemble de connaissances $\Delta = \{a \vee c, \neg a \vee b, \neg b, \neg b, b, \neg c\}$.*
Considérons d'abord l'arbre argumentatif complet T ayant pour racine $\langle\{\neg a \vee b, \neg b, \neg b\}, \neg a \wedge \neg b\rangle$ présenté en figure 6.10.

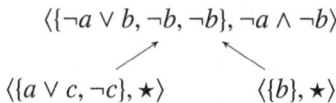

$$\langle\{\neg a \vee b, \neg b, \neg b\}, \neg a \wedge \neg b\rangle$$

$$\langle\{a \vee c, \neg c\}, \star\rangle \qquad \langle\{b\}, \star\rangle$$

FIGURE 6.10 – Arbre argumentatif en faveur de $\neg a \wedge \neg b$

Nous construisons maintenant le sous-arbre argumentatif complet T' de T suivant ayant pour racine $\langle\{\neg a \vee b, \neg b\}, \neg a\rangle$ comme le montre la figure 6.11.

$$\langle \{\neg a \lor b, \neg b\}, \neg a \rangle$$

$$\langle \{a \lor c, \neg c\}, \star \rangle \qquad \langle \{b\}, \star \rangle$$

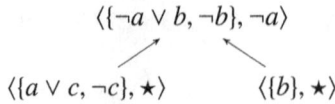

FIGURE 6.11 – Sous-arbre argumentatif en faveur de $\neg a$

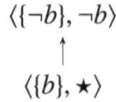

$$\langle \{\neg b\}, \neg b \rangle$$
$$\uparrow$$
$$\langle \{b\}, \star \rangle$$

FIGURE 6.12 – Sous-arbre argumentatif en faveur de $\neg b$

La figure 6.12 présente aussi l'arbre argumentatif complet T'' qui est en fait un sous-arbre argumentatif de T.

On conclut enfin que pour tout argument A (sauf la racine) si $A \in T'$ ou $A \in T''$ alors $\langle Supp(A), \star \rangle \in T$.

6.4 Conclusion

Dans ce chapitre, nous nous sommes intéressés au raisonnement argumentatif à partir des ressources consommables et de quantité bornée. Tout d'abord, une logique pour raisonner sur des ressources limitées a été introduite, avec une méthode de déduction dédiée. Contrairement à d'autres logiques de ressources, notre formalisme permet la représentation de la consommation des sous-parties de la quantité disponible d'une ressource donnée. Il est aussi intéressant de noter que la logique $C\mathcal{L}$ est très proche de la logique propositionnelle standard, raison pour laquelle elle est facile à comprendre et à manipuler. Ensuite, les principaux éléments d'une théorie logique de l'argumentation ont été étudiés dans la logique de ressources $C\mathcal{L}$. Ce modèle de raisonnement basé sur l'argumentation donne des résultats prometteurs dans le cadre du traitement de l'incohérence dans des bases de connaissances représentant des ressources consommables.

CHAPITRE 7

Conclusions et perspectives

Conclusions

De très nombreux cadres ont été développés depuis plusieurs années pour formaliser le raisonnement argumentatif en intelligence artificielle.

Nous nous sommes intéressés dans ce livre à l'un des formalismes argumentatifs les plus récents qui est l'argumentation déductive. Nous avons étudié principalement certaines étapes du processus argumentatif, à savoir la définition de la notion d'argument, l'étude de la relation entre arguments et la mise en place d'une structure arborescente permettant la collection des arguments et des contre-arguments.

La première contribution apportée au système d'argumentation logique de Besnard et Hunter est la mise en œuvre d'une approche algorithmique de calcul d'arguments et de contre-argument basée sur les ensembles minimaux incohérents. L'avantage de cette approche est de permettre de générer, modulo une possible explosion combinatoire, tous les arguments en faveur d'une formule quelconque donné, contrairement aux anciennes approches qui permettent seulement le calcul d'une classe particulière d'arguments dont la conclusion est soit littéral, soit une clause. En outre, notre approche est complète au sens où elle permet la génération de tous les arguments relatifs à une conclusion donnée.

La deuxième contribution de ce livre est la proposition d'une approche méthodologique pour l'intégration d'une nouvelle notion de conflit au sein des systèmes d'argumentation logiques. En effet, toutes les catégories d'approches argumentatives logiques existantes sont basées sur l'incohérence logique pour exprimer le conflit entre arguments. Cependant, le conflit entre arguments n'est pas nécessairement défini en termes d'incohérence logique. Nous avons commencé par l'étude des relations de conflit dans les logiques intensionnelles et plus précisément en logiques conditionnelles, et nous avons proposé ensuite un concept de contrariété conditionnelle qui couvre à la fois les situations de conflits logiques fondés sur l'incohérence logique et une forme particulière de conflit qui ne se traduit pas naturellement par un conflit basé sur l'incohérence : quand un agent affirme une règle de type *Si alors*, une seconde règle qui peut en être déduite et qui impose la satisfaction de prémisses supplémentaires peut apparaître conflictuelle. Ensuite, nous avons étudié sur cette base les éléments fondamentaux d'une théorie de l'argumentation dans une logique conditionnelle, à savoir les arguments, les contre-arguments et les arbres argumentatifs. Nous avons également montré que notre système d'argumentation couvre celui proposé par Besnard et Hunter [Besnard & Hunter 2001] au sens où les undercuts canoniques dans ce système, arguments retenus par Besnard et Hunter à cause de leur pertinence, sont capturés naturellement par les defeaters pertinents que nous avons proposés comme des représentants de tous les contre-arguments. Nous avons montré aussi l'existence d'une nouvelle classe de contre-arguments qu'on l'appelle *challenge* dans laquelle les arguments conflictuels ne génèrent aucune contradiction logique par leurs supports, car le conflit vient essentiellement de la contrariété intensionnelle entre ces arguments. Par ailleurs, nous avons esquissé l'extension pour une autre logique intensionnelle qui est la logique modale. À cette fin, nous avons proposé également une nouvelle relation de contrariété plus générale dans le système modal normal $\mathcal{K}$. Nous avons par la suite illustré la migration naturel de l'argumentation conditionnelle au cas modal par des exemples illustrant les concepts fondamentaux du système argumentatif.

Nous nous sommes finalement penchés sur le raisonnement à partir des ressources consommables et limitées en intelligence artificielle. La logique classique est inadéquate pour la représentation et le raisonnement avec des connaissances représentant des ressources consommables et de quantité bornée. En particulier, lorsque les ressources sont représentées par des formules logiques classiques, il est possible d'utiliser à souhait et donc de manière inépuisable ces formules dans un même processus déductif. Nous avons donc introduit dans ce cadre de raisonnement un nouveau formalisme logique appelé la logique consommatrice $\mathcal{CL}$ permettant la gestion des ressources consommables et limitées dans l'optique de formaliser naturellement des problèmes liés à des aspects de production-consommation de ressources et de cumul de ressources. Notre formalisme s'inspire de la méthode des tableaux [Smullyan 1968] afin de définir une procédure de preuve pour la logique $\mathcal{CL}$. Comparée aux formalismes logiques existants comme la logique $\mathcal{LL}$ et ses différentes variantes ou encore la logique $\mathcal{BI}$ avec ses différentes variantes, etc., notre approche est plus simple d'un point de vue syntaxique, car le langage de $\mathcal{CL}$ est similaire à celui de la logique propositionnelle classique. Ainsi, aucun connecteur autre que ceux de la logique propositionnelle n'est exploité. Ceci nous permet d'éviter la syntaxe plus compliquée caractérisant les logiques de ressources existantes. Cette nouvelle représentation induit une meilleure expression, plus simple et naturelle, de formalisation des ressources consommables et limitées. En outre, elle est plus propice à une utilisation par la communauté d'intelligence artificielle vu que notre formalisme est proche de la logique propositionnelle. Ensuite, nous avons proposé une extension d'un système d'argumentation logique qui se base sur la logique consommatrice $C\mathcal{L}$, en considérant des bases de connaissances représentant des multi-ensembles de ressources consommables. Par ailleurs, la relation de conséquence consommatrice a été la pierre angulaire pour la définition de notions d'argument, de sous-argument, de contre-arguments et d'arbre argumentatif. Pour ce dernier concept, nous avons aussi proposé la notion de sous-arbre argumentatif qui est en fait un arbre argumentatif qui concerne justement un sous-argument de l'argument racine de l'arbre considéré. Dans ce contexte, nous avons montré que tout nœud d'un sous-arbre argumentatif d'un arbre argumentatif T est un argument dans T.

Perspectives

Le travail qui a fait l'objet de ce livre ouvre plusieurs nouvelles pistes à explorer. La première piste est relative à notre méthode de génération d'arguments et de contre-arguments en logique propositionnelle, et concerne l'amélioration de deux algorithmes BA et BT en utilisant une transformation non clausale (par exemple, à la Poole [Poole 1984], technique consistant à renommer toute sous-formule conjonctive d'une formule quelconque par une variable, ceci permettant d'éviter l'application de la loi de distributivité). Un autre travail envisagé consiste à étendre notre approche pour la génération d'arguments en logique des prédicats pour un fragment décidable.

Concernant notre deuxième contribution, le système d'argumentation logique que nous avons proposé ouvre la voie à de nombreuses perspectives. D'une part, le système développé fournit les bases nécessaires et solides pour aborder d'autres questions à propos de cette plage élargie d'arguments éventuellement en conflit, notamment certains cas antagonistes semblent spécifiques au conditionnel. À titre d'exemple, l'assertion *si α était vraie, alors $\neg\beta$ le serait* est susceptible d'être en conflit avec l'assertion *si α était vraie, alors β le serait*. Cependant, $\alpha \Rightarrow \beta$ est cohérent avec $\alpha \Rightarrow \neg\beta$ en logique $\mathcal{MP}$. Ainsi, notre étude courante vise à étendre notre modèle argumentatif pour faire face à ces arguments conflictuels.

Par ailleurs, nous envisageons d'examiner la manière permettant de comparer et rationaliser les arbres argumentatifs en logique conditionnelle, tout en prenant en considération les relations entre les personnes présentant les arguments et l'auditoire. En plus, il s'avère intéressant de développer différents outils algorithmiques pour le traitement des arguments et d'arbres argumentatifs et de raisonner à leur sujet. Ensuite, en appliquant cette nouvelle théorie logique de l'argumentation dans plusieurs domaines de la vie quotidienne, nous envisageons également de circonscrire de manière fine les paradigmes actuels de raisonnement qui peuvent être représentés en utilisant le connecteur conditionnel et aussi selon le concept de contrariété conditionnelle. Finalement, nous pensons qu'il est intéressant d'aller au delà des systèmes intensionnels basiques $\mathcal{MP}$ et $\mathcal{K}$, en considérant d'autres systèmes logiques tels que les systèmes $C4$, $C4.3$, $C5$, etc. dans le cas conditionnel et les systèmes $S4$, $S4.3$, $S5$, etc. dans le cas modal, voire une classe générale de logiques intensionnelles. Bien évidement, pour ces systèmes nous envisageons de dégager d'autres formes de conflits non logiques en s'inspirant des classes d'axiomes associés à chaque système.

En ce qui concerne le travail effectué dans le chapitre 6, en utilisant la méthode des tableaux pour la logique $\mathcal{CL}$, il est possible de montrer qu'un multi-ensemble Δ est incohérent. Nous ambitionnons d'utiliser la déduction automatique dans le cadre de notre logique consommatrice. Notamment, il s'avère intéressant d'étudier quelles formes de la règle de résolution pourraient être adaptées pour la logique $\mathcal{CL}$. En outre, l'exploration des méthodes de résolution pour le problème de satisfiabilité SAT [Saïs 2008] en logique classique pourrait bénéficier à la logique de ressources $\mathcal{CL}$. Une autre perspective intéressante consiste à définir une contre-partie sémantique pour la logique consommatrice. En effet, la théorie des modèles pour la logique propositionnelle ne peut pas être adaptée à la logique $\mathcal{CL}$ par le simple fait que l'affectation des valeurs de vérité s'effectue naturellement pour toutes les occurrences d'une formule sans prendre en compte le nombre d'exemplaires à consommer.

Notons que dans le modèle argumentatif défini dans le contexte de la logique $\mathcal{CL}$, la figure 6.6 - chapitre 6 présente un arbre argumentatif pour la ressource $\neg b \wedge a$ dans Δ, qui précise les arguments conflictuels possibles pour prouver $\neg b \wedge a$. Par exemple, $\Psi_1 = \{a, b\}$ constitue un motif légitime pour attaquer l'argument. Cependant, chaque élément de Ψ_1, à savoir a et b sont eux-mêmes attaqués par les multi-ensembles $\Psi_2 = \{a \rightarrow c, \neg c \vee \neg b, b\}$ et $\Psi_3 = \{\neg c \vee \neg b, a \rightarrow c, a\}$, respectivement. L'approche formelle dans notre cadre argumentatif nous permet donc de fournir une telle analyse des arguments contradictoires sur des ressources consommables. À partir de ce résultat, deux voies majeures pour des recherches prometteuses restent ouvertes. Tout d'abord, comment générer d'une manière automatique les arguments et les arbres argumentatifs. De plus, comment sélectionner les arguments *préférés* à partir de ces arbres argumentatifs.

Les perspectives présentées ci-dessus sont données à la lumière de chaque contribution de ce livre. Dans tout ce qui suit, nous allons présenter d'autres pistes de recherches futures qui portent sur les systèmes d'argumentation logiques de manière générale.

Toutes les théories logiques d'argumentation que nous avons présentés dans ce manuscrit modélisent le raisonnement d'un agent rationnel idéal qui produit à partir d'un ensemble de connaissances les arguments et les compare avant de conclure. Une autre application naturelle de l'argumentation concerne la modélisation du dialogue entre deux ou plusieurs agents sur un sujet donné. Plusieurs travaux ont été proposés dans le cadre abstrait pour ce fait. La modélisation d'un dialogue coopératif dans un contexte multi-agent en se basant sur les systèmes d'argumentation logique nous paraît être une application d'une importance considérable.

Par ailleurs, la dernière étape de tout processus argumentatif est la sélection d'arguments jugés acceptables. Dans le cadre de l'argumentation abstraite, différentes notions d'extension ont été définies conduisant à différentes politiques de choix des arguments à accepter collectivement. Notamment, différentes sémantiques permettant de sélectionner les arguments jugés acceptables ont été proposées comme les ensembles sans conflit, les ensembles admissibles, les extensions naïves, les extensions stables, les extensions préférées, les extensions complètes, les extensions de base, la sémantique idéale, prudente, semi-stable, etc. Cependant, dans le cadre de l'argumentation logique toutes les approches existantes adaptent la technique de Pollock [Pollock 1987] qui consiste en un processus d'étiquetage des nœuds de l'arbre argumentatif en faveur d'une conclusion donnée. Ainsi, il s'agit d'une acceptabilité individuelle qui attribut justement un statut acceptable ou rejeté pour tout argument de l'arbre argumentatif. Cette affectation ne prend pas en compte l'impact d'un ensemble d'arguments dans l'acceptabilité d'un autre, vu que les branches de l'arbre sont considérées indépendamment. À titre d'exemple, un argument peut n'être attaqué que par la considération de plusieurs arguments à la fois. En outre, nous remarquons l'absence d'un statut *indécidable* qui nous paraît utile dans le jugement des arguments. Notre travail futur consiste à partir de l'arbre argumentatif complet de α pour définir une nouvelle structure qu'on appelle *arbre argumentatif réduit* dans lequel un argument figure au plus une fois dans le graphe. Nous envisageons ensuite d'adapter les différentes sémantiques proposées dans le cadre de l'argumentation abstraite afin de sélectionner les arguments acceptables d'une manière collective. Cela nous permet ainsi de caractériser l'impact de la structure d'un argument et la totalité des arguments dans le processus d'acceptabilité.

Dans le cadre de la restauration de la cohérence, certains travaux ont émergé ces dernières années pour quantifier l'incohérence d'une base de connaissances incohérente comme celles fondés sur les MUS [Hunter & Konieczny 2010, Grant & Hunter 2011, Mu *et al.* 2011, Xiao & Ma 2012] ou les approches qui consistent à calculer la proportion de langage affectée par l'incohérence [Oller 2004, Grant & Hunter 2008, Ma *et al.* 2011]. Les mesures appartenant à cette deuxième catégorie sont souvent basées sur une sémantique paraconsistante car cela offre des modèles à des bases de connaissances incohérentes. Cependant, peu de travaux permettent la caractérisation de degré d'incohérence d'une formule dans une base de connaissances. Récemment, nous avons proposé une approche [Jabbour & Raddaoui 2013a, Jabbour & Raddaoui 2013b, Jabbour *et al.* 2014] permettant de caractériser la contribution/participation de chaque formule dans l'incohérence de la base de connaissances considérée. Cette mesure est naturellement étendue pour prendre en compte le degré d'incohérence de toute la base. Notre mesure est fondée essentiellement sur la notion de *preuve minimale* [1] qui permet par conséquent d'attribuer un degré d'incohérence plus fin par rapport aux mesures d'incohérence définies en termes d'ensembles minimaux incohérents. Ainsi, une dernière perspective consiste à exploiter la théorie logique de l'argumentation pour définir une nouvelle mesure permettant d'attribuer une degré d'incohérence à chaque formule en fonction des arguments en faveur et contre celle-ci. Notre idée repose sur le fait que chaque formule de la base de connaissances possède un nombre déterminé d'arguments et de contre-arguments. Dans notre approche, nous pouvons simplement caractériser l'ensemble des formules libres (*free formulae* en anglais) comme les formules dont les arguments en faveur ne sont pas attaqués. Dans ce même contexte, nous envisageons ainsi d'utiliser ces mesures d'incohérence pour redéfinir un cadre argumentatif plus fin, particulièrement le degré d'incohérence des formules nous paraît d'une grande utilité pour l'identification des conflits entre arguments et pour la sélection d'arguments jugés comme acceptables.

---

1. Cette contribution a été nominée pour le prix du meilleur papier étudiant (Best Student-Paper Award) à la conférence ECSQARU'13.

Bibliographie

[Abrusci & Ruet 1999] V. Michele Abrusci et Paul Ruet. Non-Commutative Logic I : The Multiplicative Fragment. Annals of Pure and Applied Logic, vol. 101, no. 1, pages 29–64, 1999. (Cité en page 36.)

[Abrusci 1991] V. Michele Abrusci. Phase Semantics and Sequent Calculus for Pure Noncommutative Classical Linear Propositional Logic. Journal of Symbolic Logic, vol. 56, no. 4, pages 1403–1451, 1991. (Cité en page 36.)

[Amgoud & Cayrol 1997] Leila Amgoud et Claudette Cayrol. Integrating Preference Orderings into Argument-Based Reasoning. Dans European Conference on Symbolic and Quantitative Approaches to Reasoning with Uncertainty (FAPR), pages 159–170, 1997. (Cité en page 48.)

[Amgoud & Cayrol 1998] Leila Amgoud et Claudette Cayrol. On the Acceptability of Arguments in Preference-based Argumentation. Dans International Conference on Uncertainty in Artificial Intelligence, pages 1–7, 1998. (Cité en pages 40, 44 et 45.)

[Amgoud & Cayrol 2002] Leila Amgoud et Claudette Cayrol. A Reasoning Model Based on the Production of Acceptable Arguments. Annals of Mathematics and Artificial Intelligence, vol. 34, no. 1-3, pages 197–215, 2002. (Cité en pages 3, 46, 48, 52, 55, 61 et 63.)

[Amgoud & Prade 2004] Leila Amgoud et Henri Prade. Reaching Agreement Through Argumentation : A Possibilistic Approach. Dans International Conference on Principles of Knowledge Representation and Reasoning, pages 175–182, 2004. (Cité en page 40.)

[Amgoud & Prade 2005] Leila Amgoud et Henri Prade. Handling threats, rewards, and explanatory arguments in a unified setting. International Journal of Intelligent Systems, vol. 20, no. 12, pages 1195–1218, 2005. (Cité en page 57.)

[Amgoud & Prade 2009] Leila Amgoud et Henri Prade. Using arguments for making and explaining decisions. Artificial Intelligence, vol. 173, no. 3-4, pages 413–436, 2009. (Cité en page 40.)

[Amgoud & Vesic 2012] Leila Amgoud et Srdjan Vesic. A formal analysis of the role of argumentation in negotiations dialogues. Journal of

Logic and Computation, vol. 22, no. 5, pages 957–978, 2012. (Cité
en pages 2 et 40.)

[Amgoud 1999] Leila Amgoud. Contribution à l'intégration des
préférences dans le raisonnement argumentatif. Thèse de doctorat, Université Paul Sabatier, Toulouse, 1999. (Cité en pages 44
et 45.)

[Andraus *et al.* 2006] Zaher S. Andraus, Mark H. Liffiton et Karem A. Sakallah. Refinement strategies for verification methods based on
datapath abstraction. Dans International Conference on Asia South
Pacific Design Automation, pages 19–24, 2006. (Cité en page 91.)

[Arieli & Caminada 2012] Ofer Arieli et Martin W. A. Caminada. A
General QBF-based Formalization of abstract Argumentation
Theory. Dans Computational Models of Argument, pages 105–
116, 2012. (Cité en page 48.)

[Arló-Costa & Shapiro 1992] Horacio L. Arló-Costa et Scott J. Shapiro.
Maps Between Nonmonotonic and Conditional Logic. Dans International Conference on Principles of Knowledge Representation
and Reasoning, pages 553–564, 1992. (Cité en page 27.)

[Atkinson *et al.* 2012] Katie Atkinson, Trevor J. M. Bench-Capon et
Paul E. Dunne. Uniform Argumentation Frameworks. Dans Computational Models of Argument, pages 165–176, 2012. (Cité en
pages 40 et 48.)

[Bailey & Stuckey 2005] James Bailey et Peter J. Stuckey. Discovery of
Minimal Unsatisfiable Subsets of Constraints Using Hitting Set
Dualization. Dans International Symposium on Practical Aspects
of Declarative Languages, pages 174–186, 2005. (Cité en page 91.)

[Baroni & Giacomin 2003] Pietro Baroni et Massimiliano Giacomin. Solving Semantic Problems with Odd-Length Cycles in
Argumentation. Dans European Conference on Symbolic and
Quantitative Approaches to Reasoning with Uncertainty, pages
440–451, 2003. (Cité en page 48.)

[Baroni *et al.* 2005] Pietro Baroni, Massimiliano Giacomin et Giovanni
Guida. SCC-recursiveness : a general schema for argumentation
semantics. Artificial Intelligence, vol. 168, no. 1-2, 2005. (Cité en
page 40.)

[Barwise 1974] Jon Barwise. Handbook of mathematical logic. North-
Holland, Amsterdam, 1974. (Cité en page 10.)

[Bench-Capon & Dunne 2007] Trevor J. M. Bench-Capon et Paul E. Dunne. Argumentation in artificial intelligence. Artificial Intelligence, vol. 171, no. 10-15, pages 619–641, 2007. (Cité en page 2.)

[Bench-Capon *et al.* 2007] Trevor J. M. Bench-Capon, Sylvie Doutre et Paul E. Dunne. Audiences in argumentation frameworks. Artificial Intelligence, vol. 171, no. 1, pages 42–71, 2007. (Cité en page 48.)

[Bench-Capon *et al.* 2012] Trevor J. M. Bench-Capon, Katie Atkinson et Peter McBurney. Using argumentation to model agent decision making in economic experiments. Autonomous Agents and Multi-Agent Systems, vol. 25, no. 1, pages 183–208, 2012. (Cité en pages 2 et 40.)

[Benferhat *et al.* 1993] Salem Benferhat, Didier Dubois et Henri Prade. Argumentative inference in uncertain and inconsistent knowledge bases. Dans International Conference on Uncertainty in Artificial Intelligence, pages 411–419, 1993. (Cité en page 40.)

[Benferhat *et al.* 2005] Salem Benferhat, Jonathan Ben-Naim, Robert Jeansoulin, Mahat Khelfallah, Sylvain Lagrue, Odile Papini, Nic Wilson et Eric Würbel. Belief Revision of GIS Systems : The Results of REV !GIS. Dans European Conference on Symbolic and Quantitative Approaches to Reasoning with Uncertainty, pages 452–464, 2005. (Cité en page 20.)

[Bertossi *et al.* 2005] Leopoldo E. Bertossi, Anthony Hunter et Torsten Schaub, editeurs. Inconsistency tolerance, volume 3300. Springer, Lecture Notes in Computer Science, 2005. (Cité en page 1.)

[Besnard & Hunter 2001] Philippe Besnard et Anthony Hunter. A logic-based theory of deductive arguments. Artificial Intelligence, vol. 128, no. 1-2, pages 203–235, 2001. (Cité en pages 4, 6, 44, 46, 52, 58, 63, 64, 75, 76, 114, 121 et 162.)

[Besnard & Hunter 2005] Philippe Besnard et Anthony Hunter. Practical First-Order Argumentation. Dans Association for the Advancement of Artificial Intelligence, pages 590–595, 2005. (Cité en pages 52 et 104.)

[Besnard & Hunter 2008] Philippe Besnard et Anthony Hunter. Elements of argumentation. MIT Press, 2008. (Cité en pages 2, 3, 44, 45, 46, 58, 67, 72, 113 et 148.)

[Besnard & Hunter 2009] Philippe Besnard et Anthony Hunter. Argumentation Based on Classical Logic. Argumentation in Artificial Intelligence, pages 133–152, 2009. (Cité en page 59.)

[Besnard *et al.* 2010] Philippe Besnard, Éric Grégoire, Cédric Piette et Badran Raddaoui. MUS-based generation of arguments and counter-arguments. Dans IEEE International Conference on Information Reuse and Integration, pages 239–244, 2010. (Cité en pages 4, 91 et 104.)

[Besnard *et al.* 2011] Philippe Besnard, Éric Grégoire, Cédric Piette et Badran Raddaoui. Génération d'arguments et contre-arguments par calcul de MUS. Dans 10ème Rencontres des Jeunes Chercheurs en Intelligence Artificielle, pages 827–840, 2011. (Cité en page 91.)

[Besnard *et al.* 2012a] Philippe Besnard, Éric Grégoire, Cédric Piette et Badran Raddaoui. Calcul d'arguments et de contre-arguments fondé sur les noyaux inconsistants. Revue d'Intelligence Artificielle, vol. 26, no. 3, pages 209–224, 2012. (Cité en pages 91 et 104.)

[Besnard *et al.* 2012b] Philippe Besnard, Éric Grégoire et Badran Raddaoui. An Argumentation Framework for Reasoning about Bounded Resources. Dans IEEE International Conference on Tools with Artificial Intelligence, pages 540–547, 2012. (Cité en pages 130 et 132.)

[Besnard *et al.* 2013a] Philippe Besnard, Éric Grégoire et Badran Raddaoui. A Conditional Logic-Based Argumentation Framework. Dans International Conference on Scalable Uncertainty Management, pages 44–56, 2013. (Cité en pages 29, 106 et 148.)

[Besnard *et al.* 2013b] Philippe Besnard, Éric Grégoire et Badran Raddaoui. Système d'argumentation basé sur la logique conditionnelle. Dans 7èmes Journées Nationales de l'Intelligence Artificielle Fondamentale, pages 49–56, 2013. (Cité en page 106.)

[Besnard *et al.* 2013c] Philippe Besnard, Éric Grégoire et Badran Raddaoui. Système d'argumentation pour le raisonnement à partir des ressources limitées. Dans 11èmes Rencontres des Jeunes Chercheurs en Intelligence Artificielle, pages 45–58, 2013. (Cité en page 130.)

[Beth 1970] Evert W. Beth. Formal methods : An introduction to symbolic logic and to the study of effective operations in arithmetic and logic. D. Reidel Publishing Company / Dordecht-Holland, 1970. (Cité en page 136.)

[Bibel 1993] Wolfgang Bibel. Deduction - automated logic. Academic Press, 1993. (Cité en page 78.)

[Bienvenu 2007] Meghyn Bienvenu. Prime Implicates and Prime Implicants in Modal Logic. Dans Association for the Advancement of Artificial Intelligence, pages 379–384, 2007. (Cité en page 34.)

[Bienvenu 2009a] Meghyn Bienvenu. Consequence Finding in Modal Logic. Thèse de doctorat, Université Paul Sabatier, Toulouse, 2009. (Cité en page 34.)

[Bienvenu 2009b] Meghyn Bienvenu. Prime Implicates and Prime Implicants : From Propositional to Modal Logic. Journal of Artificial Intelligence Research, vol. 36, pages 71–128, 2009. (Cité en page 34.)

[Black *et al.* 2009] Elizabeth Black, Anthony Hunter et Jeff Z. Pan. An Argument-Based Approach to Using Multiple Ontologies. Dans International Conference on Scalable Uncertainty Management, pages 68–79, 2009. (Cité en page 52.)

[Bondarenko *et al.* 1997] Andrei Bondarenko, Phan Minh Dung, Robert A. Kowalski et Francesca Toni. An Abstract, Argumentation-Theoretic Approach to Default Reasoning. Artificial Intelligence, vol. 93, pages 63–101, 1997. (Cité en pages 46, 48 et 49.)

[Bonet & Geffner 1996] Blai Bonet et Hector Geffner. Arguing for Decisions : A Qualitative Model of Decision Making. Dans International Conference on Uncertainty in Artificial Intelligence, pages 98–105, 1996. (Cité en page 40.)

[Boole 1847] George Boole. The mathematical analysis of logic : being an essay towards a calculus of deductive reasoning. Cambridge, Philosophical Library, 1847. (Cité en page 10.)

[Bryant *et al.* 2006] Daniel Bryant, Paul J. Krause et Gerard Vreeswijk. Argue tuProlog : A Lightweight Argumentation Engine for Agent Applications. Dans Computational Models of Argument, pages 27–32, 2006. (Cité en page 89.)

[Burgess 1981] John P. Burgess. Quick completeness proofs for some logics of conditionals. Notre Dame Journal of Formal Logic, vol. 22, no. 1, pages 76–84, 1981. (Cité en page 27.)

[Caires & Lozes 2006] Luís Caires et Étienne Lozes. Elimination of quantifiers and undecidability in spatial logics for concurrency. Theoretical Computer Science, vol. 358, no. 2-3, pages 293–314, 2006. (Cité en page 36.)

[Calcagno *et al.* 2005] Cristiano Calcagno, Luca Cardelli et Andrew D. Gordon. Deciding validity in a spatial logic for trees. Journal of Functional Programming, vol. 15, no. 4, pages 543–572, 2005. (Cité en page 36.)

[Caminada 2006] Martin Caminada. Semi-Stable Semantics. Dans Computational Models of Argument, pages 121–130, 2006. (Cité en page 48.)

[Cayrol & Lagasquie-Schiex 2005] Claudette Cayrol et Marie-Christine Lagasquie-Schiex. On the Acceptability of Arguments in Bipolar Argumentation Frameworks. Dans European Conference on Symbolic and Quantitative Approaches to Reasoning with Uncertainty, pages 378–389, 2005. (Cité en page 48.)

[Cayrol *et al.* 2001] Claudette Cayrol, Sylvie Doutre et Jérôme Mengin. Dialectical Proof Theories for the Credulous Preferred Semantics of Argumentation Frameworks. Dans European Conference on Symbolic and Quantitative Approaches to Reasoning with Uncertainty, pages 668–679, 2001. (Cité en pages 3 et 89.)

[Cayrol 1995a] Claudette Cayrol. From Non-Monotonic Syntax-Based Entailment to Preference-Based Argumentation. Dans European Conference on Symbolic and Quantitative Approaches to Reasoning with Uncertainty, pages 99–106, 1995. (Cité en page 48.)

[Cayrol 1995b] Claudette Cayrol. On the Relation between Argumentation and Non-monotonic Coherence-Based Entailment. Dans International Joint Conference on Artificial Intelligence, pages 1443–1448, 1995. (Cité en pages 40 et 44.)

[Cecchi *et al.* 2006] Laura A. Cecchi, Pablo R. Fillottrani et Guillermo Ricardo Simari. On Complexity of DeLP through Game Semantics. Dans International Workshop on Non-Monotonic Reasoning, pages –, 2006. (Cité en page 86.)

[Chellas 1975] Brian F. Chellas. Basic conditional logic. Journal of Philosophical Logic, vol. 4, no. 2, pages 133–153, 1975. (Cité en pages 4, 10, 22 et 28.)

[Chellas 1980] Brian F. Chellas. Modal logic : an introduction. Cambridge University Press, 1980. (Cité en pages 4, 10, 30, 32 et 34.)

[Chesñevar *et al.* 2000] Carlos Iván Chesñevar, Ana Gabriela Maguitman et Ronald Prescott Loui. Logical models of argument. ACM Computing Surveys, vol. 32, no. 4, pages 337–383, 2000. (Cité en pages 2, 40, 46 et 104.)

[Coste-Marquis *et al.* 2005a] Sylvie Coste-Marquis, Caroline Devred et Pierre Marquis. Prudent Semantics for Argumentation

Frameworks. Dans IEEE International Conference on Tools with Artificial Intelligence, pages 568–572, 2005. (Cité en page 48.)

[Coste-Marquis *et al.* 2005b] Sylvie Coste-Marquis, Caroline Devred et Pierre Marquis. Symmetric Argumentation Frameworks. Dans European Conference on Symbolic and Quantitative Approaches to Reasoning with Uncertainty, pages 317–328, 2005. (Cité en page 48.)

[Coste-Marquis *et al.* 2006] Sylvie Coste-Marquis, Caroline Devred et Pierre Marquis. Constrained Argumentation Frameworks. Dans International Conference on Principles of Knowledge Representation and Reasoning, pages 112–122, 2006. (Cité en page 48.)

[Creignou *et al.* 2010] Nadia Creignou, Johannes Schmidt, Michael Thomas et Stefan Woltran. Sets of Boolean Connectives That Make Argumentation Easier. Dans European Conference on Logics in Artificial Intelligence, pages 117–129, 2010. (Cité en page 86.)

[Creignou *et al.* 2011] Nadia Creignou, Johannes Schmidt, Michael Thomas et Stefan Woltran. Complexity of logic-based argumentation in Post's framework. Argument Computation, vol. 2, no. 2-3, pages 107–129, 2011. (Cité en page 86.)

[Crocco *et al.* 1995] Gabriella Crocco, Luis Fari~nas del Cerro et Andreas Herzig. Conditionals : From philosophy to computer science. studies in logic and computation. Oxford University Press, 1995. (Cité en page 22.)

[D'Agostino & Lenzi 2006] Giovanna D'Agostino et Giacomo Lenzi. On modal mu-calculus with explicit interpolants. Journal of Applied Logic, vol. 4, no. 3, pages 256–278, 2006. (Cité en page 34.)

[Das *et al.* 1996] Subrata Kumar Das, John Fox et Paul Krause. A Unified Framework for Hypothetical and Practical Reasoning (1) : Theoretical Foundations. Dans International Conference on Formal and Applied Practical Reasoning, pages 58–72, 1996. (Cité en page 40.)

[Delgrande 1987] James P. Delgrande. A First-Order Conditional Logic for Prototypical Properties. Artificial Intelligence, vol. 33, no. 1, pages 105–130, 1987. (Cité en pages 22 et 23.)

[Delgrande 1988] James P. Delgrande. An Approach to Default Reasoning Based on a First-Order Conditional Logic : Revised Report. Artificial Intelligence, vol. 36, no. 1, pages 63–90, 1988. (Cité en pages 22 et 23.)

[Dimopoulos *et al.* 2002] Yannis Dimopoulos, Bernhard Nebel et Francesca Toni. On the computational complexity of assumption-based argumentation for default reasoning. Artificial Intelligence, vol. 141, no. 1/2, pages 57–78, 2002. (Cité en pages 3 et 86.)

[Dosen & Schroder-Heister 1993] Kosta Dosen et Peter Schroder-Heister. Substructural logics. Oxford University Press, 1993. (Cité en page 36.)

[Dung *et al.* 2006] Phan Minh Dung, Robert A. Kowalski et Francesca Toni. Dialectic proof procedures for assumption-based, admissible argumentation. Artificial Intelligence, vol. 170, no. 2, pages 114–159, 2006. (Cité en pages 3 et 48.)

[Dung *et al.* 2007] Phan Minh Dung, Paolo Mancarella et Francesca Toni. Computing ideal sceptical argumentation. Artificial Intelligence, vol. 171, no. 10-15, pages 642–674, 2007. (Cité en page 48.)

[Dung 1993] Phan Minh Dung. On the Acceptability of Arguments and its Fundamental Role in Nonmonotonic Reasoning and Logic Programming. Dans International Joint Conference on Artificial Intelligence, pages 852–859, 1993. (Cité en pages 45 et 46.)

[Dung 1995] Phan Minh Dung. On the Acceptability of Arguments and its Fundamental Role in Nonmonotonic Reasoning, Logic Programming and n-Person Games. Artificial Intelligence, vol. 77, no. 2, pages 321–358, 1995. (Cité en pages 3, 40, 44, 45, 46, 47, 49, 87 et 119.)

[Dunne & Bench-Capon 2002] Paul E. Dunne et Trevor J. M. Bench-Capon. Coherence in finite argument systems. Artificial Intelligence, vol. 141, no. 1/2, pages 187–203, 2002. (Cité en page 86.)

[Dunne & Wooldridge 2009] Paul E. Dunne et Michael Wooldridge. Complexity of Abstract Argumentation. Argumentation in Artificial Intelligence, pages 85–104, 2009. (Cité en page 86.)

[Dunne *et al.* 2011] Paul E. Dunne, Anthony Hunter, Peter McBurney, Simon Parsons et Michael Wooldridge. Weighted Argument Systems : Basic Definitions, Algorithms, and Complexity Results. Artificial Intelligence, vol. 175, no. 2, pages 457–486, 2011. (Cité en page 40.)

[Dvorák & Woltran 2010] Wolfgang Dvorák et Stefan Woltran. Complexity of semi-stable and stage semantics in argumentation frameworks. Information Processing Letters, vol. 110, no. 11, pages 425–430, 2010. (Cité en page 86.)

[Efstathiou & Hunter 2008a] Vasiliki Efstathiou et Anthony Hunter. Algorithms for Effective Argumentation in Classical Propositional Logic : A Connection Graph Approach. Dans International Symposium on Foundations of Information and Knowledge Systems, pages 272–290, 2008. (Cité en pages 78 et 90.)

[Efstathiou & Hunter 2008b] Vasiliki Efstathiou et Anthony Hunter. Focused search for Arguments from Propositional Knowledge. Dans Computational Models of Argument, pages 159–170, 2008. (Cité en page 78.)

[Efstathiou & Hunter 2011] Vasiliki Efstathiou et Anthony Hunter. Algorithms for generating arguments and counterarguments in propositional logic. International Journal of Approximate Reasoning, vol. 52, no. 6, pages 672–704, 2011. (Cité en pages 78, 83 et 90.)

[Eiter & Gottlob 2002] Thomas Eiter et Georg Gottlob. Hypergraph Transversal Computation and Related Problems in Logic and AI. Dans European Conference on Logics in Artificial Intelligence, pages 549–564, 2002. (Cité en page 21.)

[Elvang-Gøransson & Hunter 1995] Morten Elvang-Gøransson et Anthony Hunter. Argumentative Logics : Reasoning with Classically Inconsistent Information. Data & Knowledge Engineering, vol. 16, no. 2, pages 125–145, 1995. (Cité en page 40.)

[Elvang-Gøransson *et al.* 1993] Morten Elvang-Gøransson, Paul Krause et John Fox. Dialectic reasoning with inconsistent information. Dans International Conference on Uncertainty in Artificial Intelligence, pages 114–121, 1993. (Cité en pages 40, 44, 63 et 64.)

[Enderton 1972] Herbert B. Enderton. A mathematical introduction to logic. Academic Press, Sandiego, 1972. (Cité en page 10.)

[Enjalbert & del Cerro 1989] Patrice Enjalbert et Luis Fariñas del Cerro. Modal Resolution in Clausal Form. Theoretical Computer Science, vol. 65, no. 1, pages 1–33, 1989. (Cité en page 34.)

[Ferguson *et al.* 1996] George Ferguson, James F. Allen et Bradford W. Miller. TRAINS-95 : Towards a Mixed-Initiative Planning Assistant. Dans International Conference on Artificial Intelligence Planning Systems, pages 70–77, 1996. (Cité en page 40.)

[Fox *et al.* 1993] John Fox, Paul Krause et Morten Elvang-Gøransson. Argumentation as a General Framework for Uncertain Reasoning. Dans International Conference on Uncertainty in Artificial Intelligence, pages 428–434, 1993. (Cité en page 50.)

[Gabbay *et al.* 2000] Dov M. Gabbay, Laura Giordano, Alberto Martelli, Nicola Olivetti et Maria Luisa Sapino. Conditional reasoning in logic programming. Journal of Logic Programming, vol. 44, no. 1-3, pages 37–74, 2000. (Cité en page 22.)

[Gabbay 2011] Dov M. Gabbay. Introducing Equational Semantics for Argumentation Networks. Dans European Conference on Symbolic and Quantitative Approaches to Reasoning with Uncertainty, pages 19–35, 2011. (Cité en page 48.)

[Gaggl & Woltran 2010] Sarah Alice Gaggl et Stefan Woltran. cf2 Semantics Revisited. Dans Computational Models of Argument, pages 243–254, 2010. (Cité en page 48.)

[García & Simari 2004a] Alejandro Javier García et Guillermo Ricardo Simari. Defeasible Logic Programming : An Argumentative Approach. Theory and Practice of Logic Programming, vol. 4, no. 1-2, pages 95–138, 2004. (Cité en page 46.)

[García & Simari 2004b] Alejandro Javier García et Guillermo Ricardo Simari. Defeasible Logic Programming : An Argumentative Approach. Theory and Practice of Logic Programming, vol. 4, no. 1-2, pages 95–138, 2004. (Cité en pages 50, 61 et 77.)

[Gärdenfors 1988] Peter Gärdenfors. Knowledge in flux - modeling the dynamics of epistemics states. The MIT Press Cambridge Massachussetts London, 1988. (Cité en page 22.)

[Gentzen 1935a] Gerhard Gentzen. Untersuchungen über das logische Schließen I. Mathematische Zeitschrift, vol. 39, pages 176–210, 1935. (Cité en page 16.)

[Gentzen 1935b] Gerhard Gentzen. Untersuchungen über das logische Schließen II. Mathematische Zeitschrift, vol. 39, pages 405–431, 1935. (Cité en page 16.)

[Giordano & Schwind 2004] Laura Giordano et Camilla Schwind. Conditional logic of actions and causation. Artificial Intelligence, vol. 157, no. 1-2, pages 239–279, 2004. (Cité en page 22.)

[Giordano *et al.* 2002] Laura Giordano, Valentina Gliozzi et Nicola Olivetti. Iterated Belief Revision and Conditional Logic. Studia Logica, vol. 70, no. 1, pages 23–47, 2002. (Cité en page 22.)

[Girard *et al.* 1992] Jean-Yves Girard, Andre Scedrov et Philip J. Scott. Bounded Linear Logic : A Modular Approach to Polynomial-Time Computability. Theoretical Computer Science, vol. 97, no. 1, pages 1–66, 1992. (Cité en page 36.)

[Girard 1987] Jean-Yves Girard. Linear Logic. Theoretical Computer Science, vol. 50, pages 1–102, 1987. (Cité en page 35.)

[Girard 1995] Jean-Yves Girard. Linear Logic : its Syntax and Semantics. Advances in Linear Logic, Cambridge University Press, pages 1–42, 1995. (Cité en page 35.)

[Girard 1998] Jean-Yves Girard. Light Linear Logic. Information and Computation, vol. 143, no. 2, pages 175–204, 1998. (Cité en page 36.)

[Girault 1997] François Girault. Formalisation en logique linéaire du fonctionnement des réseaux de Petri. Thèse de doctorat, Université Paul Sabatier, Toulouse, 1997. (Cité en page 36.)

[Giunchiglia & Sebastiani 1996] Fausto Giunchiglia et Roberto Sebastiani. A SAT-based Decision Procedure for ALC. Dans International Conference on Principles of Knowledge Representation and Reasoning, pages 304–314, 1996. (Cité en page 34.)

[Gorogiannis *et al.* 2009a] Nikos Gorogiannis, Anthony Hunter, Vivek Patkar et Matthew Williams. Argumentation about Treatment Efficacy. Dans International Workshop on Knowledge Representation for Health Care, pages 169–179, 2009. (Cité en page 40.)

[Gorogiannis *et al.* 2009b] Nikos Gorogiannis, Anthony Hunter et Matthew Williams. An argument-based approach to reasoning with clinical knowledge. International Journal of Approximate Reasoning, vol. 51, no. 1, pages 1–22, 2009. (Cité en page 40.)

[Grahne 1998] Gösta Grahne. Updates and Counterfactuals. Journal of Logic and Computation, vol. 8, no. 1, pages 87–117, 1998. (Cité en page 22.)

[Grant & Hunter 2008] John Grant et Anthony Hunter. Analysing inconsistent first-order knowledgebases. Artificial Intelligence, vol. 172, no. 8-9, pages 1064–1093, 2008. (Cité en page 166.)

[Grant & Hunter 2011] John Grant et Anthony Hunter. Measuring the Good and the Bad in Inconsistent Information. Dans International Joint Conference on Artificial Intelligence, pages 2632–2637, 2011. (Cité en pages 20 et 166.)

[Grégoire *et al.* 2006] Éric Grégoire, Bertrand Mazure et Cédric Piette. Extracting MUSes. Dans European Conference on Artificial Intelligence, pages 387–391, 2006. (Cité en page 96.)

[Grégoire *et al.* 2009] Éric Grégoire, Bertrand Mazure et Cédric Piette. Using local search to find MSSes and MUSes. European Journal of

Operational Research, vol. 199, no. 3, pages 640–646, 2009. (Cité en pages 21, 96, 97 et 100.)

[Hadidi *et al.* 2012] Nabila Hadidi, Yannis Dimopoulos et Pavlos Moraitis. Tactics and Concessions for Argumentation-based Negotiation. Dans Computational Models of Argument, pages 285–296, 2012. (Cité en pages 2 et 40.)

[Haenni 2009] Rolf Haenni. Probabilistic argumentation. Journal of Applied Logic, vol. 7, no. 2, pages 155–176, 2009. (Cité en page 40.)

[Halpern & Rabin 1987] Joseph Y. Halpern et Michael O. Rabin. A Logic to Reason about Likelihood. Artificial Intelligence, vol. 32, no. 3, pages 379–405, 1987. (Cité en page 23.)

[Hirsch & Gorogiannis 2010] Robin Hirsch et Nikos Gorogiannis. The Complexity of the Warranted Formula Problem in Propositional Argumentation. Journal of Logic and Computation, vol. 20, no. 2, pages 481–499, 2010. (Cité en pages 86 et 87.)

[Hughes & Cresswell 1968] G. Hughes et M. J. Cresswell. An Introduction to Modal Logic. Methuen Londres, 1968. (Cité en pages 30, 32 et 34.)

[Hughes & Cresswell 1984] G. Hughes et M. J. Cresswell. A companion to Modal Logic. Methuen Londres, 1984. (Cité en pages 30, 32 et 34.)

[Hunter & Konieczny 2010] Anthony Hunter et Sébastien Konieczny. On the measure of conflicts : Shapley Inconsistency Values. Artificial Intelligence, vol. 174, no. 14, pages 1007–1026, 2010. (Cité en pages 20 et 166.)

[Hunter & Williams 2010] Anthony Hunter et Matthew Williams. Argumentation for Aggregating Clinical Evidence. Dans IEEE International Conference on Tools with Artificial Intelligence (1), pages 361–368, 2010. (Cité en pages 2 et 40.)

[Hunter 2012] Anthony Hunter. Some Foundations for Probabilistic Abstract Argumentation. Dans Computational Models of Argument, pages 117–128, 2012. (Cité en page 40.)

[Hunter 2013] Anthony Hunter. A Probabilistic Approach to Modelling Uncertain Logical Arguments. International Journal of Approximate Reasoning, vol. 54, no. 1, pages 47–81, 2013. (Cité en pages 44, 45 et 48.)

[Hyland & de Paiva 1993] Martin Hyland et Valeria de Paiva. Full Intuitionistic Linear Logic (extended abstract). Annals of Pure and Applied Logic, vol. 64, no. 3, pages 273–291, 1993. (Cité en page 36.)

[Ishtiaq & O'Hearn 2001] Samin S. Ishtiaq et Peter W. O'Hearn. BI as an Assertion Language for Mutable Data Structures. Dans Annual Symposium on Principles of Programming Languages, pages 14–26, 2001. (Cité en page 36.)

[Jabbour & Raddaoui 2013a] Said Jabbour et Badran Raddaoui. Measuring Inconsistency Through Minimal Proofs. Dans European Conference on Symbolic and Quantitative Approaches to Reasoning with Uncertainty, pages 290–301, 2013. (Cité en page 166.)

[Jabbour & Raddaoui 2013b] Said Jabbour et Badran Raddaoui. Mesure de l'incohérence en logique propositionnelle. Dans 7èmes Journées Nationales de l'Intelligence Artificielle Fondamentale, pages 172–179, 2013. (Cité en page 166.)

[Jabbour *et al.* 2014] Said Jabbour, Yue Ma et Badran Raddaoui. Inconsistency Measurement Thanks to MUS-Decomposition. Dans International conference on Autonomous Agents and Multi-Agent Systems, 2014. (Cité en page 166.)

[Kakas & Toni 1999] Antonis C. Kakas et Francesca Toni. Computing Argumentation in Logic Programming. Journal of Logic and Computation, vol. 9, no. 4, pages 515–562, 1999. (Cité en page 3.)

[Katsuno & Satoh 1991] Hirofumi Katsuno et Ken Satoh. A Unified View of Consequence Relation, Belief Revision and Conditional Logic. Dans International Joint Conference on Artificial Intelligence, pages 406–412, 1991. (Cité en page 26.)

[Kleene 1971] Stephen Cole Kleene. Logique mathématique. Armand Colin, Paris, 1971. (Cité en page 10.)

[Kowaliski 1975] Robert Kowaliski. A proof procedure using connection graphs. Journal of the ACM, vol. 52, pages 572–595, 1975. (Cité en page 78.)

[Kowaliski 1979] Robert Kowaliski. Logic for problem solving. North-Holland Publishing, 1979. (Cité en page 78.)

[Kraus *et al.* 1990] Sarit Kraus, Daniel J. Lehmann et Menachem Magidor. Nonmonotonic Reasoning, Preferential Models and Cumulative Logics. Artificial Intelligence, vol. 44, no. 1-2, pages 167–207, 1990. (Cité en page 22.)

[Krause *et al.* 1995] Paul Krause, Simon Ambler, Morten Elvang-Gøransson et John Fox. A Logic of Argumentation for Reasoning under Uncertainty. Computational Intelligence, vol. 11, pages 113–131, 1995. (Cité en pages 40 et 44.)

[Kripke 1963] Saul Kripke. Semantical Considerations on Modal Logics. Acta Philosophica Fennica Modal and Many-Valued Logics, 1963. (Cité en page 32.)

[Laera *et al.* 2007] Loredana Laera, Ian Blacoe, Valentina A. M. Tamma, Terry R. Payne, Jérôme Euzenat et Trevor J. M. Bench-Capon. Argumentation over ontology correspondences in MAS. Dans International Conference on Autonomous Agents and Multiagent Systems, page 228, 2007. (Cité en page 40.)

[Lafont 2004] Yves Lafont. Soft linear logic and polynomial time. Theoretical Computer Science, vol. 318, no. 1-2, pages 163–180, 2004. (Cité en page 36.)

[Lamarre 1992] Philippe Lamarre. Etude des raisonnements non-monotones : Apports des logiques des conditionnels et des logiques modales. Thèse de doctorat, Université Paul Sabatier, Toulouse, 1992. (Cité en pages 26, 27, 28 et 34.)

[Leneutre 1998] Jean Leneutre. Distributive linear logic. Dans International Workshop on Logic, Language, Information and Computation, pages 31–43, 1998. (Cité en page 36.)

[Lewis 1973] David Lewis. Counterfactuals. Basil Blackwell, Oxford, 1973. (Cité en pages 22 et 24.)

[Lewis 1984] David Lewis. Counterfactuals and Comparative Possiblity. Journal of Philosophical Logic, vol. 2, pages 418–446, 1984. (Cité en page 24.)

[Liffiton & Sakallah 2008] Mark H. Liffiton et Karem A. Sakallah. Algorithms for Computing Minimal Unsatisfiable Subsets of Constraints. Journal of Automated Reasoning, vol. 40, no. 1, pages 1–33, 2008. (Cité en page 21.)

[Lin & Shoham 1989] Fangzhen Lin et Yoav Shoham. Argument Systems : A Uniform Basis for Nonmonotonic Reasoning. Dans International Conference on Principles of Knowledge Representation and Reasoning, pages 245–255, 1989. (Cité en pages 40 et 43.)

[Ma *et al.* 2011] Yue Ma, Guilin Qi et Pascal Hitzler. Computing inconsistency measure based on paraconsistent semantics. Journal of Logic and Computation, vol. 21, no. 6, pages 1257–1281, 2011. (Cité en page 166.)

[Martinez *et al.* 2012] Maria Vanina Martinez, Alejandro Javier García et Guillermo Ricardo Simari. On the Use of Presumptions in Structured Defeasible Reasoning. Dans Computational Models of Argument, pages 185–196, 2012. (Cité en page 50.)

[McMillan 2005] Kenneth L. McMillan. Applications of Craig Interpolation to Model Checking. Dans International Conference on Applications and Theory of Petri Nets, pages 15–16, 2005. (Cité en page 91.)

[Modgil 2006] Sanjay Modgil. Hierarchical Argumentation. Dans European Conference on Logics in Artificial Intelligence, pages 319–332, 2006. (Cité en page 48.)

[Modgil 2009] Sanjay Modgil. Reasoning about preferences in argumentation frameworks. Artificial Intelligence, vol. 173, no. 9-10, pages 901–934, 2009. (Cité en page 48.)

[Mu *et al.* 2011] Kedian Mu, Weiru Liu, Zhi Jin et David A. Bell. A Syntax-based approach to measuring the degree of inconsistency for belief bases. International Journal of Approximate Reasoning, vol. 52, no. 7, pages 978–999, 2011. (Cité en pages 20 et 166.)

[Nute 1980] Donald Nute. Topics in conditional logic. Reidel. Dordrecht Publishing Company, 1980. (Cité en pages 22, 24 et 27.)

[Nute 1994] Donald Nute. Defeasible logic. D. Gabbay, editor, Handbook of Logic in Artificial Intelligence and Logic Programming, vol. 3, pages 355–395, 1994. (Cité en pages 50 et 64.)

[O'Hearn & Pym 1999] Peter W. O'Hearn et David J. Pym. The logic of bunched implications. Bulletin of Symbolic Logic, vol. 5, no. 2, pages 215–244, 1999. (Cité en page 36.)

[Oller 2004] Carlos A. Oller. Measuring coherence using LP-models. Journal of Applied Logic, vol. 2, no. 4, pages 451–455, 2004. (Cité en page 166.)

[Oren & Norman 2008] Nir Oren et Timothy J. Norman. Semantics for Evidence-Based Argumentation. Dans Computational Models of Argument, pages 276–284, 2008. (Cité en page 40.)

[Papadimitriou & Wolfe 1988] Christos H. Papadimitriou et David Wolfe. The Complexity of Facets Resolved. Journal of Computer and System Sciences, vol. 37, no. 1, pages 2–13, 1988. (Cité en page 21.)

[Parsons *et al.* 1998] Simon Parsons, Carles Sierra et Nicholas R. Jennings. Agents That Reason and Negotiate by Arguing. Journal of Logic and Computation, vol. 8, no. 3, pages 261–292, 1998. (Cité en page 40.)

[Parsons *et al.* 2003] Simon Parsons, Michael Wooldridge et Leila Amgoud. Properties and Complexity of Some Formal Inter-agent Dialogues. Journal of Logic and Computation, vol. 13, no. 3, pages 347–376, 2003. (Cité en pages 40, 44 et 86.)

[Piette 2007] Cedric Piette. Techniques algorithmiques pour l'extraction de formules minimales inconsistantes. Thèse de doctorat, Université d'Artois, Lens, 2007. (Cité en page 21.)

[Pinkas & Loui 1992] Gadi Pinkas et Ronald Prescott Loui. Reasoning from Inconsistency : A Taxonomy of Principles for Resolving Conflict. Dans International Conference on Principles of Knowledge Representation and Reasoning, pages 709–719, 1992. (Cité en page 40.)

[Pollock 1987] John L. Pollock. Defeasible Reasoning. Cognitive Science, vol. 11, no. 4, pages 481–518, 1987. (Cité en pages 3, 43, 46, 52, 54, 63, 104 et 165.)

[Pollock 1992] John L. Pollock. How to reason defeasibly. Artificial Intelligence, vol. 57, pages 1–42, 1992. (Cité en pages 40, 46, 52 et 54.)

[Pollock 1994] John L. Pollock. Justification and Defeat. Artificial Intelligence, vol. 67, no. 2, pages 377–407, 1994. (Cité en pages 40 et 52.)

[Poole 1984] David Poole. Making "Clausal" Theorem Provers "Non-Clausal". Dans Fifth Conference of the Canadian Society for Computational Studies of Intelligence, pages 124–125, 1984. (Cité en page 163.)

[Prakken & Sartor 1995] Henry Prakken et Giovanni Sartor. On the Relation Between Legal Language and Legal Argument : Assumptions, Applicability and Dynamic Priorities. Dans International Conference on Artificial Intelligence and Law, pages 1–10, 1995. (Cité en page 40.)

[Prakken & Sartor 1996] Henry Prakken et Giovanni Sartor. A Dialectical Model of Assessing Conflicting Arguments in Legal Reasoning. Artificial Intelligence and Law, vol. 4, no. 3-4, pages 331–368, 1996. (Cité en pages 2, 40 et 43.)

[Prakken & Sartor 1997] Henry Prakken et Giovanni Sartor. Argument-Based Extended Logic Programming with Defeasible Priorities. Journal of Applied Non-Classical Logics, vol. 7, no. 1, 1997. (Cité en pages 3, 43, 50, 63 et 89.)

[Prakken & Sartor 1999] Henry Prakken et Giovanni Sartor. A System for Defeasible Argumentation, with Defeasible Priorities. Dans Artificial Intelligence Today, pages 365–379, 1999. (Cité en page 50.)

[Prakken & Vreeswijk 2000] Henry Prakken et Gerard Vreeswijk, editeurs. Logics for defeasible argumentation. D. Gabbay, editor, Handbook of Philosophical Logic. Kluwer, 2000. (Cité en pages 40 et 46.)

[Prakken & Vreeswijk 2002] Henry Prakken et Gerard Vreeswijk. Logical systems for defeasible argumentation. Handbook of Philosophical Logic, vol. 4, no. 2, pages 219–318, 2002. (Cité en page 104.)

[Prakken 1993] Henry Prakken. An Argumentation Framework in Default Logic. Annals of Mathematics and Artificial Intelligence, vol. 9, no. 1-2, pages 93–132, 1993. (Cité en pages 2 et 40.)

[Prakken 2009] Henry Prakken. An abstract framework for argumentation with structured arguments. Artificial Intelligence and Law, pages 93–124, 2009. (Cité en page 48.)

[Prakken 2010] Henry Prakken. An abstract framework for argumentation with structured arguments. Argument et Computation, vol. 1, pages 93–124, 2010. (Cité en page 48.)

[Pym 1999] David J. Pym. On Bunched Predicate Logic. Dans Annual IEEE Symposium on Logic in Computer Science, pages 183–192, 1999. (Cité en page 36.)

[Rahwan & Simari 2009] Iyad Rahwan et Guillermo R. Simari, editeurs. Argumentation in artificial intelligence. Springer, 2009. (Cité en page 2.)

[Rienstra et al. 2011] Tjitze Rienstra, Alan Perotti, Serena Villata, Dov M. Gabbay et Leendert van der Torre. Multi-sorted Argumentation. Dans International Workshop on the Theory and Applications of Formal Argumentation, pages 215–231, 2011. (Cité en page 48.)

[Robinson 1965] J. A. Robinson. A machine-oriented logic based on the resolution principle. Journal of ACM, vol. 12, pages 23–41, 1965. (Cité en page 16.)

[Roorda 1991] Dirk Roorda. Resource Logics : Proof-Theoretical Investigations. Thèse de doctorat, University of Amsterdam, 1991. (Cité en pages 35, 36 et 131.)

[Rotstein et al. 2011] Nicolás D. Rotstein, Nir Oren et Timothy J. Norman. Resource Boundedness and Argumentation. Dans International Workshop on the Theory and Applications of Formal Argumentation, pages 117–131, 2011. (Cité en page 129.)

[Santos & Martins 2008] Emanuel Santos et João Pavão Martins. A Default Logic Based Framework for Argumentation. Dans European Conference on Artificial Intelligence, pages 859–860, 2008. (Cité en pages 3, 52 et 63.)

[Saïs 2008] Lakhdar Saïs. Problème sat : progrès et défis. Hermes Publishing Ltd, 2008. (Cité en page 164.)

[Simari & Loui 1992] Guillermo Ricardo Simari et Ronald Prescott Loui. A mathematical treatment of defeasible argumentation and its implementation. Artificial Intelligence, vol. 53, no. 2-3, pages 125–157, 1992. (Cité en pages 40, 44, 45, 50 et 63.)

[Smullyan 1968] Raymond M. Smullyan. First-order logic. Springer-Verlag, 1968. (Cité en pages 129, 136 et 162.)

[Stalnaker 1968] Robert Stalnaker. A theory of conditionals. Dans N. Rescher, ed., pages 98–112, 1968. Studies in Logical Theory, American Philosophical Quarterly. (Cité en pages 10 et 22.)

[Tutescu 1998] Mariana Tutescu. L'argumentation : introduction à l'étude du discours. Editura Universitatii din Bucuresti, 1998. (Cité en page 42.)

[Viglizzo *et al.* 2008] Ignacio D. Viglizzo, Fernando A. Tohmé et Guillermo Ricardo Simari. An Alternative Foundation for DeLP : Defeating Relations and Truth Values. Dans International Symposium on Foundations of Information and Knowledge Systems, pages 42–57, 2008. (Cité en page 50.)

[Viglizzo *et al.* 2009] Ignacio Viglizzo, Fernando Tohme et Guillermo Ricardo Simari. A Redefinition of Arguments in Defeasible Logic Programming. Dans AAAI Full Symposium The Uses of Computational Argumentation, pages 70–75, 2009. (Cité en page 50.)

[Vreeswijk 1991] Gerard Vreeswijk. The Feasibility of Defeat in Defeasible Reasoning. Dans International Conference on Principles of Knowledge Representation and Reasoning, pages 526–534, 1991. (Cité en page 40.)

[Vreeswijk 1992] Gerard Vreeswijk. Reasoning with Defeasible Arguments : Examples and Applications. Dans European Conference on Logics in Artificial Intelligence, pages 189–211, 1992. (Cité en page 43.)

[Vreeswijk 1997] Gerard Vreeswijk. Abstract Argumentation Systems. Artificial Intelligence, vol. 90, no. 1-2, pages 225–279, 1997. (Cité en page 43.)

[Vreeswijk 2006] Gerard Vreeswijk. An algorithm to compute minimally grounded and admissible defence sets in argument systems. Dans Computational Models of Argument, pages 109–120, 2006. (Cité en pages 3 et 89.)

[Walter Hamscher 1992] Johan de Kleer Walter Hamscher Luca Console. Readings in model-based diagnosis. Morgan Kaufmann, 1992. (Cité en page 91.)

[Wooldridge *et al.* 2006] Michael Wooldridge, Paul E. Dunne et Simon Parsons. On the Complexity of Linking Deductive and Abstract Argument Systems. Dans Association for the Advancement of Artificial Intelligence, pages 299–304, 2006. (Cité en page 87.)

[Wyner *et al.* 2011] Adam Zachary Wyner, Trevor J. M. Bench-Capon et Katie Atkinson. Towards formalising argumentation about legal cases. Dans International Conference on Artificial Intelligence and Law, pages 1–10, 2011. (Cité en pages 43, 44 et 45.)

[Xiao & Ma 2012] Guohui Xiao et Yue Ma. Inconsistency Measurement based on Variables in Minimal Unsatisfiable Subsets. Dans European Conference on Artificial Intelligence, pages 864–869, 2012. (Cité en pages 20 et 166.)

[Łukasiewicz 1964] Jan Łukasiewicz. Elements of mathematical logic. North Holland Publishing Company Amsterdam, 1964. (Cité en page 16.)

www.ingramcontent.com/pod-product-compliance
Lightning Source LLC
Chambersburg PA
CBHW021045210326
41598CB00016B/1103